정보기반 독어학 연구

정보기반 독어학 연구

이 민 행

역락

책머리에

이 책은 코퍼스를 활용하여 언어학적 주제연구를 하는 방안을 실증적으로 제시하는 것을 목적으로 한다. 여기서 다루는 주제는 연어관계와 다의성인데, 이 주제들이 코퍼스의 유용성을 극대화하기에 가장 적합한 것으로 판단하여 이들을 연구대상으로 선별했다. 주제연구의 토대가 되는 코퍼스는 GLOW(German Language of Websites)로 그 규모가 8천 6백 6십만 토큰이고, 코퍼스 작업대 CWB를 이용하여 저자가 손수 구축한 형태분석 코퍼스이다.

첫 주제인 연어관계로는 동사-명사, 명사-형용사 및 양태부사-동사 간의 연어관계를 연구하였으며 두 번째 주제로 동사, 명사 및 형용사, 각각 300개의 다의성을 분석하였다. 연어관계의 분석을 위해서는 공연구조적 분석 방법론을 도입하였으며, 다의성 연구의 성과로는 다의적 확장 유형의 정립과 이와 관련한 통계적 분석을 들 수 있다.

이 책에 정리된 연구성과와 방법론들은 코퍼스기반의 후속 연구뿐 아니라 대학원 수준의 독어의미론 교육에도 활용될 수 있을 것으로 생각한다.

본 저술을 동반하는 웹사이트(http://www.smart21.kr/glow/)를 통해 몇 종류의 코퍼스를 포함하여 이 책에서 다룬 많은 언어자료를 배포할 계획이다.

이 책은 2012년에 출판된『독일어 구문문법 연구』와 2015년에 출판된『빅데이터 시대의 언어연구』와 더불어 코퍼스 언어학 3부작의 하나로 기획되었다.

연구를 수행하는 과정에서 고급수준의 Perl 코딩이 필요할 때에 독일 뮌헨의 이영수 박사의 도움을 받았다. 이에 대해 이영수 박사께 진심으로 감사의 말씀을 전한다. 또한 출판업계의 어려운 사정에도 불구하고 언어학 서적의 출판을 결정해주신 역락출판사의 이대현 사장님과 정성스런 편집을 통해 거친 원고를 아름다운 책으로 변신시켜주신 권분옥 편집장께도 수고에 대해 깊이 감사드린다.

연세대 외솔관에서

이 민 행

차 례

제1장 서론

  디지털 정보를 독어학 연구에 효율적으로 활용하는 방안을 마련하고 이를 널리 알리기 위해 본 학술서를 기획하게 되었다. 오늘날 디지털 정보는 웹(web)이나 인터넷상에 공개되어 있어 누구든 접근이 가능한 언어자료나 언어처리 도구를 지칭하는 것으로 이 언어자료들은 언어학적인 정보가 부착되어 있을 수도 있고 단순히 텍스트 정보에 지나지 않을 수도 있다. 전자의 예로 들 수 있는 것은 독일어 어휘의미망 GermaNet과 의미정보 부착 코퍼스 Salsa이고 후자의 경우 Gutenberg 프로젝트(www.gutenberg.org 혹은 gutenberg.spiegel.de)에서 제공하는 독일어 텍스트들이다. 본 연구에서 그 활용방법에 대해 논의하고자 하는 언어처리 도구는 Stuttgart 대학에서 개발하여 연구자들 사이에서 널리 쓰이고 있는 코퍼스 작업대(corpus workbench, 이하 CWB)와 트리태거(Treetagger)이다. CWB는 코퍼스를 구축하고 검색하는 도구이고, Treetagger는 품사부착 코퍼스를 구축하는 데 필요한 품사정보를 원시코퍼스에 부착하기 위해 사용할 수 있는 도구이다.

  코퍼스를 이용하여 언어를 연구하는 경향은 2000년 이후 이미 하나의 학술문화적인 트랜드가 되었고, 국내 독어학계에서도 이러한 흐름이 강화되는 추세에 있다. 독어학 분야 학술지뿐만 아니라 언어학 전 영역에서

"코퍼스"라는 키워드가 포함된 논문들이 최근 몇 년 동안 급속히 증가한 것도 어렵지 않게 관찰할 수 있다.

그런데, 코퍼스를 활용하여 언어연구를 수행하는 방법론이 더 세분화되면서, 다양한 장르나 텍스트 유형을 실제 사용 분포를 고려하여 설계한 대용량 코퍼스—IDS의 DeReKo 코퍼스나 DWDS의 Kernkorpus 등—를 이용하여 연구를 수행하는 대신에, 자신의 연구주제에 적합한 코퍼스(이하, 자작(自作) 코퍼스)를 연구자 스스로가 구축하여 연구를 진행하는 연구자들도 점점 늘어나는 추세에 있다. 이처럼 자작코퍼스의 필요성에도 불구하고 연구주제에 적합한 코퍼스를 혼자의 힘으로 구축할 수 있는 전산적인 혹은 전산언어학적인 기술을 갖춘 연구자들이 많지 않은 것이 오늘의 현실이다. 또한 앞서 언급한 바, 웹상에 공개된 대용량 코퍼스를 활용하여 연구를 수행하는 경우에도 코퍼스와 함께 제공되는 검색시스템의 기술적인 한계 때문에 연구자가 필요로 하는 자료나 데이터를 자유자재로 추출하기는 쉽지 않다.

코퍼스를 구축한 당사자에게 유용한 '자작코퍼스'는 언어연구뿐만 아니라 언어교육에도 활용될 수 있다.1) 교육학적인 의미에서 교수자는 연습문제를 만드는 데 자작코퍼스를 활용한다든지, 어휘가 사용 맥락에 달리 쓰이는 현상을 설명하기 위해 코퍼스로부터 추출한 예문들을 활용할 수가 있다. 더 나아가 예를 들어 기초 독일어 수업을 진행하는 교수자의 경우, 기초 독일어 교재에 등장하는 문장들을 확보하여 자작코퍼스를 구축할 수 있다. 이로써 사용빈도가 높은 어휘목록을 추출하여 품사별로 정리할 수도 있고, 문장을 어휘수를 기준으로 정렬하여 학습자들에게 제공할 수도 있다.

본 학술서의 일차적인 내용은 독어학자와 독일어 강의 담당자에게 여러

---

1) 자작코퍼스를 독일어 수업에 활용하는 방법에 대해 권민재(2011)에서 논의하고 있다.

모로 유용한 '자작코퍼스'의 구축 방법론에 대해 논의할 뿐만 아니라, 손수 구축한 자작코퍼스로부터 사용자가 연구에 필요한 데이터를 효율적으로 추출해 낼 수 있는 검색시스템 및 검색언어에 대해 상세하게 풀이하고 정리하는 작업이다. 본 저술의 이차적인 내용은 이미 구축된 코퍼스를 활용하여 주제연구를 수행하는 방안들에 대한 논의이다. 여기서 다루는 주제는 독일어 동사와 명사를 중심으로 한 연어관계(Kollokation)와 동사, 명사 및 부사의 다의성(Polysemie)이다.

정리하자면, 본 저술의 내용은 크게 4가지 세부주제로 구성된다. 첫 주제는 Stuttgart 대학에서 개발한 코퍼스 구축을 위한 도구 CWB를 이용하여 연구자가 연구목적에 적합하게 디자인하여 자신만의 '자작코퍼스'의 구축하는 방법론에 대한 논의이다. 둘째 주제는 사용자가 자신이 직접 구축한 자작코퍼스로부터 연구나 교육에 필요한 데이터를 효율적으로 추출해 낼 수 있는 검색시스템 CQP(corpus query processor) 및 검색언어에 대해 상세하게 풀이하고 정리하는 작업이다.2) 셋째 주제는 자작코퍼스를 기반으로 하여 독일어의 여러 품사 간의 연어관계 유형을 정립하고 여기에서 출발하여 동사와 명사 간, 명사와 형용사 간의 연어관계 및 부사와 동사 간의 연어관계에 대해 탐구하는 것이다. 넷째 주제는 자작코퍼스를 바탕으로 독일어의 동사, 명사 및 형용사의 다의성에 대해 연구하는 작업이다. 이를 위해 독일어에서 발견되는 다의성의 유형론에 대해 먼저 살필 것이며, 다의성에 대한 통계적인 사실에 대해서도 논의한다.

본격적인 논의에 앞서 코퍼스 작업대 CWB와 검색엔진 CQP와의 관계를 도식으로 나타내면 다음과 같다.3)

---

2) 오픈 코퍼스 작업대 CWB와 검색엔진 CQP의 기능 및 유용성에 대해서 Hardie(2012) 참조.
3) 이 도식은 Evert/Hardie(2011)에서 빌려 온 것이다.

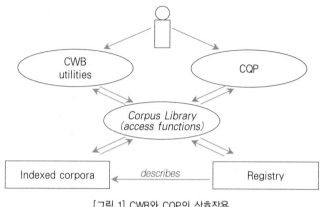

[그림 1] CWB와 CQP의 상호작용

이 도식을 보면 사용자는 코퍼스 인코딩 작업 등의 과정에서 코퍼스작
업대(CWB) 유틸리티및 검색엔진(CQP)과 직접적으로 커뮤니케이션을 하고
이 둘 모두 코퍼스 라이브러리(Corpus Library)와 상호작용을 하는 것을 알
수 있다. 다시 이 라이브러리는 색인코퍼스 및 등록정보와 연결되어 서로
소통을 한다. 결국 사용자는 여러 중계자를 거쳐서 언어 데이터뱅크에 접
근하도록 CWB 시스템이 설계되어 있다.

제2장 CWB와 자작코퍼스의 구축

2.1 코퍼스의 규모 및 특성

코퍼스 작업대(CWB)를 이용하여 구축한 자작코퍼스는 광고슬로건 코퍼스와 웹 코퍼스 및 독일어-영어 병렬코퍼스이다.[1]

광고슬로건 코퍼스는 어휘 규모가 9만 정도인 소형 코퍼스로서 1771년부터 2005년까지 독일어권의 광고에 나타난 슬로건을 모은 코퍼스 GLOS (German Language Of Slogans)이다. 자작코퍼스 GLOS를 여러모로 활용하는 방법은 제4장에서 소개한다. 두 번째 자작코퍼스는 언어 데이터뱅크 SdeWaC의 부분자료를 이용하여 구축한 코퍼스 GLOW(German Language Of Websites)이다. SdeWaC은 도메인명이 .de, .at 및 .ch로 끝나는 독일어권 웹사이트 10,830개 사이트의 내용을 담고 있으며, 그 어휘규모가 8억 6천 6백만 개 이상이 되는데, 이 데이터뱅크로부터 약 9천 900만 어휘를 주제영역을 고려하여 추출함으로써 새로운 코퍼스를 구축했다.[2] 자작코

---

1) CWB의 웹사이트 주소는 http://cwb.sourceforge.net/이며 거기에서 프로그램을 다운받을 수 있다.

2) 코퍼스 SdeWaC은 코퍼스 DeWaC의 부분 코퍼스이다. 이 코퍼스의 구성에 대해서는

퍼스 GLOW의 어휘규모를 1억 미만으로 제한한 이유는 코퍼스를 탑재할 윈도우 시스템(64비트 윈도우 7, CPU는 인텔 쿼드코어 i7 3세대)의 데이터 처리 능력을 고려한 결과이다. 세 번째 코퍼스는 유럽의회 회의록 자료를 이용한 독일어-영어 병렬코퍼스이다. 이 코퍼스의 독일어 코퍼스(EU-DE)는 토큰 기준으로 규모가 37,461,789개이고 영어 코퍼스(EU-EN)는 규모가 39,431,862개이다.

슬로건 코퍼스 GLOS에는 각 슬로건이 사용된 10년 단위의 연도정보가 포함되어 있는 것이 특징이다. 이를 통해 각 시대별로 어떤 어휘가 그 시대를 대표하는지를 알 수 있다.

웹 코퍼스 GLOW는 IDS의 주제영역 분류방식에 따라 12개 영역을[3] 모두 포괄할 수 있도록 218개 사이트로부터 추출한 문장들(101,191,809 어휘규모)로 구성된다. 따라서 이 코퍼스의 경우 검색어로 쓰인 어휘가 어떤 주제영역에서 어떤 의미로 사용되었는지를 알 수 있게 한다.

병렬코퍼스에는 다양한 정보가 포함되어 있어, 여러 가지 요인을 기준으로 삼아 독일어와 영어에 나타나는 현상을 연구하기에 적합하다. 이 코퍼스에는 텍스트의 생성 연/월/일에 대한 정보, 화자의 언어 및 이름에 대한 정보, 단락의 시작지점 및 종결지점에 대한 정보뿐만 아니라, 문장경계에 대한 정보가 들어 있으며, 이 정보들을 각각 검색에 활용할 수 있다.

Baroni/Kilgarriff(2006)을 통해 확인할 수 있다. 규모만 살펴보면 문장수가 약 4천4백만(44,084,442)개에, 어휘수가 약 8억 4천만(846,159,403)개에 이른다.

3) IDS의 DeReKo코퍼스의 경우, 주제영역을 다음과 같이 12개로 구분한다[Weiß(2005) 참조] : Fiktion, Freizeit/Unterhaltung, Gesundheit/Ernährung, Kultur, Natur/Umwelt, Politik, Sport, Staat/Gesellschaft, Technik/Industrie, Wirtschaft, Wissenschaft, Rest.

2.2 슬로건 코퍼스 GLOS의 구축 절차

광고슬로건 코퍼스는 어휘 규모가 90,567개인 소규모 코퍼스로서 1770
년부터 2005년까지 독일어권의 광고에 나타난 슬로건으로 구성한 코퍼스
GLOS(German Language of Slogans)이다. 이 코퍼스의 토대가 된 언어자료
는 광고슬로건 사이트 *www.slogans.de*로부터 추출한 것이다.[4]

이제, 코퍼스 구축절차를 설명하자면 다음과 같다.

먼저 광고슬로건 사이트로부터 슬로건 코퍼스의 바탕이 될 언어자원을
추출하여 텍스트 파일 하나로 저장한다. 이 과정에서 중요한 것은 각 슬로
건마다 부착되어 있는 연도정보, 산업정보 및 브랜드정보를 〈text〉라는
XML 태그를 이용하여 파일에 담는 작업이다. 이렇게 만들어진 텍스트 파
일의 정보들을 Perl 스크립트를 이용하여 XML 태그의 형식으로 변환하
면서 문장단위(s)에 대한 정보를 추가하는 작업이 뒤따른다.

이러한 과정을 거쳐 생성된 품사태깅 전의 파일("glos.txt")은 다음 (1)과
같은 구조를 가진다.

(1)
〈text lang="de" year="1770" industry="Tabak" brand="Von Eicken"〉
〈s〉 Aus Freude am Tabak. 〈/s〉〈/text〉
　　〈text lang="de" year="1850" industry="Finanzen" brand="Sparkasse"〉
〈s〉 Spare in der Zeit, dann hast du in der Not. 〈/s〉〈/text〉
　　〈text lang="en" year="1957" industry="Ernährung" brand="Kitkat"〉
〈s〉 Have a break, have a Kitkat. 〈/s〉〈/text〉
　　〈text lang="en" year="1960" industry="Kosmetik" brand="Dorothy
Gray"〉〈s〉 For beauty the modern way. 〈/s〉〈/text〉

---

4) 2006년에 웹사이트 www.slogans.de에서 추출한 자료는 어휘 규모가 토큰을 기준으로
　 90,567개에 이르며, 여기에는 1,770년부터 2,005년까지 광고슬로건에 사용된 어휘들
　 이 축적되어 있다.

⟨text lang="de_fw" year="2003" industry="Sport/Freizeit" brand=
"Freizeitpark Plohn"⟩⟨s⟩ Action, Fun und Abenteuer! ⟨/s⟩⟨/text⟩

이 데이터 구조를 살펴보면, 슬로건이 어떤 언어로 되어 있는지를 보여
주기 위해 text_lang 라는 태그를 사용하는 것을 알 수 있다. 예에서는 독
일어(de)와 영어(en) 외에 독일어에 외래어가 혼합된 유형(de_fw)으로 구분
되어 있다. 또한 text_industry는 산업에 대한 정보를, text_brand는 브
랜드에 대한 정보를 담고 있다.

그 다음 단계에서는 트리태거(Treetagger)를 이용하여 이 파일의 각 슬로
건에 품사주석을 부착한다. 윈도우 운영체계 내에서 Treetagger를 이용하
여 원시 슬로건 파일 "glos.txt"의 각 어휘에 형태정보를 부착함으로써 인
코딩 전 상태의 파일 "glos.vrt"을 생성하는 과정을 정리하면 아래와 같
다.5)

(2)

```
[#1] C:\TreeTagger\cmd⟩
[#2] C:\TreeTagger\cmd⟩ tag-german - sgml glos.txt ⟩ glos.vrt
     reading parameters ...
          tagging ...
90567    finished.
```

첫 줄([#1])에는 윈도우 시스템 내에서 /TreeTagger/cmd라는 폴더로 이
동해 있다는 정보가 나타나 있다. 이 폴더에는 품사주석을 하는 데 필요한
트리태거의 실행파일들과 "glos.txt" 파일이 들어 있다. 이렇게 작업폴더로
이동한 다음 품사주석을 실행하게 된다. 두 번째 줄([#2])에서 확인 가능하
듯이 이 과정은 "tag-german - sgml glos.txt ⟩ glos.vrt"라는 명령을 통

---

5) 이민행(2012 : 438) 참조.

해 수행된다. 이 명령식에서 - sgml은 옵션으로 일반화된 의미에서 sgml
태그(XML 태그를 포함함)는 무시하고 슬로건에 한정하여 태깅을 진행하라는
의미를 갖는다. 태깅작업이 완료되면 품사주석 파일 "glos.vrt"이 생성된
다. 다음은 태깅된 파일 속에 들어 있는 슬로건 하나의 데이터구조를 보여
준다.

(3)
⟨text lang="de" year="1770" industry="Tabak" brand="Von Eicken"⟩
⟨s⟩

Aus	APPR	aus
Freude	NN	Freude
am	APPRART	an
Tabak	NN	Tabak
.	$.	.

⟨/s⟩
⟨/text⟩

이 데이터 파일에는 토큰 층위의 각 어휘에 대한 품사(pos) 정보와 기본
형(lemma) 정보가 부착되어 있다.
이어서 코퍼스 기초자료를 CWB시스템에 넣기 위해 인코딩 작업을 수
행하는데, 이를 위해 다음 (4)에 제시된 바와 같이 "cwb-encode"라는 명
령어를 사용하여 실행한다.6)

(4)
cwb-encode -d c:\cwb\corpora\glos -f glos.vrt -R c:\cwb\corpora\
registry\glos -P pos -P lemma - S s

---

6) 인코딩 작업에 들어가기 전에 코퍼스 작업대 CWB를 윈도우 운영체제 안에 설치해야
   한다. 윈도우용 프로그램 "cwb-3.2.b3-windows-i586"의 인스톨 절차에 대해서는 CWB
   웹사이트 "http://cwb.sourceforge.net/"와 본서의 웹사이트 "http://www.smart21.kr
   /glow/"에 상세히 소개되어 있다.

위 명령식 (4)는 파일 "glos.vrt"를 CWB 시스템에 맞추어 인코딩한 후에 생성된 데이터 파일들을 드라이브 c:의 폴더 "corpora"에 "glos"라는 하위폴더를 만들어 저장하라는 의미와 함께, 폴더 "corpora"의 등록폴더인 "registry" 안에 새로 생성된 코퍼스에 대한 정보가 담긴 등록파일 "glos"를 저장하라는 뜻이다.

이 과정을 거친 후에 다음 (5)와 같은 추가명령을 통해 등록작업을 완료한다.

> (5) cwb-makeall -r registry - V glos

등록파일 'glos'의 내용을 일부만 살펴보면 다음과 같다.

> (6)
> ## registry entry for corpus GLOS
> # long descriptive name for the corpus
> NAME "German Language of Slogans"
> # corpus ID (must be lowercase in registry!)
> ID   glos
> # path to binary data files
> HOME glos
> # optional info file (displayed by "info:" command in CQP)
> INFO glos/.info
>
>
> ......

이처럼 등록파일이 생성되는 단계에 이르면 명령어 "cwb-describe-corpus"를 이용하여 새로 생성된 코퍼스 "GLOS"에 대한 정보를 열람할 수 있다.

(7) cwb-describe-corpus -r registry GLOS

다음 캡처화면은 코퍼스 "GLOS"에 대한 정보를 보여준다.

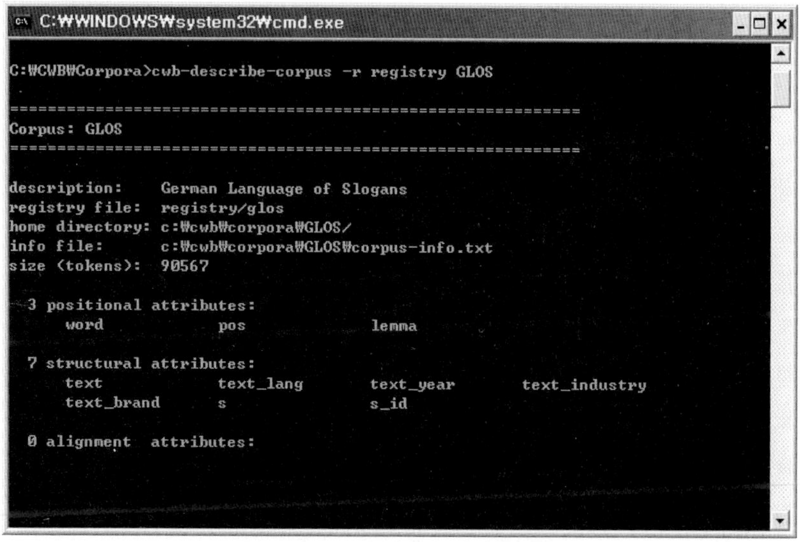

```
C:WWINDOWSWsystem32Wcmd.exe                                    _ □ x

C:WCWBWCorpora>cwb-describe-corpus -r registry GLOS

=============================================================
Corpus: GLOS
=============================================================

description:    German Language of Slogans
registry file:  registry/glos
home directory: c:WcwbWcorporaWGLOS/
info file:      c:WcwbWcorporaWGLOSWcorpus-info.txt
size (tokens):  90567

3 positional attributes:
    word            pos             lemma

7 structural attributes:
    text            text_lang       text_year       text_industry
    text_brand      s               s_id

0 alignment attributes:
```

[그림 2] 코퍼스 "GLOS"의 정보

위 그림에서 확인할 수 있는 바와 같이, 코퍼스 "GLOS"는 토큰층위의 어휘 90,567개로 구성되고, 단어형태(word), 품사(pos) 및 레마(lemma)에 대한 정보 외에 문장단위(s) 정보 및 언어(text_lang), 연도(text_year), 산업(text_industry) 및 브랜드(text_brand)에 대한 정보를 담고 있다.7)

이렇게 구축된 코퍼스를 바탕으로 검색작업을 할 수가 있는데, 이를 테면 CWB 시스템의 심장인 검색엔진 CQP을 구동하기 위해 필요한 명령어는 다음 (8)과 같다.

7) 토큰규모 90,567개 안에는 문장부호들도 포함되어 있어서 실제 어휘의 규모는 더 작다.

(8) cqp -e -r registry

위 명령은 검색시스템 CQP를 운용할 수 있도록 준비하되 등록폴더인 "registry"를 참조하라는 뜻을 담고 있다.

명령 (8)을 통해 검색엔진 CQP를 구동하면 다음 [그림 3]과 같은 초기 화면이 나타난다.

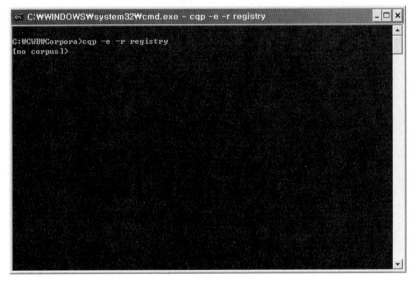

[그림 3] CQP 시스템 초기화면

이 화면은 검색을 위한 코퍼스가 아무 것도 활성화되어 있지 않은 상태를 보여주는데, 여기서 슬로건 코퍼스 GLOS를 사용하기 위해 모두 대문자로 표기된 코퍼스 이름을 입력한 후에 문자 ";"로 명령문을 닫고 엔터키를 치면 [그림 4]와 같이 같은 코퍼스가 활성화된 화면을 볼 수 있다.

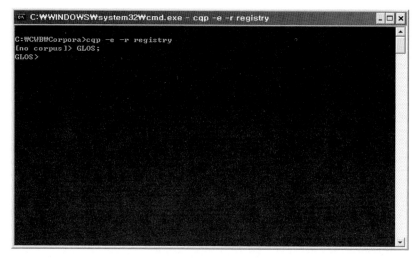

[그림 4] 코퍼스 활성화 화면

이제 "gut"이라는 어휘가 들어가 있는 슬로건들을 검색하기 위해서 [word="gut"] ; 라고 명령을 입력하면 다음 [그림 5]와 같은 결과를 얻을 수 있다.

```
C:\WINDOWS\system32\cmd.exe - cqp -e -r registry
C:\CWB\Corpora>cqp -e -r registry
[no corpus ]> GLOS;
GLOS> [word="gut"] ;

    308: h . Mit Bosch ger체|stet - <gut> die Fahrt ! Erdal mit de
   1257: rperpflege-Mittel ! Immer <gut> frisiert . Wie gut , da?
   1261: Immer gut frisiert . Wie <gut> , da를 es Nivea gibt ! D
   1766: tut , mach es mit Oetker <gut> . Maggis Suppen sind vor
   1816: r Sparkasse . Gut essen , <gut> kauen - mit Bullrich-Sal
   2278: ein abgestimmt . Heute so <gut> wie gestern und morgen .
   2501: rte : Treff . UHU-Line so <gut> wie UHU-Alleskleber , so
   2506: wie UHU-Alleskleber , so <gut> wie UHU-Allestinte ! Die
   2534: en Sie Waldbaur - die ist <gut> ! Bei Heiserkeit und Hus
   3050: ie flie를t so sahnig ! So <gut> wird's erst mit Palmin .
   3272: pergeruch . Gut rasiert - <gut> gelaunt ! Seborin macht
   3886: trink Coca-Cola - das ist <gut> ! Mach mal Pause - trink
   4298: Feine - wo nur das Beste <gut> genug ist . Goldrichtig
   4462: allen Stra를en . Krawatte <gut> - alles gut . Eterna gib
   4465: en . Krawatte gut - alles <gut> . Eterna gibt dem Mann F
   4790: ner Art. Coca-Cola tut so <gut> und ist immer bek철|mmlic
   4975: Kaloderma rasiert sich's <gut> . Der moderne Seifentyp
   5420: lt . Weil das Objektiv so <gut> ist . Lecker , locker ,
   5500: ll Schokolade . Unendlich <gut> . Hoffentlich Allianz ve
   5828: termann . Von klein auf - <gut> befreundet mit Elefanten
   6538: - Kraftstoff sparen . So <gut> wie Aral . Die Welt vert
```

[그림 5] 어휘 "gut"의 검색 화면

이 화면에는 어휘 "gut"의 검색결과가 제시되어 있는데, 이 결과를 독립적인 텍스트 파일로 저장할 수도 있다. 이 과정에 대해서는 제3장에서 자세히 설명한다.

검색시스템 CQP를 종료하기 위해서 필요한 명령어는 "exit"이다. 이 명령어와 함께 마침기호 ";"를 입력한 후 엔터키를 누르면 검색시스템으로부터 벗어날 수 있다.

2.3 웹 코퍼스 GLOW의 구축 절차

코퍼스 GLOW의 기초 데이터는 앞서 논의한 바와 같이 8억 6천만 어휘 규모를 가진 SdeWaC라는 이름이 붙은 언어자원이고 이 자료는 10,830 개의 독일어권 웹사이트 정보를 담고 있다. 그러나 언어연구자들이 보통 사용하는 컴퓨터 사양 및 성능을 고려할 때 코퍼스 규모가 1억 내외의 어휘가 넘지 않는 것이 바람직하다. 그래서 주제영역을 고려하여 218개 웹사이트의 언어자원만을 추출한 후에 여기에 86,097개 어휘규모의 광고슬로건 파일을 합하여 최종적으로 101,191,809 어휘 규모의 코퍼스자료를 구축했다.[8]

이렇게 확보된 기초자원은 아래의 (9)와 같은 데이터 구조를 가진다.

---

8) 1억 내외의 규모인 SdeWaC로부터 언어자원을 추출하기 위해서 18기가바이트([파일사이즈 18,034,747])에 이르는 초대형 파일을 18개로 나누어 하나의 파일사이즈가 대략 1기가 바이트가 되도록 분할했다. 이 작업은 LINUX 시스템에서 이루어졌다. 파일명 sdewac.tagged.001, sdewac.tagged.002, sdewac.tagged.003, … sdewac.tagged.018 등이 분할 파일명이다. Perl 스크립트를 이용하여 각 파일에 어떤 웹사이트의 자료가 들어 있는지를 살펴본 다음, 각 파일로부터 코퍼스에 담고자 하는 사이트들의 언어자원을 추출하여 통합했다.

(9)
⟨text id="technik"⟩
⟨s⟩

1000mal	ADV	⟨1000mal⟩
pro	APPR	pro
Sekunde	NN	Sekunde
wird	VAFIN	werden
der	ART	d
Abstand	NN	Abstand
der	ART	d
Trag-	TRUNC	trag-
und	KON	und
Führmagnete	NN	⟨Führmagnete⟩
durch	APPR	durch
zahlreiche	ADJA	zahlreich
Sensoren	NN	Sensor
von	APPR	von
der	ART	d
Regelungstechnik	NN	Regelungstechnik
gemessen	VVPP	messen
und	KON	und
über	APPR	über
die	ART	d
Stromzufuhr	NN	Stromzufuhr
der	ART	d
Magnete	NN	Magnet
korrigiert	VVPP	korrigieren
.	$.	.

⟨/s⟩
....
....
⟨/text⟩

위 데이터 구조를 들여다보면, 각 어휘에 관한 정보가 행마다 따로 저장되고, 각 행의 첫 열에는 어휘형태가, 둘째 열에는 품사정보가 그리고 셋째 열에는 기본형(lemma)에 대한 정보가 담긴다. 이 구조의 특징적인 점은 XML-태그인 〈text id〉, 〈/text〉, 〈s〉와 〈/s〉를 포함하는 것이다. 이 태그들은 주제영역과 문장경계에 대한 정보를 제공한다. 특정 주제영역이 시작한다는 정보를 태그 〈text id="..."〉를 이용해서 표시하고, 그 주제영역이 끝났다는 사실을 태그 〈/text〉를 이용해서 표시한다. 마찬가지로 문장이 시작한다는 정보를 태그 〈s〉를 이용해서 표시하며, 문장이 끝나는 지점에서는 태그 〈/s〉를 이용하여 문장경계라는 사실을 나타낸다.

코퍼스 GLOW는 위 (9)에 제시된 것과 같은 데이터 구조를 가진 자료를 CWB 작업대에서 인코딩한 결과이다.[9]

품사태깅이 완료된 언어자원을 검색엔진 CQP에 의해 검색이 가능한 데이터베이스로 변환하는 인코딩 과정은 다음 (10)과 같은 명령식을 통해 수행된다.

(10)
```
cwb-encode -d c:\cwb\corpora\glow  - f glow.vrt -R c:\cwb\corpora\
registry\glow -P pos -P lemma  - S s
```

앞 절에서 설명한 바와 같이 위 명령식 (10)은 파일 "glow.vrt"를 CWB 시스템에 맞추어 인코딩하라는 의미를 담고 있다. 이어서 생성된 데이터 파일들을 드라이브 c:의 폴더 "corpora"에 "glow"라는 하위폴더를 만들어 저장하라는 지시와 함께, 폴더 "corpora"의 등록폴더인 "registry" 안에 새로 생성된 코퍼스에 대한 정보가 담긴 등록파일 "glow"를 저장하라는 뜻이다. 그리고 - P는 위치속성을, -S는 구조속성을 가리키는데 그 뒤에 따라

---

9) 코퍼스 GLOW안에 주제영역의 하나로 포함된 광고슬로건 자료는 GLOS 코퍼스의 원자료에 3만 정도의 어휘를 더 추가한 것으로서 시대에 대한 정보는 빠져 있다.

오는 구체적인 정보들, 곧 pos(품사정보), lemma(기본형정보)와 s(문장경계정
보)을 함께 저장하라는 의미도 담겨 있다.

다음의 [그림 6]은 웹 코퍼스 GLOW에 대한 기본정보를 보여주는 화면
이다.

[그림 6] 웹 코퍼스 GLOW에 대한 기본정보

여기에서도 확인할 수 있듯이 이 코퍼스에는 주제영역에 대한 정보(속성
"text-id")와 문장경계에 대한 정보(속성 "s")가 들어 있다.

이 코퍼스에 포함된 주제영역은 대체적으로 독일어연구소 IDS에서 제
안한 분류방식을 따랐다. 그러나, 스포츠 영역(Sport) 대신에 종교영역
(Religion)을 포함시키고, 기타영역(Rest)자리를 보편영역(Universum)으로 대
체했다. 이는 여러 주제영역에 대한 정보를 담고 있는 신문, 방송 잡지 등
대중매체 웹사이트들을 고려하기 위해서이다. 앞서 언급한 바와 같이 제
13영역으로 광고슬로건(Slogan)을 추가했다. 슬로건이 독자적인 "주제영역"

을 대표하는 것은 아니지만, 코퍼스의 활용도를 높이기 위해 통합적인 설계를 시도했다.

여기서 13가지 주제영역과 각 영역을 구성하는 웹사이트의 수(〈…〉 안에 표시) 및 대표사이트를 정리하면 다음의 [표 1]과 같다.10)

[표 1] 코퍼스 GLOW의 주제영역 및 웹사이트 수

주제영역	사이트 수	대표사이트
제1영역: Fiktion	〈18〉	http://gutenberg.spiegel.de
제2영역: Freizeit	〈25〉	http://www.bonvoyage-online.de
제3영역: Gesundheit	〈20〉	http://www.medizinauskunft.de
제4영역: Kultur	〈11〉	http://www.djfl.de
제5영역: Natur	〈9〉	http://www.astronomie.de
제6영역: Politik	〈20〉	http://www.das-parlament.de
제7영역: Religion	〈8〉	http://www.religio.de
제8영역: Staat	〈27〉	http://www.verfassungen.de
제9영역: Technik	〈6〉	http://www.linux-magazin.de
제10영역: Wirtschaft	〈7〉	http://www.manager-magazin.de
제11영역: Wissenschaft	〈27〉	http://www.wissenschaft-online.de
제12영역: Universum	〈40〉	http://www.zeit.de
제13영역: Slogan	〈1〉	http://www.slogans.de

제1영역의 대표사이트는 구텐베르크 독일어판을 관리하는 슈피겔사의 사이트이고 제2영역의 사이트에서는 여행에 대한 정보가 제공된다. 의학에 대한 다양한 지식을 제3영역의 사이트에서 얻을 수 있으며 제4영역의 사이트는 영화에 대한 정보를 제공한다. 천문학에 관한 정보가 제5영역의 사이트에 축적되어 있으며, 제6영역의 사이트는 독일의 정치에 관한 이슈들을 다룬다. 제7영역의 사이트는 종교관련 정보들을 담고 있으며, 독일

---

10) 코퍼스 GLOW에 포함된 전체 웹사이트의 주소는 [부록 1]에 제시되어 있다.

헌법에 관한 논의들이 제8영역의 사이트에서 이루어진다. 운영체제 Linux
에 관한 정보를 전달하는 잡지사가 관리하는 사이트가 제9영역의 사이트
이고 제10영역의 사이트에서는 일반 회사에 관한 정보가 제공된다. 제12
영역의 사이트는 언론사 ZEIT의 기사들을 제공하고 제13영역의 사이트는
광고슬로건들을 모아둔 사이트이다.

이처럼 코퍼스 안에 주제영역에 대한 정보가 포함됨으로써 얻게 되는
이점들은 영역별로 사용된 어휘들의 출현빈도를 확인한다든가, 어휘의 중
의성해소 과정에서 도움을 받을 수 있다는 점일 것이다. 그 외에 문장경계
에 대한 정보를 담고 있는 점도 이 코퍼스가 가진 커다란 장점 중의 하나
이다.

사실상 각 웹사이트를 어떤 주제영역에 배정하는가의 문제는 단순하지
가 않다. 왜냐하면, 모든 범주화가 공통적으로 갖는 문제이기도 하지만 엄
밀하게 분류해 넣기가 어려운 점과 하나의 사이트가 한 가지 주제만을 다
루지 않고 여러 가지 주제영역을 포괄하는 경우가 대부분이기 때문이다.
바로 이러한 웹사이트 분류의 문제 때문에 웹문서 분류에 대한 연구도 독
자적인 연구영역으로 발전해 나가고 있다. 본 연구에서는 장르 자체에 학
술적인 논의를 하는 것을 목적으로 하는 것이 아니기 때문에 세밀한 분류
나 이와 관련된 논쟁을 시도하지는 않기로 한다.11)

주제영역과 관련한 웹 코퍼스 GLOS의 특성이 어떻게 활용될 수 있고
언어학적으로 어떤 의미를 갖는지에 대해서는 코퍼스의 활용방안을 다루
는 제4장에서 상세히 논의한다.

---

11) 웹 문서의 분류와 관련한 여러 가지 논점에 대해서는 Lee, Y.-S.(2008) 참조.

2.4 병렬코퍼스 EU-DE/EN의 구축절차

이 절에서는 병렬코퍼스를 구축하는 절차에 대해 설명한다. 언어자료는 1996년부터 2006년까지의 유럽의회 회의록이다.[12] CWB를 이용하여 병렬코퍼스를 구축하는 과정은 개별 언어 코퍼스를 cwb 포맷으로 인코딩하는 과정과 인코딩된 결과를 정렬(alignment)하는 과정으로 구분된다. 이 절차들을 모두 보이면 다음과 같다.

(11)

i-a. cwb-encode -c utf8 - d eul-de - f c:\cwb\corpora\
ep_de.vrt -R c:\cwb\corpora\registry\eu-de - S text:0+id+
year+month+day+date - S chapter:0+id - S speaker:0+id+
language+name - S p:0+id - S s:0+id

i-b. cwb-encode -c utf8 - d eu-en - f c:\cwb\corpora\ ep_en.vrt -R
c:\cwb\corpora\registry\eu-en - S text:0+id+year+month+
day+date - S chapter:0+id - S speaker:0+id+language+name
- S p:0+id - S s:0+id

ii-a. cwb-makeall -r registry -V EU-DE
ii-b. cwb-makeall -r registry -V EU-EN

iii-a. cwb-align -r registry -v - o euro-de.en.align EU-DE EU-EN
s_id
iii-b. cwb-align -r registry -v -o euro-en.de.align EU-EN EU-DE
s_id

위에서 (i)과 (ii)단계는 독일어와 영어의 개별 코퍼스를 CWB 시스템으로 구축하는 과정을 보여준다. (i)단계를 살펴보면 두 코퍼스 모두 다양

---

12) 코퍼스의 바탕이 되는 원자료는 http://statmt.org/europarl/에서 다운받을 수 있고 이 자료를 기반으로 한 코퍼스에 대해서는 Koehn(2005)를 참고할 수 있다.

한 정보를 담고 있는 것을 알 수 있다. 이들 정보 속에는 년월일(text_year, text_month, text_day), 화자의 이름(s_name), 언어(s_language), 단락단위(p) 및 문장단위(s)에 대한 정보 등이 포함되어 있다. 이렇게 개별적으로 구축된 두 언어의 코퍼스를 (iii)단계에서 병렬코퍼스로 연결시키는 작업이 이루어진다. 병렬의 결과는 두 개의 파일 "euro-de.en.align"과 "euro-en.de.align" 속에 저장된다. 이 단계에서 중요한 포인트는 두 코퍼스의 연결고리를 정의하는 것인데, 유럽의회 코퍼스의 경우 문장의 번호(s_id)가 연결고리 기능을 수행한다. 이처럼 두 코퍼스를 병렬시키는 작업이 끝나면, 각 코퍼스의 등록파일 안에 병렬된 코퍼스의 이름을 넣는 과정이 뒤따른다. 이 등록파일들은 registry 폴더 안에 각각 "euro-de"와 "euro-en"의 이름으로 들어 있는데, 이 파일 안에 다음 (12a), (12b)와 같은 연결정보를 넣어둔다.

(12)
a. ALIGNED eu-en
b. ALIGNED eu-de

앞서 (iii) 단계에서 생성된 병렬정보 파일들도 인코딩할 필요가 있는데 이 단계가 마지막 과정이다. 이 단계는 다음과 같은 명령으로 수행된다.

(13)
a. cwb-align-encode -r registry -D euro-de.en.align
b. cwb-align-encode -r registry -D euro-en.de.align

이 단계에서 병렬된 두 코퍼스간의 연관관계에 대한 정보를 담은 확장자 "alx"를 가진 파일 —eu-en.alx와 eu-de.alx 파일—이 각 코퍼스 폴더 안에 생성된다. 실제로 검색을 수행하는 과정에서 검색엔진이 이 파일들에 접근하여 정보를 추출한다.

구축된 코퍼스를 확인하기 위해 (14)와 같은 명령을 도스의 명령라인에서 실행을 하면 [그림 7]과 같은 결과를 얻는다.13)

(14) cwb-describe-corpus -r registry EU-DE

[그림 7] 병렬코퍼스 EU-DE의 정보

이 화면에는 코퍼스 EU-DE에 대해 여러 가지 정보가 나타나 있는데 이 코퍼스가 단일어 코퍼스와 구분되는 것은 마지막 줄에 있는 '정렬에 대한 속성(alignment attribute)'에 기인한다.

이처럼 모두 다섯 단계를 거쳐 병렬코퍼스가 구축되면 CWB 시스템 안에서 불러내 검색엔진 CQP를 이용해 검색을 할 수가 있다. 다음 [그림 8]

---

13) 병렬코퍼스의 규모는 EU-DE가 37,461,789개 어휘이고 EU-EN은 39,431,862개 어휘이다.

은 시스템 내에서 병렬코퍼스를 불러와 몇 가지 어휘에 대해 검색작업을
한 과정을 보여준다.

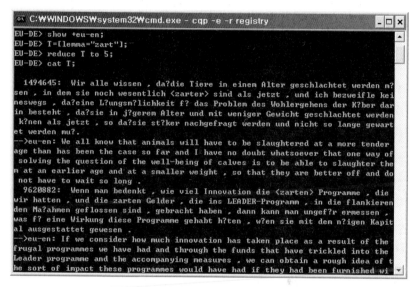

[그림 8] EU-DE의 검색 실행화면

위 검색화면에서 주목해야 하는 포인트는 명령문 "show +eu-en;"이다.
이 명령의 실행으로 독일어 코퍼스 EU-DE에서 검색된 용례뿐만 아니라
영어코퍼스 EU-EN 안에 정렬되어 있는, 곧 독일어 문장과 동일한 의미를
갖는 영어 문장도 함께 제시된다. 검색된 결과를 보면, 독일어 형용사
'zart'가 영어의 'tender'나 'frugal'로 번역됨을 알 수 있다. 영어 코퍼스에
대해서도 검색을 실행해 볼 수 있는데, 영어 형용사 'frugal'은 독일어 형
용사 'sparsam'으로 번역되는 것을 아래 검색화면에서 확인할 수 있다.14)

---

14) 강병창/최병진(2005)에서는 독일어와 한국어 병렬코퍼스를 독일어 교육에 활용하는
    방안에 대해 논의하고 있다.

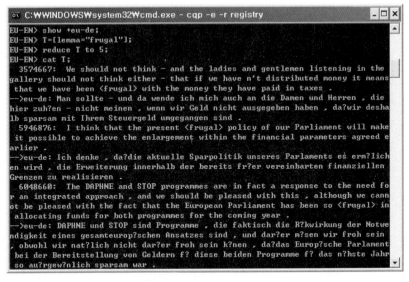

[그림 9] EU-EN의 검색 실행화면

  지금까지 우리는 유럽의회 자료를 기반으로 독일어-영어 병렬코퍼스를
구축하는 과정과 코퍼스를 이용한 검색방법에 대해 살펴보았다. 이러한
방법론은 여러 언어 쌍에도 적용이 가능한 보편적인 방법론이기 때문에
활용도가 매우 높다고 할 수 있다.

이 장에서는 먼저 광고슬로건 코퍼스 GLOS를 어떤 절차를 거쳐 검색엔진 CQP에 검색이 가능한 시스템으로 구현했는지를 설명하고 GLOS의 특성이 무엇인지도 살펴 보았다. 이어 웹 코퍼스 GLOW의 구축절차와 자료구조적인 특성에 대해서 논의했다. 또한 유럽의회 병렬코퍼스를 CWB에 기반한 시스템으로 구축하는 방법에 대해서도 설명했다.

이 장에서 기술한 세 코퍼스의 속성과 용도들을 비교하면 다음과 같다.

[표 2] 코퍼스 비교

코퍼스 유형	코퍼스 명칭	규모	언어자원	태그정보	용도
단일어 코퍼스	GLOS	90567	광고 슬로건	word,pos,lemma,s_id,text_lang,text _year,text_industry	연구
	GLOW	101191809	웹사이트	word,pos,lemma,s_id,text_id	연구
병렬 코퍼스	EU-DE	37461789	유럽의회	word,pos,lemma,s_id,speaker_name	연구/
	EU-EN	39431862		word,pos,lemma,s_id,speaker_name	교육

제3장 CQP 검색언어의 이해

CWB-기반 코퍼스 시스템은 CQP를 검색엔진으로 탑재하고 있으며, 다시 CQP는 자체 검색언어를 가지고 있다. 따라서 CWB-기반 코퍼스 시스템을 충분히 활용하기 위해서는 필수적으로 CQP 검색언어를 이해해야 한다. 이 장에서는 이 검색언어의 다양한 쓰임에 대해 살펴보고자 한다.[1]

3.1 기초 검색식의 활용

검색엔진 CQP에 접근하기 위해 먼저 시스템을 활성화시켜야 한다. 이때 필요한 것은 앞서 제 2장에서 언급한 바 있는 (1)의 명령어이다.

(1) cqp -e -r registry

검색시스템이 활성화되면 검색대상으로 삼을 코퍼스를 시스템 안으로

---

[1] 이 장에서 서술하는 내용은 이민행(2015)에서도 다루고 있다. 다만, 검색대상으로 삼은 코퍼스와 대상언어에 있어 양자 간에 차이가 있다.

불러들여야 한다. 다음 (2)와 같이 코퍼스명을 명령실행 기호 ":"과 함께
입력함으로써 이 과정이 수행된다. 여기서는 광고슬로건 코퍼스 GLOS를
대상으로 검색식의 기능을 검토하겠다.[2]

(2) GLOS;

다음 캡처화면에서와 같이 코퍼스가 활성화된 상태이면 검색을 시작할
수 있다.

[그림 1] 코퍼스가 활성화된 상태

코퍼스 시스템을 이용하여 할 수 있는 가장 단순한 작업은 특정어휘의
용례에 대한 검색이다.

(3) [word="reine"];

위의 검색식에는 어휘형태를 가리키는 'word'라는 속성이 나타나고, 이
속성에 대한 값이 "reine"이다. CQP 검색언어에서 기호 '[ ]'는 토큰단위를
가리킨다. 이 검색식을 통해 형용사 활용형 *reine*이 들어 있는 문장들을 추
출할 수 있다. 아래에는 코퍼스로부터 추출된 용례 몇 개가 제시되어 있다.

---

2) 코퍼스 이름은 CWB 시스템 내에서 대문자로 표기한다.

(4)

1023: Luxor Toiletteseife. Die 〈reine〉, weiße Schönheitsseif

5486: uf. Sorgt für gesunde, 〈reine〉 und feine Haut. Die mod

9226: Genuß. Durch und durch 〈reine〉 Natur. Gut gestimmt – S

11026: ck. Sorgt für gesunde, 〈reine〉 und feine Haut – für na

검색식 (3)에 의해 추출된 용례들이 KWIC(keyword in context) 양식으로 컴퓨터 화면에 출력된다. 다시 말하여 중괄호(〈...〉)로 표기된 검색어(keyword)가 중심에 위치하는 형식이 채택된다.

하나의 검색식에 임의의 변수, 예를 들어 "T"를 부가하여 후속 검색식에서 지시대상으로 삼을 수도 있다. 이를테면, 위의 (3)에 제시된 검색식을 수정하여 다음 (5)와 같이 변수 "T"를 부가할 수 있다.

(5) T=[word="reine"];

이처럼 검색식에 변수를 하나 붙여두면, 후속 명령식을 통해 이 검색식에 접근할 수 있다는 장점을 가진다. 이제 검색식 (5)의 검색결과를 다음 (6)에서처럼 명령어 'cat'를 사용함으로써 화면이 아닌 파일의 형태로 출력하고자 할 수 있다.

(6) cat T 〉 "reine.txt";

위 검색식은 변수 "T"에 의해 명명된 대상을 "reine.txt"라는 파일에 저장하라는 명령이다.[3]

이 과정을 정리하자면, 명령 (5)에 이어서 위 (6)의 명령을 실행하면 "reine.txt"라는 파일이 생성되면서 여기에 검색결과가 저장된다. 용례저

---

3) 편의상 검색의 '표적'이라는 의미로 target의 첫 글자인 T를 변수로 사용하기로 한다.

장을 위한 파일의 명칭은 당연히 사용자가 임의로 정할 수 있다.

위 (5)의 검색식에서 속성(attribute)을 없애고 간단히 다음과 같이 단순화할 수도 있다. 검색결과는 동일하게 얻어진다. 물론, 모든 검색식은 세미콜론(;)으로 마무리된다.

(7) T="reine";

앞서 언급한 'word'는 'lemma'나 'pos'와 더불어 위치속성(positional attributes) 부류에 속한다. 속성 부류들은 검색시스템 내에 미리 정의가 되어 있다. 한편, 단어의 기본형을 나타내는 속성 'lemma'를 통해서는 특정 기본형을 가진 어휘들이 포함된 용례들을 검색할 수 있다.

다음의 예를 보자.

(8) T=[lemma="rein"];

이 검색식을 이용하여 추출한 용례들 중의 일부가 다음 (9)에 제시되어 있다.

(9)
1023: Luxor Toiletteseife. Die ⟨reine⟩, weiße Schönheitsseif
2507: mein Mund ist frisch und ⟨rein⟩. Das echte Make-up für
4393: ür Sie. Lux ist weiß, ⟨rein⟩ und mild. Glück durch
8751: ne Waschmaschine. Echt - ⟨rein⟩ - weiß. Einfach glänze
9069: r mit Palmin. Wertvoll - ⟨rein⟩ pflanzlich! Rama gehör
9217: . Whisky at its best. Aus ⟨reiner⟩ Freude am klaren Genuß
13582: rspülen. Keiner wäscht ⟨reiner⟩! Nichts wäscht weißer

용례들을 살핌으로써 확인할 수 있는 것은 단어형태로서 'rein'뿐만 아니라 'reine', 'reiner' 및 'reines'도 검색된다는 사실이다. 이 어형들이 기본형 'rein'의 활용형이기 때문이다.

하나 남은 위치속성 pos(part of speech)는 특정한 품사를 가진 어휘의 검색에 사용된다. 다음 예를 보자.

(10) T=[lemma="rein" & pos="ADJD"];

이 검색식은 (8)의 검색식에 'pos' 정보를 부가한 것인데, 검색결과는 (8)보다 적게 추출된다. 왜냐하면 기본형을 'rein'으로 가지는 어휘 중에서 서술적 형용사(ADJD)로 쓰인 예들을 검색하라는 의미가 (10)에 들어 있기 때문이다. 여기서 연결사 &는 두 가지 조건이 모두 충족되는 것을 요구한다. 다음에 추출된 용례들이 제시되어 있다.

(11)
4393: ür Sie. Lux ist weiß, ⟨rein⟩ und mild . Glück durch
11130: izin für fette Haut. So ⟨rein⟩ und mild ist Sunlicht!
13582: rspülen. Keiner wäscht ⟨reiner⟩! Nichts wäscht weißer
15567: n die neue R6? Keine ist ⟨reiner⟩. Werkstoffe nach Maß.
33742: aß am Spiel. Natürlich ⟨rein⟩ und mild. Für den ganz

이 용례들에 부가어적 형용사(ADJA)는 포함되어 있지 않다.

위 출력결과 (11)은 앞의 검색식 (10)에 출력 명령을 추가한 복합검색식 (12)에 의해 단 한 번의 명령실행으로 얻어질 수 있다.

(12) T=[lemma="rein" & pos="ADJD"]; cat T ⟩ "reinADJD.txt";

속성 'pos'의 값으로 나타나는 품사들은 Stuttgart대학과 Tübingen대학에서 공동으로 제안한 독일어 표준 태그셋인 STTS에 정의되어 있는데,

이해를 돕기 위해 여기서는 첨사나 동사 관련 태그들만 제시하고 전체목록은 [부록 12]에 제시한다.[4]

[표 1] STTS(Stuttgart–Tübingen–Tagset)의 일부

PTKZU	"zu" vor Infinitiv(부정사구-zu)	zu [gehen]
PTKNEG	Negationspartikel(부정첨사)	nicht
PTKVZ	abgetrennter Verbzusatz(분리전철)	[er kommt] an, [er fährt] rad
PTKANT	Antwortpartikel(응답첨사)	ja, nein, danke, bitte
PTKA	Partikel bei Adjektiv oder Adverb (형용사나 부사수식 첨사)	am [schönsten], zu [schnell]
VVFIN	finites Verb, voll(완전동사 정동사형)	[du] gehst, [wir] kommen [an]
VVIMP	Imperativ, voll(완전동사 명령형)	komm [!]
VVINF	Infinitiv, voll(완전동사 부정형)	gehen, ankommen
VVIZU	Infinitiv mit "zu", voll(완전동사 zu-부정사)	anzukommen, loszulassen
VVPP	Partizip Perfekt, voll(완전동사 과거분사)	gegangen, angekommen
VAFIN	finites Verb, aux(조동사 정동사형)	[du] bist, [wir] werden
VAIMP	Imperativ, aux(조동사 명령형)	sei [ruhig !]
VAINF	Infinitiv, aux(조동사 부정형)	werden, sein
VAPP	Partizip Perfekt, aux(조동사 과거분사형)	gewesen
VMFIN	finites Verb, modal(화법조동사 정동사형)	dürfen
VMINF	Infinitiv, modal(화법조동사 부정형)	wollen
VMPP	Partizip Perfekt, modal(화법조동사 과거분사)	gekonnt, [er hat gehen] können

품사태그를 이용하여 만들 수 있는 가장 간단한 검색식은 다음과 같은 것이다.

(13) T = [pos="PTKNEG"] ;

이 검색식은 부정첨사 *nicht*가 포함된 문장을 추출하는 사용되며, 검색

---

4) 이에 대해서는 Thielen, c. et.al.(1999)과 이민행(2012 : 56) 참조.

결과의 일부가 다음 (14)에 제시되어 있다.

(14)
```
1084: . Man wechselt die Pferde ⟨nicht⟩ mitten im Strom. Einhei
2028: ich! Nimm Dir Zeit - und ⟨nicht⟩ das Leben! Mein Benzin
4625: . Wählt FDP. Laßt Euch ⟨nicht⟩ auf den Arm nehmen! Des
7180: m Wagen. Ein Wagen, den ⟨nicht⟩ jeder fährt. Kein Urla
9954: Es gibt Formen, die man ⟨nicht⟩ verbessern kann. Formvo
12697: os. Immer zuverlässig. ⟨Nicht⟩ umsonst ein Welterfolg.
41701: Kennen Sie jemanden, der ⟨nicht⟩ davon träumt? Das krea
45475: . Gesundheit ist mehr als ⟨nicht⟩ krank zu sein. Medizin
46607: en Job her. Verlass Dich ⟨nicht⟩ aufs nächste Leben.
```

용례들을 살펴보면 관용구 표현 속에 *nicht*가 포함된 경우와 최상급 의미를 표현하는 경우가 주를 이루는 것으로 보인다.

이제까지 논의한 세 가지 위치속성과 대조되는 것은 구조속성(Structural attributes)이다. 여기에는 'text_id'로 표현되는 주제영역에 관한 속성이나 's'로 표현되는 문장 경계에 대한 속성이 속한다. 앞서 논의한 웹 코퍼스 GLOW는 두 가지 속성을 모두 가지고 있기 때문에 이 코퍼스를 이용하여 두 속성과 관련된 데이터를 추출하는 방법에 대해 설명하겠다. 다음 검색식을 검토해 보자.

(15)
```
A=⟨s⟩[][pos="V.FIN"]::match.text_id="slogan";
count by pos ⟩ "posSequence.txt";
```

이 검색식은 두 가지 검색식을 하나로 모아 놓은 복합검색식이다. 첫 번째 검색식에는 구조속성이 둘 나타난다. 하나는 문장경계에 대한 속성 ⟨s⟩이고, 다른 하나는 주제영역에 관한 속성 'text_id'이다. 이 검색식에서 새로운 등장한 연산자 '::'는 조건을 표현하는 것으로 "뒤따르는 내용이 충족이 된다면 ..."으로 해석된다. 그러므로 (15)에서 조건연산자 이후의 검색식은 "주제영역이 slogan에 해당하는(match) 하위코퍼스가 있으면"이라고 풀이될 수 있다. 이 조건문 앞의 검색식 〈s〉[][pos="V.FIN"]은 문장(〈s〉)의 첫자리이면서 정동사(V.FIN)의 바로 앞자리에 나타나는 임의의 토큰([ ]로 표기됨)을 정동사와 함께 검색하라는 의미이다. 다시 말하여, 첫 번째 검색식은 하위코퍼스 slogan에 한정하여 전장(Vorfeld)에 나타나는 어휘와 정동사를 추출하는 데 사용된다. 두 번째 검색식은 검색결과를 품사(pos)를 기준으로 정리하되 품사연속체의 출현빈도를 출력하여 "posSequence.txt"이라는 파일에 저장하라는 의미이다. 이 파일에 저장된 데이터 가운데서 출현빈도 상위 1-10위까지의 전장요소-정동사 연속체만을 선정하여 제시하면 다음과 같다.

[표 2] 전장요소-정동사 연속체 (Slogan 코퍼스)

빈도	품사 연속체
446	PPER VVFIN
316	NE VVFIN
296	NN VVFIN
186	NN VAFIN
165	ADV VVFIN
128	PPER VAFIN
95	ADJD VVFIN
86	PIS VVFIN
75	ADV VAFIN
57	NE VAFIN

이 표에서 확인할 수 있는 바는 인칭대명사(PPER)가 전장에 위치하고 정동사로 쓰인 완전동사(VVFIN)가 나타나는 경우가 가장 많다는 사실이다.

아래의 표는 주제영역이 "Wirtschaft"인 하위코퍼스로부터 전장요소-정동사 연속체를 추출한 결과를 보여주는데, 1위는 동일하지만 2위부터는 많은 차이가 나타난다.

[표 3] 전장요소-정동사 연속체 (Wirtschaft 코퍼스)

빈도	품사 연속체
7011	PPER VVFIN
6738	ADV VVFIN
6150	ADV VAFIN
5785	PPER VAFIN
2493	ADJD VAFIN
2466	ADV VMFIN
2332	PPER VMFIN
2173	PDS VVFIN
1889	NN VAFIN
1878	PDS VAFIN

이 표에서는 부사(ADV)가 빈번히 전장에 출현한다는 사실을 확인할 수 있다.

위 검색식 (15)의 속성 pos의 값 'V.FIN'에는 임의의 문자를 가리키는 정규표현식의 메타기호 '.'가 쓰였다. 태그셋 STTS에서는 VVFIN(완전동사 정동사형), VAFIN(조동사 정동사형), VMFIN(화법조동사 정동사형) 등 세 가지 정동사형이 정의되므로 임의문자 '.'는 V나 A 혹은 M을 대신하는 것으로 간주된다.

이제 토큰 세 개가 인접해서 나타나는 경우를 CQP 검색식으로 어떻게 표현하는지를 알아보자. 동등비교를 표현하는 so~wie 구문을 추출하기 위한 검색식은 다음 (16)과 같다.

(16) T = "so" [pos="ADJD"] "wie";

이 표현식은 so와 wie 사이에 서술형용사가 위치하는 용례들을 찾아내
는 데 필요하다. 슬로건 코퍼스에 검색식 (16)을 실행한 결과, 아래와 같
은 용례들을 추출했다.

(17)
631: . Fein abgestimmt. Heute ⟨so gut wie⟩ gestern und morgen. Wer
11973: st zauberhaft! Jeder ist ⟨so stark wie⟩ seine Nerven. Denn mit
12557: Ein Modell so schön und ⟨so gut wie⟩ das andere. Omega hat d
13937: enreife. Aus der Flasche ⟨so gut wie⟩ vom Fass. Rein wie frisc
22407: n-Urlaubsmöglichkeiten – ⟨so vielfältig wie⟩ die Menschen. Für die
25887: macht Bad und Spülstein ⟨so weiß wie⟩ neu. Calgonit für Ihre
27887: s zu trinken. Ein Sekt, ⟨so edel wie⟩ seine Trauben. Guter Te
38187: ubt. Nichts im Leben ist ⟨so gut wie⟩ guter Geschmack. Milch
39568: llen Tagen. Haarfarben, ⟨so lebendig wie⟩ die Natur. Mann hat Guh

용례가 몇 가지에 지나지 않음에도 불구하고, 이 예들을 통해 흥미 있는
사실들을 발견하게 된다. 첫째는 이 구문에서 gut의 사용빈도가 절대적이
라는 점이다. 둘째는 wie 다음에 명사구 외에 서술형용사와 전치사구도
올 수 있다는 점이다. 셋째는 wie 앞의 so-ADJD 부분이 반복되어 등위접
속사 und에 의해 연결되기도 한다는 사실이다. 이 중 세 번째 특성이 광
고슬로건 코퍼스에 고유한 것인지 아니면 일반적으로 사용되는 구문인지
를 확인하기 다른 주제영역의 코퍼스도 검토할 필요가 있다.

CQP 검색언어에서는 부정(Negation)을 표현하기 위해 부정연산자 '!'를
사용한다. 다음 예는 검색식에 부정연산자가 사용된 경우이다.

(18) T = [lemma="neu" & pos != "ADJA"];

이 식은 기본형을 'neu'로 갖는 어휘 중에서 부가형용사로 쓰이지 않는
예들을 추출하기 위한 검색식이다. 검색결과는 다음에 제시되어 있다.

(19)
21074: Damit Ihr Teppich strahlt wie ⟨neu⟩.
25890: Ajax macht Bad und Spülstein so weiß wie ⟨neu⟩.
28125: Wir haben den Lippenstift ⟨neu⟩ erfunden: Flipstick.

이 용례를 살펴보면, 형용사 'neu'가 서술적 용법으로 쓰인 것을 알 수
있다.

이 절에서 우리는 기초적인 검색식을 구성하는 방법과 이를 이용하여
검색하는 방법에 대해 논의를 했다.

3.2 중급 검색식의 활용

검색엔진 CQP가 강력한 검색기능을 갖게 된 것은 정규표현식(reguläre
Ausdrücke)을 처리할 수 있도록 설계가 되었기 때문이다. 정규표현식 언어
는 문자(A-Z,Ä,Ö,Ü,a-z,ä,ö,ü,ß,1-9) 및 일련의 연산자 및 괄호로 구성된다. 다
음은 몇 가지 정규표현식의 예이다.

(20)
a. T= [word="lieb.?"] ; count by word ⟩ "regex1.txt" ;
b. T= [word="lieb.*"] ; count by word ⟩ "regex2.txt" ;
c. T= [word="lieb.+"] ; count by word ⟩ "regex3.txt" ;

앞 절에서 소개한 바와 같이 메타기호 '.'은 임의의 문자를 가리키는데,
(20a)에서 임의문자 뒤에 나타난 기호 '?'은 0이나 1을 의미하는 반복연산

자(Iterationsoperator)이다. 다시 말하여, (20a)의 첫 번째 검색식은 반복연산자 '?'의 기능에 의해 임의문자가 추가되지 않거나 추가되더라도 단 하나만 추가된 예들을 추출하게 된다. 검색결과는 (20a)의 두 번째 검색식에 의해 "regex1.txt"라는 파일에 저장된다. 다음 (21)은 이 파일의 내용이다.

(21)

7	liebt
2	lieb
1	liebe

여기에서 각 줄의 앞에 나온 숫자는 출현빈도를 나타낸다. 이렇게 빈도수가 결과파일에 저장되게 된 것은 검색식 안의 *count*라는 명령어의 기능에 의한 것이다. 이 명령어는 결과의 빈도를 추출하는 기능과 함께 명령어 *cat*처럼 저장하는 기능도 가지고 있다. 반면에 다음 결과에서 확인할 수 있듯이 반복연산자 '*'는 바로 선행하는 문자를 0번부터 무한대까지 반복하는 기능을 가지고 있다.

(22)

16	lieben
13	lieber
7	liebt
6	liebsten
2	lieb
2	lieben's
2	liebenswerte
1	liebe
1	liebevolle
1	liebhaben
1	lieblicher
1	liebste

이 결과는 검색식 (20b)를 실행해서 얻은 것이다. 'lieb'이라는 용례가 추출된 것은 반복연산자가 선행문자를 반복하지 않은 결과이다. 마지막으로 반복연산자 '+'는 직전 선행문자를 한번 이상 무한대까지 반복하는 기능을 가진다. 다음 결과파일을 통해 이 연산자의 기능을 확인할 수 있다.

(23)

```
16    lieben
13    lieber
7     liebt
6     liebsten
2     lieben's
2     liebenswerte
1     liebe
1     liebevolle
1     liebhaben
1     lieblicher
1     liebste
```

위 (22)와의 유일한 차이는 'lieb'의 추출여부이다. 연산자 '*'과 달리 '+'는 최소 한번은 반복해야 하므로 'lieb'은 검색되지 않은 것이다.

세 가지 반복연산자의 활용도가 매우 높다는 사실은 다음의 예에서 확인된다.

(24) T="f.hr.*"; count by word 〉 "fahrV.txt";

검색식 (24)는 문자 f로 시작하고 중간에 hr이 포함된 예들을 추출하여 출현빈도 정보와 함께 파일 "fahrV.txt" 안에 저장하라는 복합검색식이다. 검색결과는 다음 (25)와 같다.

(25)

20 fahren

8 fährt

6 führt

4 führen

3 führende

1 fahr

1 führe

다음 예를 살펴보자.

(26) T=[word="be.*" & pos="V.*"]; count by lemma 〉 "BE-verben. txt";

이 검색식은 접두사 'be-'로 시작하는 동사들을 찾아낸 다음 파일 "BE-verben.txt"에 저장할 때 기본형(lemma)을 기준으로 삼고 빈도수 정보도 함께 출력하라는 의미이다. 검색식의 실행결과 중 순위 10위까지만 제시하면 (27)과 같다.

(27)

17 beginnen

13 bewegen

9 bewähren

6 begeistern

6 beraten

5 befreien

5 beleben

5 besitzen

4 bewahren

3 bedeuten

반복연산자 '?', '*' 및 '+'와 달리 지정된 횟수만큼 반복하는 것을 허용하는 연산자도 있다. 두 개의 논항을 취하는 중괄호 기호({ , })가 이런 기능을 가진 반복연산자이다. 이 연산자의 첫 논항은 최소반복 횟수를 나타내고 두 번째 논항은 최대반복 횟수를 나타낸다. 다음의 예를 보기로 하자.

(28) T=[word="(ge){2,4}.*"] ; count by word 〉"GE-word.txt"

이 검색식에 쓰인 반복연산자는 (ge)가 두 번 이상 네 번 이하 반복되는 형태로 시작하는 예를 찾아 지정한 파일에 기록하라는 의미이다. 그 결과는 다음과 같다.

(29)
36   gegen
1   gegeben
1   gegessen

이 예들에서는 ge-가 두 번 나타난다. 그런데 이 반복연산자는 다음 검색식에서 확인할 수 있듯이 토큰 단위에 적용될 때에 유용성이 배가된다.

(30) T= [pos="ADJA"]{2,4} [pos="NN"] ; count by lemma 〉"NPlong.txt";

이 검색식은 명사 앞에 두 개 이상 네 개 이하의 부가어적 형용사가 나타나는 명사구를 추출하는 기능을 가진다. 다음의 예들이 추출결과이다.

(31)
1   charmant klein Vergnügen
1   echt amerikanisch Hemd
1   echt französisch Frischkäse
1   eigen sozial Sicherheit

1   fade vollendet Verläßlichkeit
1   fein englisch Art.

광고슬로건 코퍼스에서는 부가어적 형용사가 최대한 세 개 나타나는 것
으로 확인된다.

앞서 논의한 여러 검색식에 나타난 연결기호 '&'도 정규표현식 언어에
속하는 연산자로서 좌, 우 두 논항이 모두 참일 것을 요구한다. 다시 말하
여 이 연산자는 논리학적인 개념에서 연접연산자이다. 정규표현식 언어에
는 논항들 간의 선택을 허용하는 연산자도 정의되어 있는데 기호 '|'가 선
접연산자로 쓰인다. 다음 예를 보자.

(32)
T=[word="(be|er).*" & pos= "VVFIN")] ; count T ﹥ "BE.ER-verben.
txt" ;

이 검색식에 쓰인 선접연산자는 접두사 'be-' 와 'er-' 간의 선택을 허용
한다. 곧 검색식은 접두사 둘 중에서 하나로 시작하는 동사들을 추출하여
빈도를 기준으로 지정된 파일에 저장하라는 의미를 지닌다. 다음 (33)은
결과 가운데서 출현빈도가 높은 10개만을 제시한 것이다.

(33)
14   beginnen
9   bewegen
8   erfrischen
5   befreien
5   erkennen
4   erobern
3   bedeuten
3   beleben

3 beseitigen

3 besitzen

앞서 검색식 (32)에 나타난 소괄호 기호 '( )'도 연산자의 일종인데, 다른 연산자의 유효범위를 표시하는 기능을 한다. 그 외에 부정연산자도 있는데 느낌표 '!'가 논항을 부정하는 기능을 수행한다. 다음 예에서 부정연산자는 어떤 속성에 대해 부여된 값이 적절하지 않는 경우를 나타낸다.

(34) T=[word="be.*" & lemma !="be.*"] ; count by word 〉 "irreADJ.txt";

이 검색식은 접두사 'be-'로 시작하는 단어이긴 한데 기본형은 'be-'로 시작하지 않는 경우들을 추출할 때 사용된다. 결과는 다음 (35)와 같다.

(35)

77 besser

25 besten

21 beste

18 bessere

6 besseres

4 besseren

2 bestes

1 bestem

정규표현식 언어에서 정의된 연산자들 중에서 살펴볼 것 중 하나는 영역연산자(Bereichoperator)로서 쓰이는 '[ ]'이다. 다음 예를 보자.

(36) T=[word="[A-Z].....'] ; count by word 〉 "CapLetter.xt";

검색식 (36)은 첫 글자가 대문자이고 그 뒤에 5개의 문자가 뒤따르는데

모두 여섯 개의 글자로 된 단어들을 추출할 때 사용된다. 그 결과의 일부
는 다음 (37)과 같다.

(37)

41	Freude
38	Wäsche
37	Pflege
31	Mensch
31	Männer
30	Kaffee
30	Wasser
29	Urlaub
28	Erfolg
28	Frauen

이제까지 여러 가지 정규표현식의 연산자들에 대해 살펴보았는데, 연산
자로 미리 정의된 기호자체를 검색어로 하여 용례를 검색하고자 할 경우
모순이 생길 수 있는데, 이런 경우를 위해 정규표현식 언어에서는 메타기
호를 대상기호로 되돌려주는 귀환연산자를 추가로 정의하고 있다. 메타기
호 '\'이 귀환연산자로 사용된다. 다음 예를 보자.

(38) T = [word=".*\!"] ; cat T > "returnSign.txt";

이 검색식은 부정연산자로 쓰이는 메타기호 '!'를 대상기호로 되돌리기
위해 귀환연산자 '\'를 사용하고 있다. 다시 말하여 '!'로 끝나는 감탄문이
나 명령문을 추출하기 위해 이 식이 쓰인다. 결과는 다음 (39)와 같다.

(39)
95: . Es gibt nichts Reineres ⟨!⟩ Es gibt nichts Feineres !
155: r droht - Versichere Dich ⟨!⟩ Spare bei der Sparkasse
400: . Ja , das ist die Collie ⟨!⟩ Sind Sie der Gauloise-Ty
586: Auf den Punkt kommt es an ⟨!⟩ Vollendung der Frauenhyg
1069: U Adenauer . Schützt uns ⟨!⟩ Seid abwehrbereit - wäh
1193: r . Rechtsradikale Gefahr ⟨!⟩ Rechtzeitig zupacken ! N

이 용례들을 통해 광고슬로건의 경우에 감탄부호가 어떤 사실을 강조하기 위해 사용되거나 명령을 수행하기 위해 활용되는 것을 확인할 수 있다. 또 한 가지 흥미로운 관찰은 감탄부호로 끝나는 문장이 2번 이상 반복되는 경우가 많다는 점이다. 다음 검색식을 살펴보자.

(40) T = ([word=".*\!"][]{0,5}){2,} ; cat T ⟩ "returnSignPlus.txt";

이 검색식에서 기호 '[]'은 임의의 토큰을 가리키는 표지인데 이 자리가 최소 0개에서 최대 5개까지 나오는 경우를 추출하기 위해 []{0,5}라고 식을 만들었다. 그러나 이 검색식의 핵심은 감탄부호로 끝나는 문장이 두 번 이상 나타나는 슬로건들을 추출하는 데 있다. 다음 용례들은 검색결과의 일부이다.

(41)
934: schick König-Pilsener hinterher ⟨! Ja - der schmeckt !⟩ Strahlend
1193: r. Rechtsradikale Gefahr ⟨! Rechtzeitig zupacken !⟩ Nicht
14010: en. Brylcreem schafft es ⟨! Brylcreem bändigt Männerhaar !⟩

이 용례들에는 감탄문이 반복해서 나타난다.
앞서 (40)의 검색식에서도 소개가 되었지만, 검색엔진 CQP를 운용하는 데 사용된 CQP 언어의 가장 큰 장점 중 하나는 정규표현식을 토큰 층위에도 적용할 수 있다는 점이다. 아래 예를 보자.

(42) T="an" [pos="ART"]? [pos="ADJA"]* [pos="N.*"]+ "vorbei";

이 검색식에는 토큰 층위의 표현이 다섯 개 나타나 있다. 이 중에서 두
번째 토큰에는 '0' 혹은 '1'을 의미하는 반복기호 '?'가, 셋째 토큰에는 '0 혹
은 1 이상'을 의미하는 반복기호 '*'가 쓰였다. 네 번째 토큰에는 '1 이상 반
복'을 뜻하는 기호가 붙어 있다. 검색식을 실행한 결과의 일부가 다음에
제시된다.

(43)
161457: Ihr Kopf glitt ganz dicht 〈an des Frosches Rindenplatz
vorbei〉.
282935: Auf ihrem Weg nach oben kamen die Flüchtlinge 〈an
Schrimps vorbei〉, an einem Container mit Designer-Jeans und
einem mit französischem Rotwein.
356453: In Windeseile rennen die Kinder die Treppe hinunter, über
den Schlosshof, 〈an den schlafenden Tieren vorbei〉 und.
416171: Er ging 〈an dem Haus vorbei〉, wo die weißhaarige Frau
wohnte, die mit den beiden Enkeln.
665324: Sie rannte 〈an Johannes vorbei〉 zum Speisewagen, rutschte
dabei aus ihrer Sandale.

이 용례들을 살펴보면, 전치사 'an'과 부사 'vorbei' 사이에 위치한 명사
구의 구조가 다양하다는 것을 알 수 있다. 이러한 다양성은 위의 검색식
(42)의 토큰들에 부착된 반복기호에 의해 담보된 것이다.

지금까지 우리는 정규표현식을 이용하여 검색하는 방법에 대해 연산자
들을 중심으로 논의를 했다. 이 연산자들을 조합하여 적절히 검색식을 구
성하면 보다 정교하고 강력한 검색결과를 얻을 수 있다.

3.3 상급 검색식의 이해

앞 두 절에서는 기초적인 검색식에 대해 살펴보았다. 이 절에서는 CQP 언어에서 제공하는 여러 가지 고급기능들에 대해 검토한다.

이 언어에는 검색공간을 지정할 수 있는 장치가 마련되어 있다. 다음 검색식을 살펴보자.

(44) T = "es" []* [pos="VV.*"] within 4 words ; cat T 〉"es_verb.txt" ;

검색식에 검색범위를 제한할 수 있는 연산자 'within'이 처음 등장한다. 이 연산자는 논항으로서 'Number words'나 문장경계를 의미하는 's'를 취한다. 이 연산자에 힘입어서 검색식 (44)가 "es" 다음 최장 4번째 자리 이내에 [pos="VV.*"]이 나타나는 용례들을 추출하는 데 사용된다. 그 결과는 아래 (45)에서 확인할 수 있다.

(45)

267: beim Kauf. Schnell soll 〈es gehen〉, mit Liebe geschehen.

3693: ie Haut! Sigella schafft 〈es glänzend. Wasch〉 strahlend weiß mit himm

3871: all. Nimm Alka-Seltzer, 〈es hilft〉 schnell! Lebe auf - nim

4361: vollendet gepflegt. Wer 〈es kennt〉 - nimmt Kukident. Die k

6099: Die echte Constructa soll 〈es sein. Es geht〉 leichter. Das kann sich

7592: n auf jeden Tisch. Damit 〈es allen schmeckt〉! Die neue Dessert-Metho

26246: eit. Jedem seine. Damit 〈es beim Bauen vorwärts geht〉. Eine System-Entscheidu

이 용례 중에서 마지막 용례가 'es'를 제외하고 4번째 자리에 정동사형

동사가 나타나는 경우이다. 또한 다음 예에서 확인가능하듯이 검색결과의
출력과 연관성이 있는 연산자도 정의되어 있다.

(46) set context 1 s;

이 검색식의 'set'는 논항을 세 개 취하는 연산자로서 'context'와 함께
쓰임으로써 문맥의 범위를 지정한다. 이 검색식은 그 용례를 포함한 문장
('s') 하나를 고스란히 검색결과로서 출력하라는 의미이다. 이 식을 응용하
여 'context'와 's' 사이의 숫자를 '3'으로 바꾸면 문장 셋을 검색결과로 출
력하라는 의미가 생성된다.

이 연산자 뒤에는 'context' 외에 'PrintStructures'도 나타날 수가
있다.

(47) set PrintStructures "text_id" ;
(48) T= "Natur" ; count by lemma ⟩ "freqNATUR.txt" ;

검색식 (47)은 이어지는 검색의 실행시에 'text_id' 정보가 검색결과 안
에 포함되도록 하는 명령문으로 이해 가능하다. 다음 예를 보자.

(49)
3805: ⟨text_id 1950s⟩: Und das merkt man, bei Knorr – da
schmeckt man die ⟨Natur⟩!
12893: ⟨text_id 1960s⟩: Gut essen. Iglo essen. Aus dem Haushalt
der ⟨Natur⟩.
22127: ⟨text_id 1970s⟩: Der Name, der alles verspricht. Wir
bringen ⟨Natur⟩ und Schönsein zusammen.
28226: ⟨text_id 1980s⟩: Timotei wäscht Haare mild wie die ⟨Natur⟩.
Eine Systempflege, die Sie sich leisten können.
43442: ⟨text_id 1990s⟩: Jung, frech und paßgenau. ⟨Natur⟩, Lust

und Laune. Schuhe für mich.

46243: 〈text_id 2000s〉: Echte Menschen, echte 〈Natur〉, echter Urlaub.

용례 각각에 'text_id' 정보가 포함되어 있는 것을 확인할 수 있다. 이 정보는 해당 슬로건이 사용된 시대를 보여준다.

CQP 언어의 고급기능 중 하나는 준거점("anchor point")의 사용이다. 준거점 기능을 갖는 연산자는 match와 matchend가 있는데, 전자는 검색식과 양립(match)하는 토큰 연속체의 첫 번째 토큰을 가리키고, 후자는 그 토큰 연속체의 마지막 토큰을 지시한다. 다음 예를 살펴보자.

(50)
T = [pos="ADJA"]{2,3} [pos="NN"] ; count by lemma on match 〉 "adjaNN.txt";

이 검색식은 부가형용사가 둘 이상 셋 이하 나타나는 슬로건들을 추출하기 위한 것인데, 두 번째 식에서 'match'를 도입함으로써 첫 번째 토큰을 준거점으로 삼아 빈도수를 출력하라는 의미를 가지게 된다. 다시 말하여 용례 중에서 가장 앞에 나타나는 부가형용사의 레마(기본형)의 빈도를 보이라는 명령이 검색식에 의해 수행된다. 결과를 일부만 보이면 다음 (51)과 같다.

(51)
283 gut
129 neu
99 groß
84 schön
67 ganz
52 gesund

41 fein

40 voll

39 modern

37 klein

이 결과에 상응하는 용례들은 다음 (52)와 같다.

(52)

214: Ein Weinbrand bei dem man bleibt! Der ⟨große deutsche Sekt⟩.

3189: Ein Sekt für festliche Stunden. Wunderbar. Die ⟨gute alte Marke⟩.

5087: Der Duft der ⟨großen weiten Welt⟩.

7421: Unwiderstehlich. Für ein ⟨langes gesundes Leben⟩.

9843: Omega hat das Vertrauen der Welt – Omega hat auch die Uhr Ihres Vertrauens. Die ⟨große Schweizer Marke⟩.

19450: ⟨Schöne neue Welt⟩ des Genießens. Die leichte Cigarette mit dem besonderen Geschmack.

19687: Die ⟨große europäische Autovermietung⟩. Weil Sie damit super fahren! Come out on a Honda.

이 용례들에는 확실히 둘 이상의 부가형용사가 쓰이고 있다. 위 검색식 (50)을 변형하여 다음 (53)과 같이 'match'를 'matchend'로 대체하게 되면 결과가 달라진다. 그 결과는 (54)에 제시된다.

(53)

T = [pos="ADJA"]{2,3} [pos="NN"] ; count by lemma on matchend ⟩ "adjaNN2.txt";

(54)

54 Haut

49   Geschmack

35   Welt

29   Idee

28   Tag

25   Hand

24   Genuß

22   Kraft

21   Mensch

20   Weg

검색식 (53)에서 준거점 기능을 하는 'matchend'는 토큰 연속체의 마지막 요소, 곧 일반명사를 가리킨다. 그래서 위 (54)에서 확인할 수 있듯이 일반명사의 출현빈도가 출력된다.

이상에서 논의한 두 가지 준거점 외에 'target'이라는 준거점도 매우 유용한데, 이 준거점 앞에는 기호 '@'가 표시된다. 준거점 'target'은 기준으로 삼는 요소가 검색식 내에서 토큰 연속체의 중간자리에 위치할 경우에 유용하게 쓰일 수 있다. 다음 예를 보자.

(55) T = "so" @[pos="ADJ.*"] "wie" []{0,2} [pos="NN"] ;
(56) group T matchend lemma by target lemma 〉"so_wieNN.txt" ;

이 검색식 둘을 연속으로 실행할 경우에, 준거점 'target'에 해당하는 형용사를 기준으로 하여 준거점 'matchend'에 상응하는 일반명사와 조합의 출현빈도가 출력된다. 일반적으로 준거점들은 출력결과를 테이블의 형식으로 제시하도록 하는 'group'과 함께 사용된다. 그 결과는 다음 (57)과 같다.

(57)

#		
rahmig-frisch	Tomate	1
vielfältig	Mensch	1
lebendig	Natur	1
wertvoll	Natur	1
edel	Traube	1
bunt	Welt	1
weiß	Calgonit	1
jung	Fortschritt	1
stark	Nerv	1
gut	Meggle	1
	Fass	1
	Technik	1
	Geschmack	1
	UHU-Allestinte	1
	UHU-Alleskleber	1

이 통계를 뒷받침하는 용례 중 일부가 다음 (58)에 제시된다.

(58)

11973: Fenjal ist zauberhaft! Jeder ist 〈so stark wie seine Nerven〉.

13937: Aus der Flasche 〈so gut wie vom Fass.〉 Rein wie frischer Schnee.

15657: So alt wie die Kraftfahrt, 〈so jung wie der Fortschritt〉. Immer seiner Zeit voraus.

27887: Ein Bitter, eine Welt. Gutes zu trinken. Ein Sekt, 〈so edel wie seine Trauben〉.

44011: Mit diesem Duft kann Dir alles passieren. Genuß für mein Haar. Pflege 〈so wertvoll wie die Natur〉.

위 검색식 (56)에서 두 준거점 'matchend'와 'target'의 자리를 맞바꾸면, 검색결과에서 차이를 보이는데, 이 경우에 'matchend'에 해당하는 명사를 기준으로 하여 'target' 형용사를 배열하게 된다. 또한 검색식 (55)를 실행한 다음에 아래 (59)에 제시된 검색식을 실행할 경우에 'target' 형용사만을 빈도와 함께 보여준다.

(59) group T target lemma cut 5 〉"freqADJDso_wie.txt" ;

이 검색식의 새로 등장한 'cut'는 출력시에 고려할 최소빈도를 지정하는 기능을 한다. 곧, 이 검색식에 의해 빈도가 5 이상인 용례만 출력된다. 그 결과는 (60)과 같다.

(60)
```
#-----------------------------------------------------------------
(none)                         gut                        6
```

이 검색결과의 첫 열이 '(none)'으로 표시된 것은 배열시에 기준이 될 준거점을 지정하지 않았기 때문이다.

위의 검색식 (56)과 (59)에 쓰인 준거점들 바로 뒤에는 공통적으로 'lemma'가 나타나 있는데, 'lemma' 대신에 'word'나 'pos' 등 위치속성이 쓰일 수도 있다. 이와 관련한 선택은 검색을 통해 이르고자 하는 검색의 목적과 결부되어 있다.

검색식을 작성할 때 토큰 앞에 제약표지(label)를 달아 사용하는 경우도 있다. 이렇게 표지를 다는 이유는 해당 토큰에 일정한 제약을 가할 수 있어 유용성이 높아지기 때문이다. 다음 예를 살펴보자.

(61)

T = vf:[] [pos="VV.*"] ∷ vf.pos = "ADV" ; count by lemma 〉"freqVF. txt" ;

이 검색식에서 'vf'라는 표지가 도입되고, 그에 대한 제약은 기호 '∷'를 뒤따른다. 이 제약은 정동사 바로 앞자리에 출현하는 토큰의 품사(pos)가 부사(ADV)여야 한다는 것이다. 검색결과의 일부가 다음 (62)에 제시된다.

(62)

10	da schmecken
7	da wissen
4	da kommen
4	mehr erleben
4	so machen
4	so schmecken
3	da helfen
3	da stecken
3	so lassen
2	allein genügen

제약표지가 쓰인 다른 검색식을 살펴보자.

(63)

T = a:[pos="NN"] @[pos = "APPR"] b:[pos="NN"] ∷ a.lemma=b. lemma ; count by lemma 〉"freqNpN.txt" ;

이 검색식은 '명사-전치사-명사' 형태를 가진 명사반복구의 추출을 위해 사용될 수 있다. 제약표지 'a'와 'b'가 도입되고, 이 표지들에 제약이 부과되는데, 제약의 내용은 표지가 붙은 명사들이 동일한 기본형을 가져야 한다는 것이다. 이에 따라 얻은 결과는 다음 (64)와 같다.

(64)

3	Hand in Hand
3	Mensch zu Mensch
2	Tag für Tag
1	Becher für Becher
1	Bild für Bild
1	Fleisch nach Fleisch
1	Glas für Glas
1	Herz zu Herz
1	Hit für Hit
1	Mark für Mark
1	Marke für Marke
1	Mund zu Mund
1	Punkt für Punkt
1	Schreibtisch zu Schreibtisch
1	Seife ohne Seife
1	Strich für Strich
1	Tasse für Tasse
1	Tropfen für Tropfen
1	Wand zu Wand
1	Woche für Woche
1	Stück für Stück

이처럼 제약표지는 여러 가지 용도로 유용하게 사용될 수 있다.

CQP 검색언어는 매크로 함수(macro function)를 정의하고 있는데, 이 기제 또한 매우 활용도가 높다. 매크로 함수의 사용은 다음과 같은 절차를 따른다.

(65)

a. 매크로 함수 파일의 작성
b. 매크로 함수 파일을 CWB 내에서 불러들임
c. 정의된 매크로 함수를 포함한 검색식을 작성하여 실행

이제 실제 매크로 함수를 이용한 검색과정에 대해 살펴보기로 한다. 먼저 다음과 같은 내용을 가진 명사구(NP)에 대한 매크로 함수를 정의한 파일을 작성한다.

(66)
MACRO np(0)
  [pos = "ART"]
  ([pos = "ADV"]? [pos = "ADJA"])*
  [pos = "NN"]
  ;

CWB 시스템 밖에서 정의문 작성을 완료한 후에 파일명을 "macroNP. txt"라고 하여 저장한다. 두 번째 절차로 이 매크로 파일을 CWB내에서 불러들이기 위해 다음 (71)과 같이 명령문을 만들어 실행한다.

(67) define macro ⟨ "macroNP.txt";

마지막 과정으로 이 함수가 포함된 검색식을 아래와 같이 작성하여 실행한다.

(68) T = /np[] @[pos="VV.*"] ; group target lemma ⟩ "vvNP.txt" ;

검색식 안에 매크로 함수를 포함시킬 때에는 반드시 매크로 함수명 앞에 표지 '/'를 달고 함수명 뒤에는 빈 논항표시 기호 '[]'를 붙인다. 이 검색식은 명사구(NP) 다음에 출현하는 완전동사의 빈도를 추출하기 위한 것으로서 출력결과는 파일 "vvNP.txt"에 저장된다. 검색식을 실행한 결과 얻게 되는 동사빈도는 다음 (69)와 같다.

(69)

#		
(none)	kommen	22
	machen	19
	gehen	14
	brauchen	14
	geben	9
	gehören	7
	stimmen	6
	kennen	5
	bleiben	5

이제 매크로 함수가 추가적으로 논항을 취하는 경우에 대해 살펴보자. 다음이 그 예이다.[5)]

(70)
MACRO pp(2)
[(pos = "APPR") & (word="$0")]
[pos="ART"]
[pos="ADJA.*"]{$1}
[pos="NN"]
;

이 매크로 함수가 (66)의 NP 매크로 함수와 다른 점은 이 함수가 논항을 두 개 갖는다는 점이다. 첫 논항('$0'로 표시됨)은 전치사의 어휘형태이고, 두 번째 논항('$1'로 표시됨)은 부가형용사의 개수이다.

CWB 내에서 "macroPP.txt"라는 파일명으로 저장된 매크로 함수를 불러들이기 위해 다음과 같은 명령식을 사용한다.

---

5) Evert(2010 : 30) 참조

(71) define macro 〈 "macroPP.txt":

매크로 함수를 불러들인 다음에는 검색식 (72)를 실행시킨다.

(72) T= /pp["auf", 2] : cat 〉 "concPPauf.txt" :

이 검색식에 의해서 'auf'가 이끄는 전치사구 가운데 부가형용사가 두 개 나타나는 예들을 추출할 수 있다. 그 결과는 다음과 같다.

(73)
851: Setzen Sie 〈auf die richtige Karte〉: Tref. UH
3203: Ich trink' Martini weil er mir schmeckt! Liebe 〈auf den ersten Schluck〉.
5162: Gute Strümpfe - schöne Strümpfe. Linie 〈auf der ganzen Linie〉. Für den modernen Menschen.
10345: Forschung und Service sprechen für Esso - 〈auf der ganzen Welt〉.
43628: 〈Fleisch aus einer heilen Welt. Liebe 〈auf den ersten Biss〉.
46104: Sat.1 - Ja. Komm 〈auf die bessere Seite〉. Weltbilder entstehen im Kopf.

매크로 함수는 CWB 시스템 밖에서도 실행할 수가 있는데 다음 예가 그런 경우이다.

(74)
C:\CWB\Corpora〉cqp -r registry -f macroNK.txt 〉 concNATkultur.txt &

이 예는 도스 창의 폴더 "C:\CWB\Corpora"에서 "macroNK.txt"라는 매크로 파일을 실행해서 검색결과를 "concNK.txt"라는 파일에 저장하기

위한 명령을 보여준다. 아래 (75)는 매크로 파일 "macroNK.txt"의 내용을
보여준다.

(75)
```
GLOS;                          /* line 1 */
set PrintStructures "text_id";  /* line 2 */
set context 1 s;                /* line 3 */
T = [lemma="Natur"];            /* line 4 */
cat T;                          /* line 5 */
T = [lemma="Kultur"];           /* line 6 */
cat T;                          /* line 7 */
```

첫째 행에는 검색에 사용할 슬로건 코퍼스를 불러내기 위한 명령이 기
록되어 있고, 둘째 행에는 시대에 대한 정보가 들어있는 "text_id"도 함께
출력하라는 명령이, 셋째 행에는 문맥공간을 두 문장으로 하라는 명령이
들어 있다. 넷째 행에는 'Natur'라는 검색어가, 다섯째 행에는 그 검색어
에 대한 용례를 출력하라는 명령이 나타나 있다. 이어 여섯째 행에는
'Kultur'라는 검색어가 쓰여 있고 마지막 줄에는 그 검색어에 대한 용례를
출력하라는 명령이 수록되어 있다. 위 (75)에 소개된 매크로 파일을 실행
한 결과의 일부가 다음 (76)에 제시되어 있다.

(76)
49959: 〈text_id 2000s〉: Im Einklang mit Mensch und 〈Natur〉.
　　　 Noch sanfter und sicherer.
49594: 〈text_id 2000s〉: Wein aus Österreich - kostbare 〈Kultur〉.
　　　 Entdecken, einkaufen, entspannen.

마지막으로 검색어의 입력과 관련하여 한 가지 사항을 덧붙이고자 한
다. CWB 인터페이스에서 독일어의 움라우트와 문자 'ß'를 직접 입력하려

고 할 때 어려움에 봉착한다. 이 경우에는 다음 [표 4]에 정리된 대응 기호
를 사용하여 검색키워드를 입력하면 된다.

[표 4] 독일어 움라우트

움라우트/ β	대체기호
ä	\344
ö	\366
ü	\374
Ä	\304
Ö	\326
Ü	\334
ß	\337

다음 검색식은 위 (72)의 전치사를 'für'로 바꾼 것으로서 이 전치사가
포함된 용례를 찾을 목적으로 작성한 것이다.

(77) T= /pp["f\374r", 2] ; cat 〉 "concPPfuer.txt" ;

검색의 결과는 다음 (78)과 같다.

(78)
21: Sonnenschein 〈für〉 Ihre Wäsche ! Zum Saubermachen -
Henkelsachen !
286: Philips Licht - Gutes Licht. 〈Für〉 richtige , neuzeitliche
Körperkultur.
351: Blau und weiß ist das Tempo-Symbol - 〈für〉 das eigene und
and'rer Leute Wohl.
482: Aurora mit dem Sonnenstern. Extra stark, also doppelt
intensiv. Ein Begriff 〈für〉 Qualität!

출력과 관련하여, 검색작업을 하는 가운데 검색결과를 일정한 수 이상
으로 제한할 필요가 있을 경우가 있다. 이때는 'reduce'라는 명령어를 사
용하면 된다. 다음 예를 보자.

(79) T = [pos="APPR"] ; reduce T to 100 ; cat T 〉 "concAPPR.txt";

이 예는 전치사가 포함된 문장을 추출하기 위한 것인데, 'reduce'라는
함수를 이용하여 용례의 수를 100개로 제한했다. 따라서 출력시에 용례가
100개만 파일 "concAPPR.txt"에 저장된다.

지금까지 이 절에서는 준거점과 제약표지의 쓰임 및 매크로 함수의 정
의 등 검색식의 작성시에 활용할 수 있는 여러 가지 수단에 대해 살펴보았
다. 이러한 도구들에 대한 이해가 깊을수록 보다 정교한 검색결과를 얻어
낼 수 있기 때문에 이 도구들을 적극적으로 응용할 필요가 있다.

3.4 DWDS 검색언어와의 비교

이 절에서는 활용도가 매우 높은 DWDS 검색언어와 CQP 검색언어를
비교함으로써 CQP 검색언어의 특장점에 대해 논의하는 한편 기존
DWDS 언어의 사용자가 CQP 언어를 보다 쉽게 이해하도록 길잡이 역할
을 하고자 한다. DWDS 검색언어는 DWDS-Kernkorpus의 검색에 사용
되는데, 이 코퍼스는 베를린-브란덴부르크 학술원에서 구축하고 관리하는
코퍼스이다. 두 검색언어의 비교를 위해 DWDS의 도움말 페이지에 제시
된 검색식 각각의 기능과 그에 대응하는 CQP의 검색식에 대해 살펴본
다.[6]

---

6) DWDS 검색식의 도움말 페이지 주소는 "http://www.dwds.de/hilfe/suche/"이다.

다음 DWDS 검색식은 어휘의 레마(lemma)를 토대로 한 레마연속체의 검색에 사용된다.

(80) "das gute Beispiel"

검색결과는 *das gute Beispiel, das beste Beispiel* 및 *die besseren Beispiele* 등등이다. 동일한 결과를 얻기 위한 CQP 검색식은 다음과 같다.

(81) [lemma="das"][lemma="gut"][lemma="Beispiel"];

두 검색식을 비교해보면 DWDS 검색식이 CQP 검색식에 비해 단순해서 사용하기에 편리해 보인다. 그 이유는 DWDS 검색언어에서 레마(lemma)를 어휘층위의 디폴트 단위로 삼은 데 있다.

아래 DWDS 검색식은 Kanzler와 Schröder사이에 최대한 한 단어까지 나타나는 예들을 추출하는 데 사용된다.

(82) "Kanzler #1 Schröder"

검색결과는 *Kanzler Schröder*와 *Kanzler Gerhard Schröder* 등이다. 아래의 CQP 검색식은 동일한 결과를 얻는 데 쓰일 수 있다.

(83) [lemma="Kanzler"] [ ]{0,1} [lemma="Schröder"];

검색하고자 하는 특정 단어들 사이에 삽입될 수 있는 단어의 수를 제한하기 위해 CQP에서는 임의의 토큰을 나타내는 '[ ]' 뒤에 제한된 단어의 최소치와 최대치를 중괄호로 묶어 기입한다.

DWDS 검색식 (84)는 Kanzler나 Schröder가 나타나는 모든 문장을 추출한다.

(84) Kanzler ‖ Schröder

이와 동일한 결과를 추출하는 데 사용될 수 있는 CQP 검색식은 아래와 같다.

(85) [lemma="Kanzler|Schröder"];

이 검색식에는 정규표현식의 선접연산자 "|"이 사용된다.
다음 검색식은 Herzog이라는 고유명사를 검색할 때 사용한다.

(86) $p=NE with Herzog

품사($p)에 대한 정보가 포함된 이 검색식에 의해 추출 가능한 검색결과는 *Roman Herzog*과 *Peter Herzog* 등이다. 이 검색식을 CQP 언어로 표현하면 다음과 같다.

(87) [pos="NE" & lemma="Herzog"];

CQP 언어에서는 구조속성 'pos'를 사용하여 품사정보를 나타낸다.

DWDS 검색식 (88)은 이름 Ägide와 임의의 고유명사(NE) 사이에 단어가 최대한 두 개까지 들어간 연속체를 추출하는 데 사용된다.

(88) "Ägide #2 $p=NE"

가능한 검색결과는 Ägide Bush나 Ägide von Harald Szeemann 등이

다. 이와 동일한 결과를 얻기 위해 필요한 CQP 검색식은 다음과 같다.

(89) [lemma="\304gide"] [ ]{0,2} [pos=NE];

위 검색식은 움라우트 Ä 대신에 '\304'를 사용하고 구간연산자를 이용하여 최소치와 최대치를 규정한 점이 특징이다.

아래의 DWDS 검색식은 zeit로 끝나면서 일반명사(NN)인 합성명사들을 추출하는 데 사용되며, 검색결과는 Weihnachtszeit, Übergangszeit와 Halbzeit 등이다.

(90) $p=NN with *zeit

다음의 CQP 검색식은 이와 동일한 검색결과를 얻는 데 사용될 수 있다.

(91) [pos="NN" & lemma=".+zeit"];

이 검색식에 임의의 철자를 가리키는 '.'와 하나 이상의 반복을 의미하는 기호 '+'가 사용된 점에 주목할 필요가 있다.

다음 DWDS 검색식은 *üben*과 분리전철(PTKVZ) *aus* 사이에 최대 5단어까지 삽입될 수 있는 단어연속체를 검색하는 데 사용되며, 검색결과는 *übt er ein Wahlamt aus* 등이다.

(92) "üben #5 aus with $p=PTKVZ"

이와 동일한 검색결과를 생성해내는 CQP 검색식은 다음과 같다.

(93) [lemma="\374ben"] [ ]{0,5} [lemma="aus" & pos="PTKVZ"];

아래의 검색식은 DWDS에서 정동사(VVFIN)로 쓰인 schalen과 분리전철 aus 사이에 최대 5단어까지 삽입될 수 있는 단어연속체를 검색하는 데 사용되며, 검색결과는 *schaltet sie das Internet aus*, *schaltet ihre ökonomische Bewertung aus* 및 *schaltet auf diese Weise den Zwischenhandel aus* 등이다.

(94) "schalen with $p=VVFIN #5 aus with $p=PTKVZ"

이 검색식에 의해서 동사 'schalten'의 활용형들이 많이 검색되는 이유는 동사 'schalen'의 과거형이 'schalte'이기 때문이다. 이와 동일한 검색결과를 생성해내는 CQP 검색식은 다음과 같다.

(95)
[lemma="schalen" & pos="VVFIN"] [ ]{0,5} [lemma="aus" & pos="PTKVZ"];

아래의 DWDS 검색식은 정동사(VVFIN)로 쓰인 sein과 임의의 과거분사(VVPP) 사이에 최대한 20단어까지 삽입가능하고 그 과거분사 바로 뒤에 어휘형태 worden이 나타나는 단어연속체를 추출하는 데 사용된다.

(96) "sein with $p=VVFIN #20 $p=VVPP #0 @worden"

이 검색식에 의해 추출된 용례들은 다음과 같다.

(97)
a. Das Pantheon in Rom *sei von Kaiser Hadrian gebaut worden*, in den Jahren zwischen 118 und 125 nach Christus.
b. Der Streik von Piloten zweier Lufthansa-Töchter *ist am Mittwoch*

fortgesetzt worden.

c. Bei dem Einsturz des Archivs und zweier angrenzender Wohnhäuser vermutlich infolge des angrenzenden U-Bahn-Baus *waren am 3. März zwei junge Männer getötet worden.*

이러한 검색결과를 추출하는 데 필요한 CQP 검색식은 다음과 같다.

(98) [lemma="sein" & pos="VVFIN"][ ]{0,20}[pos="VVPP"] "worden";

위 검색식의 특징은 단어형태를 나타내기 위해 사용하는 표준형식인 [word="worden"] 대신에 간편형인 "worden"을 사용한다는 점이다. 이에 대한 DWDS의 대응형은 '@' 기호가 붙은 @worden이다.

DWDS 검색식 (99)는 단어연속체 하나를 추출하는 데 사용되는데. 이 연속체는 고유명사(NE) 뒤에 바로 'folgend'라는 단어형태가 뒤따르고 그 바로 뒤의 빈칸 다음에 ',' 기호가 후행하는 구성으로 되어 있다.

(99) "$p=NE @folgend \,"

이 검색식에는 콤마가 귀환연산자 '\'의 뒤에 나타나 있다. 이 검색식에 의해 추출 가능한 용례 중의 하나는 다음과 같다.

(100)
Dem Vorbild *Westphalens folgend*, gab Hardenberg endlich auch den Juden die vollen staatsbürgerlichen Rechte.

위 검색식과 동일한 결과를 낼 수 있는 CQP 검색식은 아래에 제시된다.

(101) [pos="NE"] "folgend" "\,";

이 검색식에서도 콤마는 귀환연산자 "\" 뒤에 나타나는데 CQP에서 빈칸은 별도의 기호가 필요 없고 검색식에 빈칸이 만들어짐으로써 그 존재가 증명된다.

이제까지 여러 유형의 검색식을 통해 DWDS 검색언어와 CQP 검색언어를 비교했다. 비교를 통해 확인할 수 있었던 바, CQP 검색언어의 장점은 사용자의 직관이 충실히 반영된 검색식 구성의 명료성과 정규표현식의 높은 활용도이다.

제3장의 내용요약

이 장에서는 CPQ 검색언어의 여러 가지 형식과 쓰임에 대해 논의를 했다. CQP 검색언어는 문자 층위의 정규식표현에 대한 검색뿐만 아니라 토큰 층위의 정규식표현에 대한 검색도 가능하게 함으로써 언어와 관련하여 높은 수준의 검색성능을 보여준다. 또한 마지막 절에서는 CQP 검색언어를 DWDS 검색언어와 비교하여 장점을 부각시켰다.

제4장 자작코퍼스의 활용방안

이 장에서는 두 가지 자작코퍼스, 곧 슬로건코퍼스 GLOS와 통합코퍼스 GLOW의 여러 가지 활용방안에 대해 논의한다.

4.1 슬로건코퍼스 GLOS의 활용방안

앞서 논의한 바와 같이 GLOS 코퍼스에는 다양한 메타 정보 외에 연도에 대한 정보가 포함되어 있다.[1] 이 정보를 활용하여 시대별로, 품사별로 어떤 어휘들이 많이 사용되는지를 연구할 수 있다. 언어가 사회문화를 반영한다는 입장을 지지하는 어휘데이터를 찾아낼 수 있다면 코퍼스가 유용성을 갖는다고 말할 수 있을 것이다. 다음 예를 살펴보자.

(1)
GLOS: T=[pos="NN"]::match.text_year="195.*"; count by lemma 〉 "freqNN1950s.txt";

---

[1] 이 절에서 논의된 내용의 상당부분은 학술지 논문으로 발표되었다. 이민행(2014) 참조.

위 (1)의 복합검색식은 세 가지 단순검색식을 모아놓은 것이다. 첫 검색식은 코퍼스 GLOS를 불러내라는 명령이고, 두 번째 검색식은 'text_year="195.*"'라는 정보를 포함하고 있는 문장들에 한정하여 일반명사(NN)를 검색하라는 지시이며, 세 번째 검색식은 검색결과를 'lemma'를 기준으로 하여 출현빈도와 함께 'freqNN1950s.txt'라는 파일에 저장하라는 의미이다. 저장된 파일의 내용을 일부만 보이면 다음과 같다.

(2)

18	Frau
18	Welt
12	Haut
11	Herz
10	Haar
10	Liebe
10	Pause
10	Sicherheit
10	Strumpf
10	Tag
10	Zeit
10	Wäsche

이 데이터는 1950년대 사용 명사의 전체목록 중에서 빈도순위 1-12까지만 추출한 것이다. 위 (1)의 두 번째 검색식과 세 번째 검색식을 아래 (3)과 같이 수정할 경우에 1960년의 데이터를 추출할 수 있다.

(3)
A=[pos="NN"] ::match.text_id="196.*" ; count by lemma 〉"freqN1960s.txt";

이러한 과정을 반복하면 1950년부터 2000년대까지 사용된 명사에 대한

데이터를 모두 모을 수 있다. 이 가운데서 빈도수 1위부터 20위까지만 표
로 정리하면 [표 1], [표 2]와 같다.

[표 1] 1950년대-1970년대 명사의 사용양상

순위	1950년대		1960년대		1970년대	
	빈도	명사	빈도	명사	빈도	명사
1	18	Frau	54	Welt	31	Welt
2	18	Welt	26	Mann	29	Geschmack
3	12	Haut	23	Hand	22	Haut
4	11	Herz	19	Haar	21	Qualität
5	10	Haar	18	Geschmack	20	Tag
6	10	Liebe	18	Tag	19	Mann
7	10	Pause	18	Qualität	18	Frische
8	10	Sicherheit	17	Haut	16	Haar
9	10	Strumpf	17	Kind	16	Leben
10	10	Tag	17	Zeit	16	Mensch
11	10	Zeit	16	Kraft	16	Sicherheit
12	10	Wäsche	15	Wäsche	13	Haus
13	8	Freiheit	14	Fortschritt	13	Natur
14	8	Freude	14	Mensch	12	Spaß
15	8	Seife	14	Sekt	12	Zeit
16	8	Weinbrand	13	Frische	12	Schönheit
17	8	Qualität	13	Genuss	11	Freude
18	7	Bier	13	Leben	11	Gesundheit
19	7	Vertrauen	12	Bier	11	Herz
20	7	Glück	12	Kaffee	11	Kraft
					11	Vernunft

[표 2] 1980년대-2000년대 명사의 사용양상

순위	1980년대		1990년대		2000년대	
	빈도	명사	빈도	명사	빈도	명사
1	61	Geschmack	43	Leben	186	Leben
2	46	Haut	27	Idee	106	Welt
3	32	Haar	23	Welt	88	life
4	32	Leben	19	Spaß	81	Idee
5	32	Qualität	17	Haut	77	world
6	30	Welt	15	Mensch	72	Mensch
7	29	Natur	14	Mann	70	Zukunft
8	27	Idee	14	Sicherheit	68	Zeit
9	23	Duft	14	Zukunft	64	Natur
10	21	Pflege	12	Natur	54	Haus
11	20	Mode	12	Zeit	50	Erfolg
12	19	Genuss	11	Genuss	46	Genuss
13	18	Schönheit	11	Tag	46	Haut
14	18	Stück	11	Technik	44	Energie
15	17	Kraft	10	world	43	business
16	17	Technik	9	Energie	43	Qualität
17	17	Zukunft	9	Mode	41	Geschmack
18	16	Sicherheit	9	life	40	Beste
19	15	Frische	9	Qualität	40	Gesundheit
20	15	Tag	8	Geld	39	Kraft
	15	Weg	8	Internet		
			8	Gefühl		

시대별 구분을 하지 않고 1950년대부터 2000년대까지 통틀어서 어떤 명사들이 광고슬로건에 빈번히 나타났는지를 확인하고자 할 경우에 검색식을 다음과 같이 단순화하면 된다.

(4) A=[pos="NN"] ; count by lemma 〉 "freqN.txt";

검색결과 중에서 1위부터 20위까지만 제시하면 다음 (5)와 같다.2)

(5)
295 Leben
263 Welt
163 Geschmack
163 Haut
145 Idee
134 Mensch
133 Natur
133 Qualität
131 Zeit
114 Zukunft
113 Tag
106 Haus
101 Haar
100 Genuss
100 Mann
97 Sicherheit
97 life
94 Kraft
94 world
81 Spaß

이런 명사들은 시대를 초월해서 높이 평가되는 보편적인 가치를 담고 핵심어들이라고 할 수 있다(Baumgart 1992 : 123).

동일한 방법론을 이용하여 형용사의 시대별 핵심어들도 추출할 수가 있는데 결과만을 표로 제시하면 각각 다음 [표 3], [표 4]와 같다.

---

2) 명사 순위 1위부터 100위까지 [부록 2]에 싣는다.

[표 3] 1950년대-1970년대 형용사의 사용양상

순위	1950년대		1960년대		1970년대	
	빈도	형용사	빈도	형용사	빈도	형용사
1	49	gut	58	gut	44	gut
2	12	modern	35	neu	34	groß
3	11	neu	24	ganz	23	neu
4	11	schön	22	groß	18	schön
5	8	richtig	18	modern	13	klein
6	6	gesund	14	gesund	13	natürlich
7	6	groß	12	echt	12	ganz
8	5	ideal	11	klar	11	gesund
9	4	alt	9	rein	11	rein
10	4	echt	9	natürlich	10	fein
11	4	erst	9	schön	10	jung
12	4	ganz	8	erst	8	richtig
13	4	hoch	7	deutsch	8	sanft
14	3	charmant	7	frisch	8	zart
15	3	fein	7	lieb	7	frisch
16	3	festlich	7	meistgekauft	7	international
17	3	froh	6	Schweizer	7	modern
18	3	lieb	6	fein	5	deutsch
19	3	recht	6	jung	5	echt
20	3	sozial	6	leicht	5	leicht
	3	weich	6	voll		

[표 4] 1970년대-2000년대 형용사의 사용양상

순위	1980년대		1990년대		2000년대	
	빈도	형용사	빈도	형용사	빈도	형용사
1	87	gut	33	gut	176	gut
2	31	neu	25	neu	106	neu
3	28	schön	13	voll	57	schön
4	24	groß	12	klein	45	groß

순위	1980년대		1990년대		2000년대	
	빈도	형용사	빈도	형용사	빈도	형용사
5	17	gesund	10	groß	39	stark
6	14	ganz	7	erst	31	gesund
7	14	natürlich	7	ganz	28	erst
8	13	fein	7	schön	28	ganz
9	13	jung	6	stark	27	fein
10	11	klein	5	fein	26	klein
11	11	voll	5	gesund	24	frisch
12	9	deutsch	4	clever	19	voll
13	8	frisch	4	deutsch	18	pur
14	8	leicht	4	frisch	14	rein
15	8	rein	3	besonder	14	richtig
16	8	trocken	3	echt	12	natürlich
17	8	zart	3	gepflegt	11	eigen
18	7	hoch	3	prickelnd	9	clever
19	7	sanft	3	privat	9	hoch
20	6	echt	3	rein	9	sicher
	6	erst			9	wahr
	6	richtig				

명사의 경우와 마찬가지로 시대를 초월하여 빈번히 출현하는 형용사들의 목록 1위부터 20위까지 제시하면 다음 [표 5]와 같다.

[표 5] 1950년대부터 2000년대까지 사용된 형용사 목록

순위	빈도	형용사	순위	빈도	형용사
1	460	gut	11	56	voll
2	234	neu	12	52	natürlich
3	142	groß	13	51	frisch
4	132	schön	14	50	modern
5	90	ganz	15	48	rein

순위	빈도	형용사	순위	빈도	형용사
6	87	gesund	16	40	richtig
7	69	klein	17	38	echt
8	65	fein	18	35	deutsch
9	59	stark	19	33	jung
10	56	erst	20	32	@ord@

이 목록에서 확인할 수 있듯이 높은 가치를 표현하는 형용사들은 시대를 뛰어넘어 사랑을 받는다. 이들 중 대표적인 것은 *gut, schön, neu, groß, einfach* 등이다.

광고 코퍼스를 이용하여 파생어에 관한 연구도 수행할 수 있다. 이를 테면 파생접미사 -bar로 끝나는 형용사들이 광고에 얼마나 나타나는지를 확인하기 다음과 같은 검색식을 사용할 수 있다.

(6)
T = [pos="ADJ.*" & lemma=".*bar"] ; count by lemma 〉 "freqADJbar.txt";

이 검색식을 실행하면 다음 (7)과 같은 결과를 얻게 된다.

(7)
18   wunderbar
13   kostbar
10   sichtbar
7   spürbar
5   unverkennbar
3   unsichtbar
2   unbezahlbar
2   unverwechselbar
1   bezahlbar

1   haltbar
1   meßbar
1   planbar
1   steuerbar
1   unberechenbar
1   unschlagbar
1   unvergleichbar
1   unverzichtbar
1   unzerreißbar
1   wanderbar
1   hörbar
1   wählbar

위 검색식 (6)의 위치속성 lemma의 값 안에 위치한 'bar' 대신에 다른 파생접미사 'wert'를 대체해서 실행을 시키면 다음 (8)과 같은 결과를 얻 는다.

(8)
26   preiswert
8   unbeschwert
3   lebenswert
3   liebenswert
2   begehrenswert
2   bewundernswert
1   beneidenswert
1   empfehlenswert
1   preiwert

두 가지 결과를 비교해 볼 때 흥미로운 것은 광고와 관련되어 있어 파생 접미사 '-wert'가 접미사 '-bar'보다 많이 활용될 것 같은데도, 검색결과는 그 반대라는 점이다.

형용사와 명사가 인접해서 나타나는 용례들도 코퍼스 검색을 통해 추출할 수 있다. 이를 위해 다음과 검색식을 사용하면 된다.

(9) T=[pos="ADJA"][pos="NN"]; count by lemma 〉 "freqAdjNN.txt";

다음 [표 6]은 검색결과로부터 1위부터 10위까지만 선택한 것이다.

[표 6] 형용사-명사 연속체

순위	빈도	형용사-명사 연속체
1	19	gut Idee
2	18	gut Geschmack
3	17	ganz Tag
4	17	ganz Welt
5	16	gut Laune
6	14	voll Geschmack
7	13	schön Haar
8	12	fein Unterschied
9	12	gut Hand
10	12	gut Gefühl

이 목록을 통해서 대략 어떤 명사에 어떤 형용사가 어울리는지를 확인해볼 수 있다. 광고의 특성상, 형용사들은 핵어 명사의 원형적인 속성을 가장 잘 드러내주는 어휘들이다.

인접하는 부사와 형용사 간에도 긴밀한 관계가 성립할 수 있는데, 이 데이터를 추출하기 위한 검색식은 다음 (10)과 같다.

(10)
T=[pos="ADV"][pos="ADJ.*"]; count by lemma 〉 "freqAdvAdj.txt";

검색결과로부터 출현빈도가 4 이상인 예들만 선택한 것이 다음 (11)에
제시된다.

(11)

40	so gut
20	immer gut
16	so einfach
10	ganz schön
10	noch gut
10	so leicht
10	so nah
9	so frisch
8	ganz einfach
8	so schnell
7	so wichtig
6	so sauber
6	natürlich gesund
5	immer frisch
5	immer neu
5	nur echt
5	so schön

이 데이터를 살펴보면, 특정한 부사와 특정한 형용사가 서로 결합한다
기보다, 대체적으로 정도를 표현하는 부사들이 높은 가치를 표현하는 형
용사들과 어울린다고 해석하는 편이 옳을 것 같다. 이런 맥락에서 부사와
형용사가 연어관계를 이룬다는 주장을 하기에 데이터가 너무 빈약하다고
할 수 있다.

광고에서 사용되는 구문의 특성에 대해서 살펴보는 것도 흥미로운 작업
인데, 이목을 끄는 구문 중 하나가 결과구문이다.[3] 동사 machen이 이끄

---

3) 코퍼스를 이용한 결과구문의 연구에 대해서는 이민행(2012 : 356) 참조.

는 결과구문을 검색하기 위해 다음과 같은 검색식을 사용한다.

(12)
T= [lemma="machen"][]{0,1}[pos="NN"][pos="ADJ.*"]; cat T 〉"conc MachenSatz.txt";

검색결과는 64개 용례가 추출되었는데, 모두가 광고제품을 사용함으로써 목표수용자가 어떤 편익을 얻게 된다는 메시지를 전하고 있다. 다음에 몇 가지 예가 제시되어 있다.

(13)
550: Diplona 〈macht das Haar gesund〉.
779: 〈Macht jedes Teil schnell〉 wieder heil!
1000: 〈Macht Ihr Haar schmiegsam〉 bis in die Spitzen.
2985: Miele 〈macht's der Hausfrau leichter〉.
4490: 〈Macht die Haut gesund〉 und schön.
6091: Bosch 〈macht Frauenwünsche wahr〉.
6876: 〈Macht Ihre Zähne strahlend〉 weiß.
8977: Haribo 〈macht Kinder froh〉 und Erwachsene ebenso.
12998: SC 〈macht Männer mutig〉.
18596: 〈Macht den Kreislauf fit〉!
22519: Europcar 〈macht das Automieten leichter〉.
25234: Bertelsmann 〈macht Freizeit schön〉!
30444: Zentis 〈macht das Leben fruchtiger〉!

결과구문의 검색과 관련하여 이 구문에 나타난 목적어 명사와 보어 형용사 간의 상관관계도 살펴볼 수 있는데, 이를 위해서 다음과 같은 검색식을 사용한다.

(14)

T= [lemma="machen"]{0,1} @[pos="NN"][pos="ADJ.*"]; group T matchend lemma by target lemma 〉"freqMachenNnAdj.txt";

이 검색식은 group 함수와 준거점 연산자 @를 이용하여 빈도를 추출하는 작업을 수행한다. 그 결과의 일부는 다음 (15)와 같다.

(15)

#		
Mensch	weltweit	5
Leben	lang	5
Macht	einfach	4
Leben	schön	4
Haut	gesund	4
Welt	groß	4
Idee	gut	4
Welt	voll	4
Greifen	nah	3
Zeichen	gut	3
Küche	kalt	3
Kind	lieb	3
	froh	3
Leben	leicht	3
Gold	wert	3
Tag	gut	3

이 단어쌍들은 앞서 제시한 용례들에 나타나 있는 것이 대부분이어서 어떤 맥락에서 사용되는지를 짐작하기가 어렵지 않다.

마지막으로 평서문, 명령문 및 의문문 등 문장유형의 분포는 어떻게 되는지 살펴보자. 이를 위해 다음과 같은 검색식을 사용한다.

(16) T=[word="\.|\?\!"]; count by word 〉 "freqSatzTypen.txt";

이 검색식을 실행한 결과 얻은 데이터는 다음과 같다.

(17)
15358.
1344 !
130 ?

이 데이터는 평서문이 가장 많이 쓰인다는 사실을 확인시켜준다. 이 맥
락에서 관심을 가져볼 만한 이슈는 의문문은 어떤 용도로 사용되는지를
알아보는 것이다. 이를 위해 (17)을 변형하여 다음과 같은 검색식을 사용
하면 용례를 추출할 수 있다.

(18) T=[word="\?"]; cat T 〉 "concFrageSatz.txt";

이 검색식을 실행한 결과 가운데서 몇 가지만을 제시하면 아래와 같다.

(19)
1413: PEZen Sie schon〈?〉
4956: Kennen Sie schon Calgon〈?〉
15867: Was trinken wir〈?〉 Schultheiss Bier.
21208: Auch schon probiert〈?〉
31660: Ist der neu〈?〉 Nein, mit Perwoll gewaschen.
35815: Wo ist der Deinhard〈?〉
38446: Was würdest du tun〈?〉
39411: Alles klar〈?〉 Alles Hansaplast!
40358: HB〈?〉 Ich auch.
45220: Alles Müller oder was〈?〉
50979: Ist das nur ein Automobil〈?〉

의문문의 형식을 취한 슬로건들을 면밀히 검토해 보면 세 가지 특성을 발견하게 된다. 첫째는 소위 답을 이미 알고 질문을 하는 수사의문문이 많이 쓰인다는 사실이다. 둘째는 첫 번째 특성과 관련되기도 한데, 초점첨사 schon이 의문문에 많이 나타난다는 점이다. 세 번째 특성은 대화를 시작할 목적으로 목표수용자에게 말을 거는 용법이다.

시대별 상위빈도 명사들을 바탕으로 R 언어를 이용하여 위계적 군집분석(Hierarchical Cluster Analysis) 방법론을 수행한 결과, 아래의 [그림 1]과 같은 그래프를 얻었다.4)

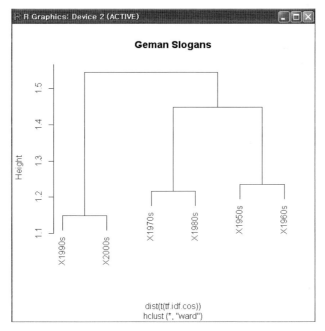

[그림 1] 시대별 슬로건들의 유사도

---

4) R-스크립트를 실행할 때 핵심이 되는 행렬데이터를 얻기 위해서 빈도테이블로부터 변환할 필요가 있다. 이 과정에 사용한 Perl 스크립트("table2matrix.pl")를 본서 웹사이트(http://www.smart21.kr/glow/)에 수록한다. R-스크립트의 언어학적인 활용방안에 대해서는 Gries(2008) 참조.

그래프상에서 'X1950s'은 1950년대 슬로건 문서를, 'X1960s'는 1960년대 슬로건의 상위빈도 명사목록으로 이루어진 문서를 의미한다. 그리고 'X1970'은 1970년대 슬로건의 상위빈도 명사목록을 가리키며 'X1980s'는 1980년대 슬로건의 상위빈도 명사목록을, 'X1990s'는 1990년대 슬로건 의 상위빈도 명사목록을 그리고 'X2000s'는 2000년대 슬로건의 상위빈도 명사목록을 의미한다. 유사도를 구하기 위해 행렬데이터로 시대별 상위빈도 1위부터 50위까지를 포함시켰다. R-스크립트를 실행해서 문서 간의 유사도를 구하는 절차는 다음 절에서 자세히 소개한다.

위의 그래프상에서 기준 'Height'가 낮을수록 문서들 간의 유사도가 높은 것으로 해석된다. 따라서 1990년대 슬로건과 2000년대 슬로건이 가장 유사하고, 그 다음으로 1970년대 슬로건과 1980년대 슬로건이 유사도가 높다. 이어서 1950년대와 1960년대 슬로건이 서로 유사하다. 마지막으로 1950년/1960년 짝과 1970년대/1980년대 짝간에도 유사도가 관찰된다는 분석도 설득력이 있다.

이러한 위계적 군집분석 방법론을 산업별로 분류한 슬로건들을 대상으로 유사도를 측정한 결과는 다음 [그림 2]와 같다.

그래프상에서 Computer 분야와 Technologie 분야 간의 유사도가 가장 높게 나타나 있는데, 이는 상식에 잘 들어맞는 결과이다. 그 다음으로 유사도가 높은 짝은 Gesundheit 산업과 Kosmetik 산업이다. 이 점도 직관에 비추어 이해 가능하다. 나머지 네 업종들 간에도 유사도에 있어 차이가 있기도 하지만 친소관계가 대체적으로 이해할만한 수준이다. 이 유사도 그래프를 산출하기 위해, 산업별로 명사 상위빈도 1위부터 30위까지를 기초자료로 사용했다. 그런데 30위에 있는 동일한 빈도를 가진 단어가 너무 많을 경우에는 빈도수를 한 단계 높여서 끊었다.

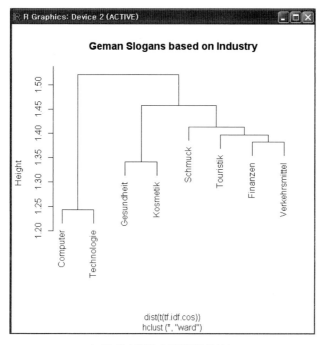

[그림 2] 산업별 슬로건들의 유사도

유사도가 가장 높은 Computer 분야와 Technologie 분야 간의 유사도 측정에 사용된 어휘 목록과 빈도는 다음과 같다.

[표 7] Computer/Technologie 분야 어휘분포

순위	Computer		Technologie	
	빈도	어휘	빈도	어휘
1	11	business	8	Zukunft
2	11	power	8	world
3	9	software	7	innovation
4	8	technology	7	Lösung
5	8	work	6	future
6	7	future	6	motion
7	7	way	5	Partner

순위	Computer		Technologie	
	빈도	어휘	빈도	어휘
8	6	Computer	5	System
9	6	Idee	5	Technik
10	6	company	4	Idee
11	6	game	4	Welt
12	5	Erfolg	4	company
13	5	Mensch	4	life
14	5	Software	4	technology
15	5	System	3	Aluminium
16	5	mind	3	Antrieb
17	5	network	3	Erfolg
18	5	Lösung	3	Industrie
19	4	life	3	Kompetenz
20	4	place	3	Leben
21	4	web	3	Tor
22	4	world	3	Verbindung
23	3	Internet	3	Zeit
24	3	Kommunikation	3	success
25	3	Kraft	3	work
26	3	Service		
27	3	Technologie		
28	3	Welt		
29	3	Zukunft		
30	3	entertainment		
31	3	fun		

표를 살펴보면, 두 영역의 광고슬로건에서 영어어휘가 매우 많이 사용된다는 사실도 알 수 있다.

영어만으로 된 슬로건은 전체 15759개의 14.5% 정도에 해당하는 2288개이다. 아래 [표 8]은 언어사용의 분포를 보여준다.

[표 8] 언어 분포

언어	슬로건 수
독일어(de)	13451
영어(en)	2288
독-외 혼용(de_fw)	20
합 계	15759

언어사용에 관한 분포를 얻기 위해 필요한 검색식은 다음 (20)과 같다.

(20)
T=⟨s⟩[word=".*"]+⟨s⟩;
group T match text_lang ⟩ "freqGlosLang.txt";

영어슬로건은 2000년대 들어서 급격히 증가하는 추세에 있는데, 이러한 사실은 다음과 같은 검색결과로 확인할 수 있다.

[표 9] 연도별 영어어휘 출현빈도

연도	어휘빈도	연도	어휘빈도
2004	717	1991	16
2003	664	1996	13
2002	222	1988	11
2000	128	1994	11
2001	123	1989	10
2005	106	1984	10
1999	58	1990	10
1998	55	1993	9
1997	31	1973	6
1995	17	1980	6

이 검색결과는 영어어휘의 사용빈도가 매년 증가한다는 사실을 보여주

는데 특히 1994년과 2004년의 결과를 비교해 보면 10년 사이에 영어어휘의 사용정도가 대략 70배 성장한 것을 확인할 수 있다. 이러한 변화는 슬로건의 수가 1994년 170개에서 2004년 3,108개로 18배 확장된 것과도 무관하지는 않으나, 이런 데이터를 감안하더라도 영어의 사용이 순수하게 5배 정도 늘어난 것이다. 위의 연도별 빈도통계는 언어와 연도 간의 상호작용을 보여주는 한 단면인데, 아래 (21)과 같은 검색식을 통해 산출된다.

(21)
```
T=⟨s⟩[word=".*"]+⟨s⟩:: match.text_lang="en";
group T match text_year ⟩ "freqEnwordYear.txt";
```

영어 슬로건의 출현빈도는 산업별로도 차이를 보이는데 다음 검색식을 통해 언어와 산업 간의 상호작용에 대한 통계를 산출해낼 수 있다.

(22)
```
T=⟨s⟩[word=".*"]+⟨s⟩:: match.text_lang="en";
group T match text_industry ⟩ "freqEnwordIndustry.txt";
```

이 검색식을 실행한 결과 얻은 자료의 일부만 제시하면 다음과 같다.

(23)

Computer	269
Bekleidung	184
Elektronik	125
Verkehrsmittel	122
Kosmetik	121
Marketing	120
Sport/Freizeit	119
Getränke	117
Technologie	109
Medien	86

이 표를 살펴보면 컴퓨터 산업과 의류 산업 및 전자 산업에서 영어어휘가 많이 사용되는 것을 확인할 수 있다. 이 점은 이러한 산업들이 글로벌 시장에서 비즈니스를 하는 환경과 무관하지 않은 것으로 보인다.

다른 한편, 영어의 사용이 브랜드와도 상관성을 가질 수 있는데, 이들 간의 상관관계를 보여주는 통계를 얻기 위해 필요한 검색식은 다음과 같다.

(24)
T=⟨s⟩[word=".*"]+⟨s⟩:: match.text_lang="en";
group T match text_brand 〉"freqEnwordBrand.txt";

이 검색식을 실행한 결과 다음 [표 10]에 제시된 자료들이 추출된다.

[표 10] 영어사용과 브랜드 (상위1위-10위)

브랜드	빈도
Adidas	13
Coca-Cola	12
Sony	6
Pepsi	5
Camel	5
IBM	5
Wrangler	5
Panasonic	5
Reebok	5
Siemens	4

이 표를 살펴봄으로써 우리는 "Adidas", "Coca-Cola" 등 다국적 기업에서 생산되는 브랜드가 광고에서 영어를 많이 사용한다는 사실을 다시 확인할 수 있다.

광고슬로건을 언어학적으로 연구할 때 관심을 가져볼 만한 주제 중의 하나는 슬로건의 길이와 관련한 분포이다. 이때 길이의 단위는 토큰이 되고, 코퍼스를 기반으로 한 토큰 개념속에는 ',', '!' 및 '?' 등 문장부호도 함께 계산된다. 다음 표는 코퍼스 GLOS에 포함된 슬로건의 길이에 대한 분포를 보여준다.

[표 11] 슬로건의 길이에 대한 분포

길이	빈도
1	2
2	95
3	1480
4	3704
5	3217
6	2982
7	1589
8	1030
9	626
10	370
11	229
12	173
13	102
14	54
15	39
16 이상	67
합계	15,759

이 표를 보면 길이가 4인 슬로건 수가 가장 많고 길이가 5인 슬로건이 큰 차이 없이 뒤따르고, 슬로건 길이 6이 제3위를 차지하고 있다.

1980년대의 광고슬로건 750개를 연구한 Baumgart(1992 : 69)가 제시한 다음 표에 따르면, 단어수가 4개에서 6개에 이르는 슬로건 수가 60%을 넘는다.

GLOS의 길이에 대한 분포를 Baumgart의 연구결과와 비교하기 위하여 위 [표 11]의 통계를 구간별로 나누어 제시하면 다음 [표 12]와 같다.

[표 12] 1980년대 광고슬로건의 길이 분포

길이	빈도	백분율(%)
2-3	178	23.7
4-6	464	61.9
7-9	94	12.5
10-12	12	1.6
13-14	2	0.3
합계	750	100

Baumgart에서와 달리 코퍼스 GLOS에서는 문장부호도 토큰 하나로 간주되기 때문에 구간을 나눌 때에, Baumgart의 경우보다 하나씩을 더했다.

[표 13] GLOS에서의 슬로건 길이 분포

길이	빈도	백분율(%)
1-4	5,281	33.5
5-7	7,788	49.4
8-10	2,026	12.9
11-13	504	3.2
14 이상	160	1.0
합계	15,759	100

이 분포를 보아도 역시 5 토큰 이상 7 토큰 이하 구간이 가장 많은 것을 알 수 있다. 그러나 이 구간도 Baumagrt의 경우만큼 집중도가 높지는 않은 것에 주목할 필요가 있다.

이러한 통계를 얻기 위해 사용하는 검색식은 다음과 같다.

(25)
```
T=⟨s⟩[pos=".*"]{5,7}⟨/s⟩;
count by word ⟩ "freqSentlength5_7.txt";
```

이 검색식을 이용하면 토큰이 5개 이상 7개 이하로 구성된 슬로건들을
빈도와 함께 용례로 추출할 수 있다. 아래에 결과의 일부가 제시된다.

(26)
```
4    Das Leben ist schön .
4    Die neue Sicht der Dinge .
4    Eine Klasse für sich .
3    Das Plus von Siemens .
3    Das haben Sie noch nie gesehen .
```

여기에서 확인할 수 있듯이 문장부호인 '.'가 토큰 하나로 계산되어 있
다. 첫 열의 숫자는 해당 슬로건 자체의 출현빈도이다. 이 빈도를 모두 합
하면, 토큰 수가 5개 이상 7개 이하인 슬로건들의 수 전체를 구할 수 있
다. 합산결과가 7,788개이다.

Baumgart(1992 : 70)에서는 슬로건에 나타난 어휘들의 품사분포에 대해
서도 논의하고 있는데, 그녀에 따르면 명사가 가장 많이 나타나는 것으로
분석되었다. 다음 데이터를 보자.

[표 14] Baumgart(1992)에서의 품사분포

품사	빈도	백분율(%)
Substantive	541	72.1
Verben	272	36.3
Adjektive	372	49.6
Komposita	89	11.9
Markennamen	284	37.9
합계	750	100

코퍼스 GLOS에서 추출한 이와 유사한 통계는 다음과 같다.

[표 15] 코퍼스 GLOS의 품사분포

품사	빈도	백분율(%)
명사(NN)	20,143	22.24
동사(V.*)	9,607	10.62
형용사(ADJA/ADJD)	8,560	9.45
고유명사(NE)	2,461	2.71
기타	49,796	54.98
합계	90,567	100

이 표에서 우리는 코퍼스 GLOS에서도 명사가 차지하는 비율이 매우 높지만 집중도에서 있어서는 Baumgart의 경우와 큰 차이를 보인다는 사실을 확인할 수 있다. 이 까닭은 코퍼스 GLOS의 경우 품사태깅이 되어 있는 코퍼스로서 품사에는 명사, 형용사, 동사 등 내용어뿐만 아니라 문장부호나 관사 등 문법기능을 수행하는 토큰들도 포함되기 때문에 내용어의 비중이 상대적으로 약화된 데에 기인한다.

코퍼스 GLOS를 통해 검증 가능한 이슈 중의 하나는 품사연쇄의 분포에 관한 것이다. 코퍼스로부터 추출한 분포의 일부가 아래의 표에 제시된다.

[표 16] GLOS에서의 품사연쇄의 분포

순위	품사연쇄유형	빈도	누적빈도	누적 백분율(%)
1	ART ADJA NN $.	440	440	2.79
2	NN APPR NN $.	324	764	4.85
3	ART NN $.	268	1032	6.55
4	ART NN ART NN $.	138	1170	7.42
5	ADJA NN $.	129	1299	8.24
6	NN APPR ART NN $.	120	1419	9
7	ADJD ADJD $.	113	1532	9.72

순위	품사연쇄유형	빈도	누적빈도	누적 백분율(%)
8	ART NN APPR NN $.	105	1637	10.39
9	ART NN APPR ART NN $.	82	1719	10.91
10	NN APPR ADJA NN $.	81	1800	11.42
……		……	……	……
760	ADJD $, KOUS PPER VVFIN	3	8044	51.04
761	2 ADJA $(NN $.	2	8046	51.44
……		……	……	……
7826	WRB VBP PP VBP TO VB PP $ NN SENT	1	15759	100

이 분포를 살펴보면 빈도 순위 1위부터 상위 10% 정도에 해당하는 순위 760위의 품사연쇄유형들이 차지하는 누적백분율이 51.04%에 달한다. 그런데 이러한 결과는 언어학의 파레토(Pareto) 법칙으로 불리는 Zipf의 언어경제성 원리와 들어맞지 않은 것으로 풀이된다. 왜냐하면, 대부분의 언어학적인 분포는 그것이 어휘 층위이든, 품사 층위이든 구구조규칙 층위이든 출현빈도 상위 10%가 90% 이상의 누적백분율을 기록하기 때문이다 (이민행 2012 : 468). 거꾸로 생각하면, 이 사실은 광고가 독창적이고 창의적이라는 일반적인 인식을 뒷받침하는 것일 수도 있다.

지금까지 이 절에서는 광고 슬로건 코퍼스 GLOS를 이용하여 어떤 연구들을 수행할 수 있는지에 논의를 했다. 다음 절에서는 웹 코퍼스 GLOW의 여러 가지 활용방법에 대해 살펴본다.

4.2 웹 코퍼스 GLOW의 활용방안

코퍼스 GLOW의 두 가지 특성을 지닌다는 사실에 대해 앞서 언급한 바가 있다. 곧, 주제영역에 대한 정보와 문장경계에 대한 정보를 이 코퍼스가 포함하고 있다는 점이다.

코퍼스 안에 주제영역에 대한 정보가 포함되어 있으면 먼저 주제영역별로 어휘들이 어떤 분포를 이루는지 확인해 볼 수 있다. 앞서 언급한 바와 같이 GLOW는 모두 1억 개 이상(101.191.809)의 어휘로 구성되어 있다. 이 규모를 13개 영역으로 나누어서 그 분포를 산출하면 다음 [표 17]과 같다.

[표 17] 주제영역별 어휘분포

주제영역	빈도	백분율(%)
Fiktion	7697645	7.606984277
Freizeit	9216924	9.108369631
Gesundheit	6787595	6.707652593
Kultur	7091707	7.008182846
Natur	3342773	3.303402749
Politik	11266370	11.13367783
Religion	3440639	3.40011611
Staat	10033182	9.915013971
Technik	3004505	2.969118775
Wirtschaft	3633069	3.590279723
Wissenschaft	11581130	11.44473067
Universum	24010173	23.72738786
Slogan	86097	0.085082973
합계	101191809	100

표를 보면 주제영역별로 분포가 차이가 있음을 알 수 있는데, 언론사 사이트와 포털 사이트의 텍스트를 모아놓은 Universum 영역이 가장 많이 차지하고 광고슬로건을 모은 Slogan 영역이 가장 적은 비중을 차지한다.

비슷한 맥락에서 이제 주제영역별로 어떤 명사들이 많이 사용되는지를 살펴보자. 여기서는 4개 영역에 한정해서 어휘들을 검토해 보기로 하자.5)

5) 나머지 9개 주제영역의 명사어휘의 출현빈도는 [부록 3]에 제시한다.

[표 18] 주제영역별 상위빈도 어휘

Fiktion		Freizeit		Gesundheit		Kultur	
빈도	레마	빈도	레마	빈도	레마	빈도	레마
10347	Jahr	17475	Jahr	14605	Jahr	13359	Jahr
8906	Zeit	12427	Mensch	12473	Patient	8507	Film
7910	Mensch	9901	Tag	11895	Kind	7980	Gott
7677	Mann	9683	Zeit	10939	Arzt	7821	Zeit
7488	Frau	9269	Hotel	9222	Mensch	7788	Mensch
7099	Leben	8461	Kind	8504	Prozent	7737	Leben
6536	Tag	7121	Frau	5893	Zeit	7447	Buch
5450	Auge	5577	Land	5519	Tag	6722	Frau
5033	Hand	5319	Leben	5518	Frau	5887	Kind
4734	Kind	5277	Bild	5349	Behandlung	4859	Tag
4594	Haus	5234	Mann	5268	Erkrankung	4857	Mann
4589	Buch	4910	Stadt	4290	Fall	4803	Geschichte
4520	Welt	4476	Welt	4251	Medikament	4531	Welt
4260	Geschichte	4380	Weg	4004	Problem	3827	Frage
3767	Weg	4188	Fall	3989	Untersu-chung	3817	Werk
3678	Ende	4177	Haus	3970	Körper	3663	Herr
3573	Frage	4127	Frage	3959	Therapie	3540	Musik
3441	Seite	3895	Zimmer	3717	Woche	3527	Ende
3338	Kopf	3821	Woche	3428	Mann	3460	Wort
3329	Vater	3817	Problem	3367	Apotheke	3295	Teil

이러한 분포데이터를 얻기 위해 사용한 검색식은 다음 (27)-(30)과 같다.

(27)

T=[pos="NN"]::match.text_id="fiktion"; count by lemma 〉 "freq LemmaFiktion.txt";

(28)

T=[pos="NN"]::match.text_id="freizeit"; count by lemma 〉 "freq LemmaFreizeit.txt";

(29)

T=[pos="NN"]::match.text_id="gesundheit"; count by lemma 〉"freq
LemmaGesundheit.txt";

(30)

T=[pos="NN"]::match.text_id="kultur"; count by lemma 〉"freq
LemmaKultur.txt";

검색식 (27)에 대해서만 자세히 설명하면, 주제영역 "Fiktion"에 한정해
서 일반명사(NN)를 검색하라는 것이 검색식의 전반부가 의미하는 것이고
후반부는 빈도수를 레마(lemma)를 기준으로 "freqLemmaFiktion.txt" 파
일에 저장하라는 명령이다.

주제영역별 상위빈도 명사들을 바탕으로 R 언어를 이용하여 주제영역
의 유사도를 측정한 결과 다음과 같은 그래프를 얻었다.

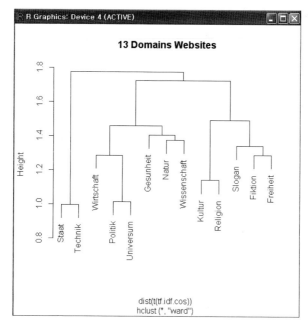

[그림 3] 주제영역 간의 유사도

이 유사도 도식에는 13개의 주제영역이 나타나 있으며, 유사도 측정을 위해 각 주제영역에서 상위빈도를 보인 명사 1위부터 50위까지를 추출했다.

유사도 도식을 통해 우리가 주제영역들 간의 유사도에 대해 주의 깊게 살펴볼 수 있는 것들은 다음과 같다.

(31)
- 주제영역 Staat와 Technik간의 유사도가 가장 높다.
- 주제영역 Politik과 Universum이 유사도가 그 다음으로 높다.
- 주제영역 Kultur와 Religion의 유사도가 그 다음으로 높아 3위에 위치한다.
- 주제영역 Fiktion과 Freizeit간의 유사도도 상당히 높은 정도로 나타난다.
- 주제영역 Natur는 Wissenschaft와 유사도를 갖는데 그 정도가 낮은 편에 속한다.

위에 정리된 내용이 대체적으로 우리들의 직관에 맞는다. 정치영역(Staat)와 기술영역(Technik) 간의 유사도가 가장 높은 것이 의외로 생각될 수도 있다. 하지만, 우리 사회가 기술지배의 사회이고 정치는 사회를 반영하기 때문에 두 영역 간의 유사성이 높다는 사실이 정치사회학적인 관점에서 이해될 수 있다.

13개 주제영역 중에서 'Politik' 영역과 'Technik' 영역에 속하는 명사 50개를 모두 제시하면 각각 (32), (33)과 같다.

(32)
Jahr, Land, Mensch, Frage, Staat, Frau, Zeit, Politik, Entwicklung, Kind, Partei, Bereich, Stadt, Prozent, Regierung, Arbeit, Euro, Problem, Gesellschaft, Million, Teil, Welt, Ziel, Bundesregierung, Krieg, Weg, Aufgabe, Möglichkeit, Rahmen, Maßnahme, Ende, Interesse, Tag, Unternehmen, Entscheidung, Thema, Zukunft, Beispiel, Bürger, Mitglied, Bundestag, Union, Fall, Seite, Projekt, Familie, Zusammenarbeit, Region, Bedeutung, Leben

(33)

Jahr, Beklagte, Datum, Zeit, Gewerkschaft, Fall, Frage, Tag,
Kläger, Arbeit, Mensch, Unternehmen, Land, Recht, Anspruch,
Klägerin, Teil, Problem, Möglichkeit, Beschäftigte, Kind, Vertrag,
Interesse, Bereich, Grund, Programm, Entscheidung, Person,
Regierung, Partei, Seite, Prozent, System, Betrieb, Entwicklung,
Information, Ende, Weg, Betriebsrat, Regelung, Revision, Woche,
Monat, Ergebnis, Maßnahme, Aufgabe, Mitglied, Gesetz, Kollege,
Forderung

두 어휘목록을 비교해 보면, 'Möglichkeit', 'Aufgabe', 'Maßnahme' 등
많은 어휘가 중복되어 나타나는 것을 알 수 있다. 이처럼 두 목록에 동시
에 나타나는 어휘들이 두 주제영역의 유사도를 높게 하는 요인이다.

주제영역 간의 유사도를 측정하여 그래프로 표상하기 위해 일반적으로
군집분석(Cluster Analysis)에 사용되는 R-스크립트를 이용했는데, 그 내용
은 다음 (34)와 같다.[6]

(34)
```
data <- read.csv("13DOMmatix.csv")              /* @1 */
tf <- data[,2:14]                               /* @2 */
idf <- rowSums(tf >= 1)                          /* @3 */
norm_vec <- function(x) {x/sqrt(sum(x^2))}      /* @4 */
tf.idf <- log2(13/idf) * tf                     /* @5 */
tf.idf.cos <- apply(tf.idf, 2, norm_vec)        /* @6 */
fit <- hclust(dist(t(tf.idf.cos)), method="ward") /* @7 */
plot(fit, main="13 Domains Websites")           /* @8 */
```

스크립트의 첫 줄은 행렬포맷으로 정리된 데이터파일 '13DOMmatix.
csv'을 읽어들여서 'data'라는 이름을 붙이라는 명령이다.[7] 두 번째 줄은

---
6) 이 스크립트의 작성을 위해 연세대 응용통계학과의 김철웅 교수의 도움을 받았다.

이 'data' 파일의 제2열부터 제14열에 정리된 빈도정보를 추출해서 'tf' (term frequency, 개별 용어빈도)라는 속성의 값으로 저장하라는 내용이다. 세 번째 줄은 어휘들의 상대빈도를 구하기 위한 함수식으로 행별로 기록된 모두 빈도를 합하여 'idf'(inverse document frequency, 역 문서빈도) 삼으라는 명령이다.8) 이어 네 번째 줄은 일반적으로 비교대상 문서의 전체 규모를 고려하여 개별 어휘빈도 데이터의 가중치를 산출하는 표준화공식을 정의 한다. 다섯째 줄은 문서의 숫자와 '개별 용어빈도'와 '역 문서빈도'를 이용 하여 'tf.idf' 값을 산출하라는 명령이다. 이렇게 얻어진 'tf.idf'의 값을 네 번째 줄에서 정의한 표준화공식을 적용하여 코사인값을 구하는 과정이 여 섯째 줄에 기술되어 있다. 코사인값은 문서 간의 거리를 표현하기 위해 두 직선 사이의 각도를 나타내므로 그 값이 작으면 작을수록 문서 간의 유사 도가 높아지는 속성이 있다. 일곱 번째 줄이 이 스크립트의 핵이 되는데, 여기에서 최종적으로 군집(clustering)의 정도를 계산하는 작업이 수행된다. 이 스크립트에서는 'ward'라는 계층적 군집분석의 한 방법론으로 계층적 군집도(함수 'hclust')를 산출하여 'fit'라는 속성에 할당한다. 마지막 줄은 앞 줄에서 얻은 군집도 'fit'를 그래프로 나타내는 과정을 보여주는데, 속성 'main'의 값으로 제시된 "13 Domains Websites"는 그래프에 붙일 명칭을

---

7) 행렬 형식의 파일을 준비하는 과정도 여러 단계를 거치는데, 이를 정리하면 다음과 같 다.
    i. GLOW코퍼스로부터 문서별로 개별 빈도 데이터를 추출한다.
    ii. 빈도 데이터를 문서별로 개별 파일에 저장한다.
    iii. 개별 데이터 파일로부터 빈도순위 상위 1위부터 50위까지 추출하여 iv. 테이블 형 식으로 엑셀파일 하나에 저장한다. (예 : 13DomTable.xlsx)
    iv. 엑셀파일을 UTF-8 코드의 텍스트 파일로 저장한다. (예 : 13DomTable.txt)
    v. Perl로 작성된 행렬 포맷 변형 코드를 이용하여 테이블 형식의 파일을 행렬 포맷으 로 변형하여 다른 이름으로 저장한다. (예 : 13DomTable.txt)
    vi. 행렬 형식의 텍스트 파일을 엑셀에 옮겨붙인 후에 CSV 형식으로 저장한다. (예 : 13DOMmatrix.csv)
8) '역 문서빈도'의 개념에 대해서는 스탠포드 대학의 웹사이트(http://nlp.stanford.edu/ IR-book/html/htmledition/inverse-document-frequency-1.html) 참조.

가리킨다.

앞서 각 주제영역에 대해 어휘의 분포를 추출한 것처럼 품사의 분포에 대해서도 검색이 가능한데, 이를 위해서는 다음 (35)와 같은 검색식이 필요하다.

(35)
T=[pos=".*"]::match.text_id="fiktion"; count by pos > "freqPosFiktion.txt";

이 검색식을 실행한 결과 얻은 데이터의 일부(상위 1위-상위 10위)만 보이면 다음과 같다.

[표 19] 주제영역 Fiktion의 품사분포

빈도	품사
1335367	NN
688863	ART
593433	$.
511782	ADV
504119	APPR
423591	VVFIN
423137	PPER
382899	ADJA
378725	$,
286004	VAFIN

이러한 주제영역 Fiktion의 품사분포는 다음에 제시된 주제영역 Kultur나 Slogan의 경우와 사뭇 다르다.

[표 20] 주제영역 Kultur와 Slogan의 품사분포

Kultur		Slogan	
빈도	품사	빈도	품사
1405980	NN	19239	NN
701683	ART	16126	$.
527006	APPR	6144	ART
434717	$.	4916	ADJD
427743	ADJA	4914	APPR
382716	ADV	4731	ADJA
369203	$,	4324	VVFIN
314878	VVFIN	4059	NE
243089	PPER	3024	ADV
232355	VAFIN	2152	PPER

여러 주제영역의 품사분포를 살펴보면 대체로 Kultur의 경우처럼 전치
사(APPR)의 순위가 부사(ADV)보다 높은데, Fiktion의 경우는 반대로 부사
가 전치사보다 많이 쓰인 점이 유별나다.[9]

문장경계에 대한 정보를 이용하여 추출할 수 있는 데이터 중의 하나는
전장(Vorfeld)에 위치한 문장성분들의 분포이다. 이를 위해 다음과 같은 검
색식을 이용할 수 있다.

(36) T=⟨s⟩[]{1,3}[pos="V.FIN"]; count by pos ⟩ "freqPosVorfeld.txt";

이 검색식은 문장의 시작경계(⟨s⟩)와 정동사('V.FIN') 사이에 나타나며 1
이상 3 이하의 토큰으로 구성된 문장성분을 추출하여 파일에 저장하라는
뜻을 담고 있다. 검색식을 실행한 결과를 빈도순위 1위부터 20위까지만
제시하면 다음과 같다.

---

9) 전체 주제영역의 품사분포는 [부록 4]에 수록한다.

[표 21] 전장에 나타나는 품사 및 구절 단위

빈도	전장 요소
359683	PPER VVFIN
288333	PPER VAFIN
210288	ADV VVFIN
196138	ART NN VVFIN
190030	ART NN VAFIN
187890	ADV VAFIN
103182	PPER VMFIN
74164	ADJD VAFIN
69344	ADV VMFIN
62776	PDS VAFIN
62154	ADJD VVFIN
62009	ART ADJA NN VVFIN
57542	NN VAFIN
57375	ART ADJA NN VAFIN
56186	NN VVFIN
53435	ART NN VMFIN
51655	PDS VVFIN
51557	NE VVFIN
46873	APPR ART NN VVFIN
39174	APPR ART NN VAFIN

이 데이터를 통해 확인할 수 있는 것 중의 하나는 전장에 단독으로 많이 나타나는 품사가 인칭대명사(PPER)와 부사(ADV)라는 사실이다. 전장에서 둘 이상의 품사가 하나의 구를 이루는 경우는 명사구(ART NN 혹은 ART ADJA NN)와 전치사구(APPR ART NN)로 확인된다. 결국 구 단위로는 전장에는 주어의 기능을 하는 명사구와 부사어 기능을 하는 전치사구가 많이 나타나는 것으로 이해하면 될 것이다. 다음 용례들이 이 주장을 뒷받침한다.

(37)

18955928: ⟨Die Welt⟩ brach für mich zusammen. [주어/명사구]

19142539: ⟨Vor 10 Jahren⟩ habe ich meine jetzige bessere Hälfte
kennengelernt. [부사어/전치사구]

19246722: ⟨Durch leitende Stoffe⟩ fließt der elektrische Strom fast
ungehindert. [부사어/전치사구]

23021241: ⟨Der Konsument⟩ fühlt sich ausgeglichen und ruhig. [주
어/명사구]

코퍼스 GLOW의 문장경계에 대한 정보를 이용하여 문장을 구성하는 품
사사슬들의 유형에 대해 살펴보는 것도 흥미롭다. 다음 자료를 살펴보자.

[표 22] 품사사슬의 주제영역 간의 차이

Slogan		Wirtschaft	
빈도	품사사슬	빈도	품사사슬
477	ART ADJA NN $.	303	CARD $.
339	NN APPR NN $.	234	ART NN $.
320	ART NN $.	227	ADJA NN $.
306	ADJA NN $.	193	ART ADJA NN $.
294	NN $.	127	ART NN VAFIN ADJD $.
246	ADJD $.	107	PIAT NN $.
165	ADJD ADJD $.	92	ART NN VVFIN $.
148	NE $.	73	ART NN VAFIN VVPP $.
140	ART NN ART NN $.	66	NN VVFIN $.
130	NE NE $.	60	APPR NN $.

두 주제영역의 경우, 빈도기준 상위순위를 차지하는 품사사슬이 동사
(V.*)를 포함하는 사례가 많지 않다는 점에 주목할 필요가 있다. 특히 주제
영역 Slogan에 속하는 사슬들은 모두 동사를 가지고 있지 않으며,
Wirtschaft의 경우도 4개에만 동사가 들어 있다. 이와 같은 품사사슬을

코퍼스로부터 추출하기 위해서는 다음과 같은 검색식이 필요하다.

(37)

T=⟨s⟩[pos=".*"]+⟨/s⟩::match.text_id="slogan"; count by pos ⟩ "freqPosChainGWslogan.txt";0

(38)

T=⟨s⟩[pos=".*"]+⟨/s⟩::match.text_id="wirtschaft"; count by pos ⟩ "freqPosChainGWwirtschaft.txt";

위의 식 (37)은 대상영역을 Slogan으로 한정하여 문장시작 태그(⟨s⟩)와 문장마침 태그(⟨/s⟩) 사이에 위치한 하나 이상의 토큰들에 대해 그 품사들을 추출하고 그 결과를 지정한 파일에 담으라는 명령이다. 검색식 (38)도 대상영역과 파일이름에만 차이가 있을 뿐 실행하는 내용은 동일하다.

코퍼스를 이용하여 목적어 명사와 동사 간의 연어관계도 파악할 수가 있는데, 아래에 연어관계에 있는 명사와 동사들의 목록이 제시된다.

[표 23] 명사와 동사 간의 연어관계

명사	동사	빈도
Problem	lösen	217
Ziel	erreichen	200
Frage	beantworten	179
Beitrag	leisten	152
Gedanke	machen	151
Verfügung	stellen	148
Rolle	spielen	132
Weg	gehen	117
Frage	stellen	112
Entscheidung	treffen	108
Hotel	empfehlen	84
Verantwortung	übernehmen	80

명사	동사	빈도
Griff	bekommen	80
Name	sagen	79
Rechnung	tragen	76
Geld	verdienen	76
Öffentlichkeit	machen	75
Voraussetzung	schaffen	71
Million	einsparen	70
Bild	machen	68
Lösung	finden	67

이 연어관계 목록을 추출하기 위한 과정은 다음과 같다.

(39)
```
GLOW〉 set context 1 s;
GLOW〉 T=[pos="(KOUS|VMFIN)"][]*[pos!="APPR"][pos="ART"]?
[pos="ADV"]?[pos="ADJA"]*@[pos="NN"][pos!="($.|KOUS|VMFIN)"][p
os="VV.*"] within s;
GLOW〉 group T matchend lemma by target lemma 〉 "freqColloN_V_
GW21.txt";
GLOW〉 cat T 〉 "concColloN_V_GW21.txt";
```

연어의 추출과정은 4단계로 이루어져 있다. 첫 단계에서는 용례의 출력 범위를 정하는 단계로서 여기서는 문맥을 한 문장으로 제한한다. 두 번째 단계에서 연어관계 추출을 위한 검색식을 실행한다. 이 검색식에는 matchend와 target이 사용된다. 세 번째 단계에서는 명사-동사 간의 연어관계 목록을 독립파일로 출력한다. 마지막, 네 번째 단계에서는 연어관계에 있는 키워드들이 포함된 용례를 독립파일에 저장한다.

이제, 연어관계에 있는 어휘들의 용례를 몇 개만 살펴보자.

(40)

a. Dazu braucht er Hilfskräfte, ⟨weil er allein sein hohes Ziel nicht erreichen⟩ kann.

b. Klar, jeder ⟨kann seinen Beitrag dazu leisten⟩, auch wenn er noch so klein ist.

c. Er ⟨muss eine schwerwiegende Entscheidung treffen, die sein Leben und das seiner Familie dramatisch verändern⟩ wird.

d. Alle TeilnehmerInnen ⟨können zeigen, dass sie bereit sind, für die Zukunft unserer Welt Verantwortung zu übernehmen⟩.

e. Die Diskussion um Beweglichkeit und Bewegung der Schrift ⟨soll den sich verändernden multimedialen Lebensformen Rechnung tragen⟩.

코퍼스 GLOW의 경우 어휘규모가 매우 크기 때문에 일반적으로 언어자원을 구하기 어려운 문제에 대한 논의를 가능하게 한다. 이런 문제들 중의 하나가 부가어적 형용사(ADJA)들이 명사 앞에 여러 개 나타날 때 이들 간의 순서에 관한 원리를 찾아내는 것이다. 다음 예를 살펴보자.

(41)

a. ⟨Der erste chinesische Mann⟩ im Weltraum ist befördert worden.

b. In ⟨der jetzigen wirtschaftlichen Situation⟩ haben wir das Problem in längeren Zeiträumen zu denken.

c. Allerdings wachsen ⟨die kleinen japanischen Edelkarpfen⟩ schnell.

d. Er schwärmt von ⟨den neuen russischen Filmen⟩, die er sich in der Originalsprache anschaut.

e. Das Seminar versteht sich als Einführung in ⟨die jüngere deutschsprachige dramatische Produktion⟩ wie als Einübung in die Drameninterpretation.

f. Fast zeitgleich finden in diesem Jahr ⟨die ersten öffentlichen kinematographischen Vorführungen⟩ statt.

g. Diese vielfältige Neubewertung von Provinz und Heimat löst

⟨auch zahlreiche lokale filmgeschichtliche Initiativen⟩ aus.

h. Sie hat sich aus meinen ⟨langjaehrigen ehemaligen politischen Aktivitaeten⟩ ergeben.

위 예들은 명사 앞에 부가어적 형용사가 둘 나타나는 경우들을 보여준다. 이 형용사들의 순서를 살펴봄으로써 몇 가지 어순규칙을 발견할 수 있다.10)

(42)
- 서수가 가장 앞에 위치한다. [a,f]
- 시간을 표현하는 형용사도 앞쪽에 위치한다. [b,e]
- 수량을 표현하는 형용사가 시간표현 형용사에 선행한. [h]
- 신/구를 표현하는 형용사도 상대적으로 앞에 위치한다. [d,e]
- 국가나 지역 등 근원을 표현하는 형용사는 명사에 가까이 위치한다. [a,c,e,g]
- 속성을 표현하는 형용사는 명사의 바로 앞에 위치한다. [b,e,f,g]

위의 용례들을 추출하기 위해 필요한 검색식은 다음과 같다.

(43)
GLOW⟩ T=[pos="ART"]?[pos="ADV"]?@[pos="ADJA"]{2,6}[pos="NN"] within s;
GLOW⟩ reduce T to 300;
GLOW⟩ cat T ⟩ "concADJAchain_GW21.txt";

첫 줄의 검색식에서 형용사(ADJA)가 명사구 내에 2번 이상 6번 이하 나타나는 경우들을 추출하도록 하고 있다. 두 번째 줄에서는 용례를 300개로

---

10) Crystal(1971)에 따르면, 영어에서 부가어적 형용사들은 다음과 같은 순서로 배열된다. size → age → color → nationality → material (예 : those large new red English wooden chairs). 독일어의 형용사들 간 어순에 대해서는 Eisert(2009) 참조.

제한하고 있으며 세 번째 줄의 명령을 통해 그 결과를 파일에 저장한다.

코퍼스를 이용하여 구문과 어휘군 간의 상호작용에 대해서도 연구를 수행할 수 있는데, 여기서는 warnen-vor-NP-구문을 예로 들어 설명하고자 한다. '경고하다'는 의미를 지니는 동사 warnen은 다음 용례들에서 보여주듯이 전치사 'vor'가 이끄는 전치사구와 함께 하나의 구문을 형성한다.

(44)

a. ⟨Konservative warnen vor gesellschaftlichen *Folgen*⟩ einer solchen Reform, ...

b. ⟨Bewegliche Ziele Nash und Joe warnen Gangsterboss Vic Walsh vor einem *Anschlag*⟩.

c. ⟨In der vergangenen Woche warnte ich Sie vor dem *Einsteig*⟩ bei Nokia.

d. ⟨Der Forscher warnt jedoch vor übereilten *Schlussfolgerungen*⟩.

e. ⟨Madame Carmen warnt Meg vor einer *Gefahr*⟩, die ihr droht.

이 문장들을 추출하기 위해서 다음과 같이 4단계로 검색식을 실행시켰다.

(45)

```
GLOW⟩ T=⟨s⟩[]*[pos="VV.*"&lemma="warnen"][]*[pos="APPR"&
lemma="vor"] [pos="ART"]?[pos="ADV"]?[pos="ADJA"]*@[pos="NN"][]*
within s;
    GLOW⟩ group T target lemma by matchend lemma ⟩ "freqCollo
VOR_warnen_GW1.txt";
    GLOW⟩ reduce T to 500;
    GLOW⟩ cat T ⟩ "concColloVOR_warnen_GW1.txt";
```

첫 단계에서는 'T'라는 식을 정의하는데, 전치사 'vor' 뒤에 따라오는 명사구 내의 일반명사(NN)를 target으로 설정한 점이 핵심이다. 두 번째 단계에서는 검색된 일반명사를 빈도정보와 함께 파일로 출력하라는 명령이 수행된다. 세 번째 단계에서는 검색결과를 '500'으로 제한하는 작업이 이루어지고 마지막 단계에서는 이 검색식에 들어맞는 용례들이 파일에 저장된다.

위의 두 번째 단계에서 얻은 결과의 일부를 보이면 다음 [표 24]와 같다.

[표 24] warnen-vor-NP-구문의 명사목록

명사	빈도	명사	빈도
Gefahr	77	Krieg	7
Folge	69	Kauf	7
Risiko	17	Einschnitt	6
Kürzung	10	Euphorie	6
Auswirkung	10	Annahme	6
Anschlag	9	Reise	6
Scheitern	9	Katastrophe	6
Angriff	9	Kosten	6
Erwartung	9	Panikmache	5
Hoffnung	9	Aktionismus	5
Mißbrauch	8	Gefährdung	5
Illusion	8	Ausbreitung	5
Verlust	8	Zunahme	5
Konsequenz	8	Schaden	5
Schluß	8	Möglichkeit	5
Einsatz	8		

이 명사들이 속하는 의미부류를 GermaNet 6.0의 분류체계에 의해 분류하여 통계를 낸 결과는 아래에 제시되어 있다.11)

---

11) GermaNet에서의 명사의 의미분류에 대해서는 사이트(http://www.sfs.uni-tuebingen. de/lsd/) 및 이민행(2009) 참조.

[표 25] warnen-vor-NP-구문에 나타나는 명사들의 의미부류

의미부류	빈도	백분율(%)	누적백분율(%)
nc6	24	48.98	48.98
nc3	4	8.16	57.14
nc5	3	6.12	63.27
nc7	3	6.12	69.39
nc2	2	4.08	73.47
nc10	2	4.08	77.55
nc4	2	4.08	81.63
nc9	2	4.08	85.71
nc23	2	4.08	89.8
nc11	1	2.04	91.84
nc8	1	2.04	93.88
nc13	1	2.04	95.92
nc1	1	2.04	97.96
nc16	1	2.04	100

표를 살펴보면, 사건(Geschehen) 명사부류가 이 구문에 압도적으로 많이 나타나고, 소유(Besitz) 명사가 그 뒤를 따르고 감정(Gefühl) 및 그룹(Gruppe) 명사가 조금 나타나는 것을 확인할 수 있다.

동사 'warnen'은 부정사구문과도 함께 쓰인다. 다음 예를 살펴보자.

(46)

a. 〈Er warnte ihn regelrecht davor, solche Dinge zu behaupten〉.

b. 〈Die offizielle Seite hatte von Anfang an davor gewarnt, Rettungskampagnen Geld zu spenden〉, ...

c. 〈Ich warne ausdrüklich davor, diese CD zu kaufen〉 und anzuhören.

d. 〈Letzten Monat haben Experten die Regierung gewarnt, Kindern unter 8 Jahren ein Mobiltelefon zu geben〉, ...

e. 〈Sie warnen zudem davor, die Ergebnisse bedingungslos auf den Menschen zu übertragen〉, da Menschen und Ratten .....

이 예들은 모두 zu-부정사구문에서 기술된 행위를 "수행하지 말라"는 경고의 의미를 전달한다. 이 구문은 긍정문 형식으로 부정의미를 표현한다는 점에서 독특한 성질을 지닌다고 할 수 있다. 이 문장들을 추출하기 위해 필요한 검색식은 다음과 같다.

(47)
GLOW〉 T=〈s〉[]* [pos="VV.*"&lemma="warnen"] []* [pos="PTKZU"& lemma="zu"] @[pos="VV.*"][]* within s;

이 검색식의 핵은 *target* 기능을 하는 부정사구문 내의 완전동사(VV)이다. 검색식에 의해 추출된 동사들 중 출현빈도가 높은 것을 열거하면 다음 (48)과 같다.

(48)
machen, lassen, stellen, nehmen, setzen, unterschätzen, sehen, ziehen, verlassen, schaffen, gehen, überschätzen, übertragen, vernachlässigen, erwarten, verlieren, betrachten, zerreden, gewähren, benutzen

이 동사들은 의미론적으로 특정한 의미부류에 속하지는 않는 것으로 판단된다. 다시 말하여 모든 행위가 경고의 대상이 될 수 있다는 뜻이다.

독일어에서는 전장(Vorfeld)에 문장의 어떤 요소가 나타나는가가 정보구조적인 관점에서 매우 중요하다. 강조할 목적으로 문장의 한 요소를 정동사 앞자리로 이동을 시킨다고 보기 때문에, 일반적으로 주제(TOPIK)가 되는 성분이나 새로운 정보를 담고 있는 초점(FOKUS) 성분이 전장에 위치하는 것으로 간주된다. 그런데, 완전동사의 과거분사(VVPP)가 전장에 나타나기도 하는데, 이제부터는 이 현상에 대해 논의하기로 하자. 다음 예를 보자.

(49)

   a. ⟨text_id freizeit⟩: ⟨Gesehen haben⟩ wir an diesem Tag außer Staub eigentlich gar nichts.

   b. ⟨text_id gesundheit⟩: ⟨Gefährdet ist⟩ vor allem die arme Bevölkerung in Ländern ohne ausreichende Gesundheitsversorgung.

   c. ⟨text_id kultur⟩: ⟨Anerkannt werden⟩ außerordentliche künstlerische Leistungen dreier Gesamtformationen, ein Wagen und zwei Kinder- bzw. Jugendgruppen ausgezeichnet.

   d. ⟨text_id natur⟩: ⟨Entstanden sind⟩ sie durch den im 18. und 19. Jahrhundert erfolgten Torfabbau.

   e. ⟨text_id politik⟩: ⟨Vorgestellt werden⟩ Projekte zur Sicherheit von Frauen und Mädchen im öffentlichen Raum und in privaten Beziehungen.

이 예들에서 전장에 위치한 과거분사들은 완료구문의 일부분이거나, 상태수동구문에 속하거나 동작수동구문의 구성요소이다. 문맥이 없어 정확한 판단은 어렵지만, 내용상으로 강조를 위해 과거분사를 문장의 첫자리로 위치시킨 것으로 이해된다. 이런 의미에서 초점기능을 과거분사가 수행한다고 해석할 수 있겠다. 이 용례들을 추출하기 위해 실행한 검색식 사슬은 다음과 같이 6가지 하위 단계로 구성된다.

(50)
```
set PrintStructures "text_id";
T=⟨s⟩[pos="VVPP"][pos="V.FIN"] within s;
group T match lemma by matchend lemma ⟩ "freqVVvorfeld.txt";
set context 1 s;
reduce T to 300;
cat T ⟩ "concVVvorfeld.txt";
```

첫 줄은 주제영역에 대한 정보를 얻기 위한 검색식을 보여주고 두 번째 줄의 검색식이 핵심인데, 여기서는 전장을 문장시작 태그 〈s〉의 바로 뒷자리이면서 정동사(V.FIN)로 규정한다. 셋째 줄은 빈도정보를 정동사의 기본형(lemma)을 기준으로 정렬하여 파일에 담으라는 명령이고, 넷째 줄은 문맥을 한 문장으로 제한하기 위한 것이다. 다섯째 줄에 의해 용례가 300개로 한정되고, 검색결과 추출된 용례는 마지막 줄의 명령에 따라 파일에 저장된다.

위 셋째 줄의 명령에 의해 추출한 빈도정보의 일부가 아래에 제시된다.

[표 25] 전장에 나타나는 과거분사와 정동사의 조합

조동사	과거분사의 lemma	빈도
sein	planen	758
sein	meinen	588
werden	unterstützen	482
sein	betreffen	372
sein	entstehen	284
werden	begleiten	262
sein	fragen	255
werden	ergänzen	246
werden	finanzieren	233
werden	fördern	230
werden	abrunden	194
haben	anfangen	188
haben	beginnen	187
werden	begründen	173
sein	beteiligen	173
werden	zeigen	167
werden	suchen	159
sein	einladen	149
werden	diskutieren	148
werden	eröffnen	141

완전동사가 과거분사의 형태로 전장에 나타나는 데 있어 의미적인 제약이 따르는지를 확인하기 위해 상위 100개 동사의 의미부류를 백분율로 계산한 결과는 다음 [표 26]과 같다.

[표 26] 전장 동사의 의미부류 분포

의미부류		빈도	백분율(%)	누적백분율(%)
명칭	GN-백분율(%)			
vc4	11.94	81	23.34	23.34
vc6	10.33	63	18.16	41.50
vc14	18.77	52	14.99	56.48
vc7	8.34	39	11.24	67.72
vc13	4.93	24	6.92	74.64
vc10	11.10	21	6.05	80.69
vc2	5.50	18	5.19	85.88
vc12	3.83	15	4.32	90.20
vc1	4.38	15	4.32	94.52
vc3	3.76	6	1.73	96.25
vc5	5.06	5	1.44	97.69
vc8	2.56	4	1.15	98.85
vc15	1.94	3	0.86	99.71
vc9	6.27	1	0.29	100.00

이 표에 따르면 사회동사(vc4)와 인지동사(vc6), 변동동사(v14) 및 소통동사(vc7)가 전장에 나타나는 정도가 매우 높다. 그런데 이 데이터를 다음 표에 제시된 전체 동사의 의미부류 분포와 비교하여 분석해 보면, 분포가 4% 가까이 하락한 변동동사(vc14)를 제외하고, 나머지 3가지 의미부류는 평균적인 분포보다 높은 비율로 전장에 위치하는 것을 확인할 수 있다. 그 중에서도 사회동사(vc4)는 거의 두 배(11.94%→23.24%) 가까운 정도로 전장에 출현하는 정도가 높다는 점이 주목할 만한 사실이다. 또한 인지동사

(vc6)가 전장에서의 상대적 비중이 매우 높다(10.33%→18.16%)는 점도 흥미롭다. 아래의 [표 27]은 GermaNet 6.0을 토대로 하여 GN에 등재된 전체동사의 의미부류 분포를 산출한 결과를 보여주는 데이터로서, 개별 구문에 나타나는 동사들의 의미부류와 비교분석시에 유용한 데이터이다.

[표 27] 전체 동사의 의미부류 분포

의미부류	빈도	백분율(%)	누적백분율(%)
vc14	2394	18.77	18.77
vc4	1523	11.94	30.71
vc10	1415	11.1	41.81
vc6	1317	10.33	52.14
vc7	1063	8.34	60.47
vc9	800	6.27	66.75
vc2	702	5.5	72.25
vc5	645	5.06	77.31
vc13	629	4.93	82.24
vc1	559	4.38	86.62
vc12	488	3.83	90.45
vc3	479	3.76	94.21
vc8	327	2.56	96.77
vc15	248	1.94	98.71
vc11	164	1.29	100

어휘들의 다의성(Polysemie) 문제도 언어학적인 연구에서 매우 중요하게 다루어지는데, 이와 관련하여 코퍼스로부터 추출한 데이터가 유용하게 사용될 수 있다. 의미가 매우 비슷한 형용사 3개 — *weich, sanft, zart* — 가 다음 용례들에 등장한다.

(51)

a. Meine Augen wanderten über ihre ⟨*weiche* Haut⟩, über die

Wölbungen der Schultern.
b. Und eine dieser Tändeleien mit einem lieblichen Gesicht und ⟨*sanftem* Gemüt⟩ harrt in Undareth sehnsüchtig seiner Rückkehr.
c. Die ersten ⟨*zarten* Sonnenstrahlen⟩ schienen schon in mein über Nacht aufgequollenes Gesicht.

이 형용사들의 수식을 받는 명사들을 코퍼스로부터 추출한 결과는 다음 (84)의 표에 정리되어 있다. 여기에는 빈도가 높은 일부만 제시한다.

[표 28] weich, sanft, zart의 명사 목록

weich-명사	sanft-명사	zart-명사
Alter	Wasser	Tourismus
Pflänzchen	Standortfaktor	Hügel
Haut	Faktor	Druck
Hand	Droge	Stimme
Band	Linse	Art
Gesicht	Haut	Licht
Liebesgeschichte	Boden	Weise
Pflanze	Kern	Musik
Grün	Fell	Gewalt
Farbe	Landung	Ton
Blatt	Sand	Methode
Band	Gewebe	Massage
Versuchung	Stuhl	Lächeln
Fleisch	Kontaktlinse	Übergang
Blüte	Material	Riese
Finger	Kissen	Welle
Blume	Bett	Bewegung
Stimme	Tuch	Berührung
Frau	Form	Wort
Berührung	Macht	Brise
Liebe	Stimme	Wind

이 표를 검토해 보면, 몇 가지 흥미로운 사실을 발견할 수 있다. 첫째, 'weich'는 주로 시각과 관련된 명사를 꾸민다. 둘째, 'sanft'는 주로 촉각과 관련된 명사를 수식한다. 셋째, 'zart'는 주로 청각과 관련된 명사와 어울린다. 물론 세 형용사와 모두 어울리거나 그중 둘과 명사들도 있다.

이 형용사들과 인접하여 수식을 받는 명사들이 어떤 의미부류에 속하는지를 알기 위해 그 분포를 검토한 결과는 다음의 [표 29]와 같다.

[표 29] WEICH-명사의 의미부류

의미부류	빈도	백분율(%)	누적백분율(%)
nc1	12	26.67	26.67
nc20	7	15.56	42.22
nc8	6	13.33	55.56
nc7	3	6.67	62.22
nc14	3	6.67	68.89
nc15	2	4.44	73.33
nc2	2	4.44	77.78
nc11	2	4.44	82.22
nc10	2	4.44	86.67
nc18	1	2.22	88.89
nc19	1	2.22	91.11
nc4	1	2.22	93.33
nc13	1	2.22	95.56
nc9	1	2.22	97.78
nc6	1	2.22	100

[표 30] SANFT-명사의 의미부류 분포

의미부류	빈도	백분율(%)	누적백분율(%)
nc2	7	15.56	15.56
nc6	7	15.56	31.11
nc16	7	15.56	46.67

의미부류	빈도	백분율(%)	누적백분율(%)
nc10	5	11.11	57.78
nc9	5	11.11	68.89
nc1	4	8.89	77.78
nc12	3	6.67	84.44
nc7	2	4.44	88.89
nc15	1	2.22	91.11
nc5	1	2.22	93.33
nc11	1	2.22	95.56
nc17	1	2.22	97.78
nc3	1	2.22	100

[표 31] ZART-명사의 의미부류 분포

의미부류	빈도	백분율(%)	누적백분율(%)
nc1	8	20.51	20.51
nc8	6	15.38	35.9
nc18	4	10.26	46.15
nc10	3	7.69	53.85
nc6	3	7.69	61.54
nc7	2	5.13	66.67
nc12	2	5.13	71.79
nc20	2	5.13	76.92
nc4	2	5.13	82.05
nc23	2	5.13	87.18
nc5	1	2.56	89.74
nc2	1	2.56	92.31
nc11	1	2.56	94.87
nc14	1	2.56	97.44
nc16	1	2.56	100

위의 표들을 살펴보면 각 형용사가 선호하는 명사부류에 차이가 있음을 확인할 수 있다. 형용사 *weich*는 주로 인공물(nc1), 물질(nc20), 신체(nc8), 그룹

(nc7) 및 영양(nc14) 부류들과 어울리고, *sanft*는 주로 속성(nc2), 사건(nc6), 자연현상(nc16), 소통(nc10) 및 인지(nc9) 부류들에 속하는 명사를 꾸미며, *zart*는 인공물(nc1), 신체(nc8), 식물(nc18), 소통(nc10) 및 사건(nc6)에 속하는 명사를 수식한다. 이렇게 보면, 형용사 *weich*와 *sanft*는 각기 선호하는 의미 부류를 나누어 가진 반면, *zart*는 이 두 형용사와 일부영역을 공유하면서도 자신의 고유영역, 곧 식물(n18) 부류를 차지하고 있음을 알 수 있다.12)

앞서 논의한 문서유사도 개념을 어휘차원으로 확대하여 적용할 수도 있다. 예를 들면, 형용사 weich, sanft 및 zart와 연어관계를 이루는 명사군들의 빈도분포를 이용하여 형용사 간의 유사도를 측정할 수 있다. 아래 도식은 세 형용사 및 이들과 반의관계에 있는 형용사 hart와 fest, 모두 5개 형용사 간의 유사도를 측정한 결과이다.

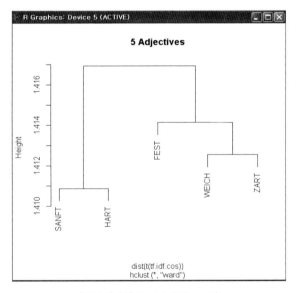

[그림 3] 형용사 간의 유사도 도식

---

12) 여기서 정립된 테제의 설득력을 높이기 위해 더 많은 형용사 (50개)로 분석을 확대할 필요가 있다.

이 도표는 다섯 형용사의 수식을 받는 명사들 목록 중 상위빈도 1위부터 50위까지를 토대로 유사도를 산출한 결과를 보여준다. 하나의 어휘자체가 문서는 아니지만, 그 어휘와 연어관계를 이루는 어휘목록이 추출 가능하다는 점에서 문서로 해석할 여지가 있다. 이런 배경에서 어휘 간의 의미유사도를 문서유사도 측정방법을 이용하여 살펴본 것이다. 이 도표를 통해 형용사 weich, sanft 및 zart 간에 있어 weich와 zart가 상대적으로 더 가깝다는 사실을 확인할 수 있다. 이 두 어휘는 반의관계에 있는 fest와 hart 중에서 fest와 유사한 속성이 있으며, 상대적으로 sanft는 hart와 의미유사도가 높다. 유사도 측정에 사용한 hart와 fest와 연어관계를 이루는 명사들의 목록은 각각 (52), (53)과 같다.

(52)

Arbeit Kern Zeit Probe Kampf Wettbewerb Droge Strafe Wort Bandage Linie Schlag Gangart Faktum Auseinandersetzung Nuß Hand Haltung Kurs Boden Vorgehen Stück Brocken Bedingung Konkurrenz Winter Wasser Einschnitt Training Schale Maßnahme Durchgreifen Leben Realität Urteil Kritik Job Weg Sanktion Sache Währung Landung Tag Bewährungsprobe Mann Verhandlung Widerstand Konkurrenzkampf Untergrund Prüfung

(53)

Bestandteil Überzeugung Platz Größe Wechselkurs Boden Glaube Beziehung Wille Regel Nahrung Wohnsitz Stelle Termin Einrichtung Bindung Job Form Zeit Ansprechpartner Grund Schuhwerk Partnerschaft Mitarbeiter Arbeitsplatz Anstellung Struktur Hand Verbindung Institution Zusage Absicht Fundament Kern Schuh Stoff Punktwert Arbeitsverhältnis Halt Fuß Stimme Grundlage Ort Preis Schritt Betrag Partner Ziel Griff Haus

두 어휘목록을 비교해 보면, 명사 몇 개만 중복됨을 알 수 있다. Boden,

Hand, Job과 Kern이 형용사 hart와 fest로부터 모두 수식을 받는 명사들이다. 다시 말하여 weich, sanft 및 zart의 반의어로 여겨지는 두 형용사는 상호 간에 밀접히 연결되어 있지 않지만, 위 도식에서 보는 바와 같이 반의관계에 있는 형용사들을 통해 간접적으로 연결된다고 할 수 있다.

이처럼 위계적 군집분석을 이용하여 문서 간의 유사도나 어휘 간의 의미적인 유사성에 대해 연구할 수 있도록 대용량 코퍼스가 빈도데이터를 제공한다는 점이 중요하다.

이제 코퍼스를 독일어 교육에 활용할 수 있는 사례 몇 가지를 들고자 한다.

첫 번째 사례는 어휘의 어형변화에 관한 것이다. 초급수준의 독일어 학습자는 어휘의 어형변화에 대해 어려움을 갖는다. GLOW 코퍼스로부터 다음과 같은 간단한 검색식을 통해 개별 어휘의 활용형태와 빈도를 추출할 수 있다.

(54)
T=[pos="VV.*" & lemma="geben"]; count by word %c 〉 "freqWord formGEBEN.txt";

이 검색식의 정렬기준으로 사용된 word 뒤에 '%c'를 붙여서, 검색결과를 출력할 때 대/소문자 구별을 할 필요가 없다는 의미를 포함한다. 검색결과를 제시하면 다음과 같다.

(55)

108936	gibt
33194	geben
29326	gab
18348	gegeben
6583	gebe
2659	gäbe

2365	gaben
729	gib
346	gebt
245	gibst
107	gäben
47	gibt's
16	gabst
5	gab's
4	gabt
3	gebet
3	gäb's

이 어휘형태들은 'geben'을 기본형으로 하는 모든 어휘목록이다. 여기에는 직설법, 명령법과 접속법에 따른 활용형도 포함되어 있다. 또한 인칭과 수에 따른 굴절형과 과거형 및 과거분사형도 들어 있다.

두 번째 사례는 동사복합체에 대한 것이다. 일반적으로 독일어 동사복합체(Verbalkomplex)는 둘 이상의 동사가 하나의 단위를 이루는 것을 의미하는 것으로, 아래의 예들이 그 구문의 하위유형들이다.

(55)
39844: ⟨text_id fiktion⟩: Wir haben ihm versprochen, dass er mal mit zu uns ⟨kommen kann⟩.

16111170: ⟨text_id freizeit⟩: Man sieht, wie die Flammen die Bäume ⟨verformt haben⟩.

34498424: ⟨text_id politik⟩: Schade nur, dass dies in Deutschland bisher nicht ⟨erfolgt ist⟩.

55682996: ⟨text_id staat⟩: Diese Rechtsposition sei nicht dadurch verlorengegangen, daß die Bezeichnung vorübergehend nicht ⟨verwendet worden sei⟩.

57430408: ⟨text_id staat⟩: Glaubst du im Ernst , dass der Friede dann ⟨einkehren würde⟩?

60341297: ⟨text_id technik⟩: Man kann heute kaum daran zweifeln, daß diese Ziele auch ⟨erreicht wurden⟩.

63587926: ⟨text_id wirtschaft⟩: Und denkt immer daran, wenn Euer Stadion ⟨ausverkauft ist⟩, liegt es daran, dass DIE BULLEN KOMMEN .

이 용례들에 나타나는 동사복합체들의 특성은 정동사로 쓰인 동사가 모두 조동사라는 점이다. 이 중에는 화법조동사(können)도 있고, 완료조동사 (haben, sein)도 있으며 또한 미래조동사(werden)와 동작수동 조동사(werden) 및 상태수동 조동사(sein)도 있다. 이런 예들과 달리, 완전동사가 정동사로 쓰이는 동사복합체도 있다. 다음 예들을 보자.

(56)

35: ⟨text_id fiktion⟩: 15 Jahre ist es her, da ⟨*lernte* ich meine erste Freundin kennen⟩.

1671: ⟨text_id fiktion⟩: An der Tür ⟨*blieben* die beiden noch mal stehen⟩ und drehten sich um.

15398641: ⟨text_id freizeit⟩: Aber dafür ⟨*gehen* wir Samstag voraussichtlich essen⟩.

25185: ⟨text_id fiktion⟩: Kaum schloss ich die Tür hinter mir, ⟨*hörte* ich es wieder rauschen⟩.

27511: ⟨text_id fiktion⟩: Mir wird ein wenig schwindelig, und ich ⟨*sehe* Sterne durch die Luft tanzen⟩.

46295704: ⟨text_id religion⟩: Jeden Morgen ⟨*läßt* Gott seine Sonne über uns aufgehen⟩.

예들을 살펴보면, 지각동사(*hören, sehen*)와 사역동사(*lassen*) 외에도 일반적인 의미분류가 어려운 완전동사 *lernen, bleiben*과 *gehen*도 동사의 기본형으로 보충어로 선택하는 것을 확인할 수 있다. 이처럼, 의미적인 관점에서 범주화가 어려운 동사들이 어떠한 동사들과 동사복합체를 이루는지를 설명해야 하는 것이 독일어 교육의 현장에서 부딪히는 문제 중 하나이다. 코퍼스는 이와 같은 문제의 해결에 도움을 줄 수 있다. 예컨대 동사 *lernen*과 어울리는, 코퍼스로부터 추출한 동사들의 목록은 다음과 같다.

[표 31] lernen의 연어동사 빈도

기본형동사	정동사	빈도
kennen	lernen	204
verstehen	lernen	18
schätzen	lernen	9
lesen	lernen	7
sprechen	lernen	7
laufen	lernen	7
denken	lernen	5
spielen	lernen	4
leben	lernen	4
einschätzen	lernen	3
fliegen	lernen	3
lieben	lernen	3
sehen	lernen	3
praktizieren	lernen	2
beherrschen	lernen	2
umgehen	lernen	2
würdigen	lernen	2
beten	lernen	2
bewältigen	lernen	2
lösen	lernen	2

이 표는 아래와 같은 검색식 사슬을 통해 추출된 어휘목록 가운데 빈도 순위 상위 20위까지만 제시한 것이다.

(57)

```
T = [pos="KO.*"][]{1,6}[pos != "PTKZU"]@[pos="VVINF" ][pos=
"VVFIN"&lemma="lernen"] within s;
    group T matchend lemma by target lemma 〉 "freqVV_LERNEN.txt";
    set context 1 s;
    cat T 〉 "concVV_LERNEN.txt";
```

첫 번째 줄의 검색식은 부문장(Nebensatz)에 나타나는 *lernen*-동사복합체를 추출하기 위한 것이고 두 번째 줄의 검색식은 위의 [표 31]과 같은 빈도정보를 출력하기 위해 작성된 것이다. 세 번째 줄에는 용례의 출력시에 문맥을 제한하기 위한 식이 제시되고 마지막 줄에 용례를 지정된 파일에 저장하라는 명령문이 나타나 있다. 다음은 이 검색식에 의해 추출된 용례들이다.

(58)

27910811: Soziale Kompetenz erwirbt man, 〈wenn man Probleme *lösen lernt*〉.

28213621: Was ist das Ziel, 〈wenn wir im Namen Jesu *beten lernen*〉?

84981702: Weil es wichtig ist, 〈dass Sie Ihre Erfolge *sehen lernen*〉.

88336444: Im Rollenspiel wird die Praxis geübt, 〈damit die Kinder kritische Situationen mit gesundem Misstrauen *bewältigen lernen*〉.

동사 *bleiben*과 *gehen*에 대해서 동일한 방법을 따라 추출한 빈도정보는 다음과 같다. 여기서는 빈도 상위 1위부터 10위까지만 제시한다.

[표 32] gehen과 bleiben의 연어동사 빈도

정동사 bleiben		정동사 gehen	
기본형동사	빈도	기본형동사	빈도
erhalten	383	spazieren	31
stehen	127	arbeiten	19
bestehen	102	einkaufen	16
hängen	52	wählen	16
liegen	46	essen	15
stecken	44	schlafen	14
sitzen	28	baden	7
vorbehalten	26	statten	4
verborgen	24	wandern	4
haften	18	schwimmen	4

이 표에는 중급수준 이상의 독일어 학습자들에게 많이 알려져 있는 동사가 많이 포함되어 있다. 양쪽 어휘군을 비교해 보면 *bleiben*과 어울리는 동사들이 상태동사인 반면, *gehen*과 어울리는 동사들은 이동을 표현하는 동작동사인 점을 발견할 수 있다. 이 사실은 우리의 언어직관에 매우 부합한다.

세 번째 사례는 자유관계절 구문과 관련된다. 다음 예를 살펴보자.

(59)
101167223: 〈text_id slogan〉: Nur 〈wer ihn kennt〉, weiß wie er wirkt.
101167233: 〈text_id slogan〉: Nur 〈wer mitspielt, kann〉 gewinnen .
101183655: 〈text_id slogan〉: 〈Was auch immer Ihre Zukunft bringt〉, die Zukunft spricht Visa.
101183785: 〈text_id slogan〉: 〈Was lange wirkt〉, wirkt wirklich gut.
101185559: 〈text_id slogan〉: 〈Wer Ideen hat〉, hat Zukunft.

이 용례들은 코퍼스 GLOW의 주제영역 "slogan"으로부터 추출한 것이다. 자유관계절은 선행사가 없는 관계절로서 *wer*나 *was*와 같은 의문대명사(PWS)가 이끄는 문장이다. 광고에서는 일반화를 시도하거나 제품의 가능을 강조할 목적으로 자유관계절을 선호하는 경향이 있다.

위의 용례들을 추출하기 위해 사용한 검색식은 다음과 같다.

```
(60)
set PrintStructures "text_id";
set context 1 s;
GLOW〉 T=[pos="PWS"][]{1,}[pos="V.FIN"] ::match.text_id="slogan"
within s;
GLOW〉 cat T 〉 "concFreiRelsatz.txt";
```

검색식의 첫 줄은 출력시에 주제영역을 표시하라는 명령을 담고 있다. 중심이 되는 세 번째 검색식은 단순히 의문대명사(PWS) 뒤에 토큰 하나 이상을 사이에 두고 정동사가 따라오는 문장을 검색하라는 의미를 가지며 이때 검색을 위한 주제영역은 "slogan"으로 제한된다.

전치사격 보충어(Ergänzung)를 수식어(Angabe)와 구분하는 문제가 네 번째 사례이다. 이 과제도 외국어로서 독일어를 교육하는 입장에서 어려운 문제 중의 하나이다.

(61)
  a. Es ist zu mir *an das Gitter* gekommen und hat mich freundlich angegrunzt.
  b. Sie ist wunderschön *an einem idyllischen See* gelegen, der von hohen Felswänden eingerahmt wird.
  c. Der Bericht wurde noch *am Tag*, an dem er erschien, begraben.
  d. Ich habe bereits *an vielen Filmfestivals* teilgenommen.
  e. Bei der Schwindelanamnese sollte der Patient den Schwindel, *an*

dem er leidet, genau beschreiben.

예문들에서 (61a)-(61c)는 수식어 기능을 하는 an-전치사구를 보여준다. (61a)에서 전치사구는 방향을 나타내고 (61b)에서는 장소를 지시하며, (61c)에서는 시간을 지시한다. 반면, (61d)와 (61e)에서 전치사구는 각각 동사 teilnehmen과 leiden의 보충어 기능을 수행한다. 이처럼 코퍼스상에서 혼재되어 나타나는 an-전치사구들 가운데서 보충어 기능을 갖는 전치사구들을 채굴해 내고, 이어서 이들과 결합하는 동사목록을 작성하는 방법은 무엇인지에 대해 생각해 보는 것도 흥미 있는 주제이다.

동사의 보충어로서 기능하는 an-전치사구 내의 명사구 대신 dass-절이 나타나는 경우에 주문장에는 상관사 daran이 나타난다. 따라서 daran과 dass-절이 동시에 포함된 용례들을 코퍼스로부터 추출함으로써 an-전치사구를 보충어로 요구하는 동사들의 목록을 얻을 수 있다. 이 작업을 위해 필요한 검색식은 다음 (62)와 같다.

(62)
```
T = [pos="PAV" & lemma="daran"][]{0,3}@[pos="VV.*"] [pos="V
[M|A].*"]*[] [pos="KOUS" & word="dass|daß"] within s;
group T target lemma by match lemma > "freqANverb.txt";
cat T > "concANverb.txt";
```

첫 줄의 검색식을 이용하여 추출하고자 하는 용례는 주문장영역에 상관사 'daran'이 나타나고, 그 뒤를 따르는 동사군의 바로 뒤에 종속접속사 (KOUS)인 'dass'가 출현하는 문장들이다. 아래에 용례 몇 개가 제시되어 있다.

(63)
334618: Komisch, dass sie 〈daran gedacht hatte, dass〉 ihr

Sternzeichen der Löwe war.

338446: So wird es dich ⟨daran erinnern, dass⟩ auch du einst lebtest.

398364: Zeit, sich zu beruhigen und sich ⟨daran zu gewöhnen, dass⟩ er sie im Arm hielt und tröstete.

이 예문들에 있는 denken, erinnern 및 gewöhnen은 an-전치사구를 보충어로 취하는 대표적인 동사들이다. 위 (62)의 둘째 줄에 있는 검색식을 통해 얻는 것은 이런 구문에서 an-전치사구와 함께 출현하는 동사목록이다. 다음 [표 55]에 이 목록 중에서 빈도순위 1-20위의 어휘들이 나열된다.

[표 55] an-전치사구와 공기하는 동사 목록

동사	빈도	동사	빈도
erinnern	636	ändern	61
liegen	443	lassen	54
denken	185	setzen	43
glauben	134	bestehen	42
gewöhnen	122	arbeiten	38
denken	87	festhalten	27
erkennen	74	ablesen	24
zweifeln	72	mitwirken	20
interessieren	71	zeigen	20
scheitern	65	sehen	19

이 목록에서 발견되는 동사들 가운데, an-전치사구를 결코 보충어로 취할 것 같지 않은 동사는 'lassen'이다. 이 동사가 나타나는 용례 중 몇 개만 보이면 다음과 같다.

(64)

2286088: Ich werde keinerlei Zweifel ⟨daran lassen, daß⟩ weder die niedersächsische Polizei noch ihr Innenminister bereit sind, rechtsfreie Räume zuzulassen.

99439453: Meier müsse sich ⟨daran festhalten lassen, dass⟩ er den Wagen von einem Privatmann gekauft habe.

95032479: Die IMK wird keine Zweifel ⟨daran aufkommen lassen, dass⟩ sie an ihrer Entschlossenheit zur Bekämpfung des Rechtsextremismus festhält.

위 예들처럼, 보충어로서의 an-전치사구와 상관없는 구문이 추출된 까닭은 첫째, lassen 동사가 완전동사로 분류되어 있기 때문이고, 둘째는 명사 중에도 an-전치사구를 보충어로 취하는 명사가 있기 때문이다. 후자의 경우 전치사구 내의 명사구를 dass-절이 대신하게 되면, 마치 동사가 an-전치사구를 취하는 것처럼 보일 수 있다. 위의 첫 번째와 세 번째 용례이다. 두 번째 용례에서는 사역동사 lassen의 지배를 받는 festhalten이 an-전치사구를 보충어로 취하는 동사이다.

이처럼 여러 가지 이유로 원래 설정한 목적과 상관없는 용례들이 추출될 수도 있기 때문에 코퍼스작업 시에는 빈도목록을 무조건적으로 수용해서는 안 되고 반드시 함께 추출한 용례들을 수작업을 통해 검토함으로써 어휘목록을 수정해야 한다. 다른 한편, 위 (62)의 첫 번째 줄에 나타난 검색식을 정교하게 만듦으로써 목적에 좀 더 부합한 결과를 산출할 수 있다. 다음에 대안적 검색식이 제시된다.

(65)
T = [pos="PAV" & lemma="daran"] []{0,3} @[pos="VV.*" & lemma != "lassen"] [pos="V[M|A].*"]* [] [pos="KOUS" & word="dass|daß"] within s;

이 검색식에는 준거점 'target'에 완전동사의 기본형이 'lassen'이면 안된다는 제약이 부가되어 있기 때문에, 이 검색식을 이용하면 적어도 동사

lassen이 출현하는 용례의 추출은 막을 수 있다. 그런데, 이 검색식에 의해 추출이 안 되는 동사들 중에서 an-전치사구와 함께 출현하는 빈도가 높은 동사들이 있다. 이 동사들은 mangeln, fehlen, erkranken, sterben 등이다. 이들은 daran, dass-구문과 어울리지 않는데, 그 이유는 전치사 an을 뒤따르는 명사구를 dass-절이 대신하지 못하기 때문인 것으로 풀이된다. 이 동사들과 함께 하는 명사는 주로 병명 등 대상을 가리키기 때문이다. 이런 까닭에 daran, dass-구문에 전적으로 의지하여 동사목록을 추출하기보다는 추가적인 구문을 활용하는 것이 바람직하다. 보충어 기능을 하는 an-전치사구를 추출하는 데 있어 유용성이 높은 구문은 'woran'으로 시작하는 간접의문문과 앞에서도 논의한 바가 있는 자유관계문이다. 다음 예를 살펴보자.

(66)
Wir wissen nicht genau, ⟨woran er erkrankt⟩ ist.
⟨Woran es ihr mangelt⟩, ist die gesellschaftliche und politische Wirksamkeit.
Machen wir lieber etwas, ⟨woran die Leute sterben⟩.
⟨Woran es vollkommen fehlt⟩, ist die inhaltliche Auseinandersetzung mit diesem Land.
⟨Woran sie sich erinnerte⟩ war, dass der Junge ausgesprochen musikalisch war.

이 중에서 첫 번째 용례는 간접의문문이고, 나머지 용례들은 선행사가 없는 자유관계문이다. 여기에서 daran, dass-구문에는 나타나지 않은 동사들이 an-전치사구와 함께 쓰이고 있음을 볼 수 있다. 아래에 'woran'-구문에서 추출한 동사 목록 25개가 제시된다.

[표 56] woran-구문의 동사 목록

동사	빈도	동사	빈도
liegen	308	fehlen	14
erkennen	234	sehen	14
denken	55	machen	13
glauben	54	kranken	10
erinnern	41	leiden	9
scheitern	34	festhalten	8
arbeiten	29	messen	8
sterben	26	anknüpfen	5
merken	25	hapern	5
halten	17	festmachen	4
mangeln	15	erkranken	4
hängen	15	teilnehmen	4
orientieren	14	hindern	3

이 목록에 포함된 동사들이 daran, dass-구문에 나타나는 동사들보다 쓰임의 폭이 넓다고 할 수 있다. 이 어휘목록도 용례를 통해 면밀히 검토 한 다음에 사용할 필요가 있다.

웹 코퍼스를 독일어 교육에 활용할 수 있는 다섯 번째 사례는 주어와 동 사의 일치관계에 관한 것이다.

(67)

a. 264383: 〈text_id fiktion〉: Ob es längst vergessene Bilder, Gedanken oder Seelen sind, die Europa bevölkern, 〈entweder alles oder nichts〉 hat sich in die Körper der Lebenden gefressen und spukt darin herum.

b. 3794375: 〈text_id fiktion〉: 〈Entweder ich oder dein PC〉 entscheide dich.

c. 6461967: 〈text_id fiktion〉: 〈Entweder das, oder wir〉 zerstören ihr Schiff!

d. 41044421: ⟨text_id politik⟩: ⟨Entweder Ministerpräsidentin oder Landflucht⟩ scheinen die Konsequenzen ihrer kurzen Piep-Show zu sein.

e. 83546168: ⟨text_id universum⟩: ⟨Entweder fehlt mir das Talent oder die Erfahrung⟩, ganz explizit aber die Lust!

용례들을 살펴보면, 명사 두 개가 *entweder*와 *oder*로 연결되어 명사구를 이루어서 주어 기능을 할 경우에 정동사와의 일치가 일관성을 보이지 않는 것처럼 보인다. 명사 둘이 모두 단수일 경우에는 명사구는 '단수' 혹은 '복수'로 간주되며, 둘 중 하나라도 복수일 경우에 명사구는 '복수'로 취급되어 정동사와 일치관계에 있게 된다. 그리고 특수한 경우로서 둘 중 하나라도 1인칭일 경우에는 정동사는 1인칭의 동사활용을 따른다. Durrell (2002 : 236)의 주장에 따르면 entweder-oder 명사구는 일반적으로 단수로 취급되는데, 정동사에 가까운 명사가 복수일 경우에는 예외적으로 복수로 간주된다. 이러한 주장을 뒷받침하는 예는 (67c)이지만, 바로 (67d)에 의해 이 주장이 반박된다.

이제 weder-noch 명사구에 대해 검토해 보자.

(68)

315021: ⟨text_id fiktion⟩: ⟨Weder die Augen, noch das Messer⟩ wurden gefunden, nur der Stein, durch den sie in den Tod befördert wurde.

928874: ⟨text_id fiktion⟩: ⟨Weder die fernen Geräusche des dörflichen Lebens oder der Straße noch irgendein typischer Laut des Waldes⟩ war zu hören.

1605073: ⟨text_id fiktion⟩: ⟨Weder Kant noch⟩ Hegel ist so beizukommen.

1605117: ⟨text_id fiktion⟩: ⟨Weder Sprache noch⟩ Sinn sind selbst Systeme.

7463215: ⟨text_id fiktion⟩: ⟨Weder die besten Clowns noch die berühmtesten Ärzte⟩ konnten sie heilen.

이 예들을 근거로 판단할 때, 명사 두 개가 *weder*와 *noch*로 연결되어 명사구를 이루어서 주어 기능을 할 경우에 정동사와의 일치관계에 있어 규칙성이 있어 보이지 않는다. 명사 둘 중 하나라도 복수일 경우에 명사구는 '복수'나 '단수'로 취급되어 정동사와 일치관계에 있게 된다. 또한 둘 다 단수일 경우에도 명사구는 '단수' 혹은 '복수'로 간주된다. 그리고 둘 다 복수일 경우에 명사구는 '복수'로 간주된다. Durrell(2002 : 237)도 *weder*와 *noch*로 연결된 명사구가 단수나 복수로 취급된다고 주장한다.

이제는 명사 두 개가 *sowohl*과 *als auch*로 연결되는 경우에 대해 살펴보자.

(69)

1574426: ⟨text_id fiktion⟩: ⟨Sowohl die Geschichtsschreibung als auch die Dichtung⟩ hat nach Herder diesen Gesetzesgang abzubilden.

18819255: ⟨text_id gesundheit⟩: ⟨Sowohl die Wahl der Therapieform als auch die Qualität der Behandlung⟩ spielen eine Rolle.

29615288: ⟨text_id kultur⟩: ⟨Sowohl die Strahlen der Gnade als auch⟩ die ernste Würde der Regierung sind ihrem Wesen nach göttlichen Ursprungs.

69504169: ⟨text_id wissenschaft⟩: ⟨Sowohl die Stromimporte als auch die Stromexporte⟩ stiegen um etwa 10 Prozent.

이 용례들을 보면, 구문 안의 명사가 두 개 모두 단수일 경우에 명사구는 단수로도 복수로도 간주된다는 것을 알 수 있다. 다만, 더 많은 용례를 살펴보면 명사구가 주로 복수로 쓰이는 것을 확인하게 된다. 명사구 안의 명사중 하나라도 복수일 경우에 그 명사구는 복수로 여겨진다. 그런데

Durrell(2002 : 236)에서는 *sowohl~als auch* 구문이 단수로 쓰인다고 주장하는데, 이 주장은 타당하지 않다.

주어와 정동사의 일치문제와 관련하여 백분율을 표현하는 *Prozent*-명사구가 단수로 간주되는가 아니면 복수로 간주되는가도 흥미로운 질문이다. 다음 예를 살펴보자.

(70)

18495170: 〈text_id gesundheit〉: 〈0,1 bis ein Prozent〉 *versterben* wegen eines außergewöhnlich schweren Verlaufs.

18495181: 〈text_id gesundheit〉: 〈0,5 bis 2 Prozent〉 der Bevölkerung *haben* eine chronische Mittelohrentzündung.

21311801: 〈text_id gesundheit〉: Studien zufolge *sind* etwa 〈0.1 bis 0.3 Prozent〉 der Bevölkerung betroffen.

61881340: 〈text_id wirtschaft〉: 〈0,1 Prozent〉 des Betrages, mindestens aber 5,50 Euro *sind* für Überweisungen auf ausländische Postbankkonten fällig.

100997861: 〈text_id universum〉: Jeweils etwa 〈0,5 Prozent〉, so das Ziel des DFB, *sollen* den Sprung in einen Lizenzverein der Bundesliga schaffen.

이 용례들에서 확인할 수 있듯이, *Prozent*-명사구는 일관되게 복수로 간주되어 정동사와 일치관계를 이룬다.

이 절에서 우리는 통합코퍼스 GLOW를 활용하여 연구를 할 수 있는 여러 가지 주제들과 작업방법에 대해 논의를 하고, 독일어 교육과정에서 자주 문제로 제기되는 몇 가지 문법현상에 대해 검토했다.

4.3 분석대상 어휘목록 선정

이 절에서는 앞으로의 논의를 위해 필요한 어휘목록을 정하는 것이 매우 중요하기 때문에 그 절차와 선정결과에 대해 기술하고자 한다.13) 제5장부터 제13장까지는 동사, 명사와 부사 중심의 연어관계와 동사, 명사 및 형용사의 다의성에 대한 논의가 이루어진다. 부사의 경우 별도로 목록을 만들지 않고 이민행(2011)에 정리된 양태부사 목록을 활용하기로 한다.

다의성 연구를 위한 어휘들의 선정절차는 다음과 같은 몇 단계로 구성된다.

첫 단계, 웹 코퍼스 GLOW로부터 동사, 명사 및 형용사에 속하는 어휘들에 대해 출현빈도를 1차 기준으로 삼아 품사별로 상위빈도 800개의 어휘목록을 정한다.14)

두 번째 단계, 품사별 어휘목록을 GermaNet 6.0의 각 품사 어휘목록과 비교하여 두 목록의 교집합이 되는 어휘들을 추출한다.

세 번째 단계, 품사별 어휘목록에 속한 개별 어휘들을 살펴보아 다의성을 보이는 부분집합 목록을 역시 품사별로 작성한다.

네 번째 단계, 품사별로 세 번째 단계에서 추출된 목록에 속한 어휘들 중 GLOW의 빈도순위 상위 300개를 추출하여 최종적으로 각 품사의 분석어휘목록을 확정한다.

이처럼 네 단계의 추출 및 선정과정을 거쳐 얻은 목록 중 품사별로 30개씩만 제시하면 다음 표와 같다.

---

13) 어휘의 선정과정에서 통합코퍼스 GLOW를 사용하기 때문에 이 작업도 넓은 의미에서 "코퍼스의 활용"에 속한다고 판단하여 제4장에 넣어 논의를 한다.
14) 모든 어휘가 다의성을 보이는 것은 아니기 때문에 우선 품사별로 800개 어휘로부터 선정작업을 시작하여, 품사마다 최종 300개 어휘를 선정하는 것이 합리적이다.

[표 56] 분석대상 어휘목록의 일부

동사	명사	형용사
abgeben	Abschluß	abgelaufen
ablehnen	Aktivität	abhängig
abschließen	Alternative	abschließend
akzeptieren	Amt	absolut
anbieten	Analyse	acht
anfangen	Anfang	aktiv
ankommen	Anforderung	alltäglich
annehmen	Angebot	alt
ansehen	Angriff	analog
anwenden	Anlage	anerkannt
arbeiten	Anlaß	angenehm
aufbauen	Ansatz	anregend
aufnehmen	Ansicht	ansprechend
auftreten	Anteil	arbeitslos
ausgehen	Antrag	arm
auslösen	Antwort	ästhetisch
ausschließen	Anwendung	astronomisch
aussehen	Arbeit	attraktiv
bauen	Arbeitsplatz	auffällig
bedeuten	Art	aufmerksam
beeinflussen	Artikel	aufwendig
befassen	Aufbau	außergewöhnlich
befinden	Auffassung	barock
begegnen	Aufgabe	beachtlich
beginnen	Aufnahme	bekannt
begleiten	Auftrag	belastet
begründen	Ausdruck	bemerkenswert
begrüßen	Auseinandersetzung	beruflich
behandeln	Ausgabe	berühmt
behaupten	Aussage	bescheiden

이 목록은 알파벳순으로 정렬된 자료 중에서 품사별로 앞에 위치한 30개를 선택한 결과이다.

다음 작업으로서 동사, 명사 및 형용사의 다의성 연구에 필요한 용례를 추출하기 위하여 GLOW 시스템에서 사용가능한 일괄처리(batch) 파일을 품사별로 실행시킨다. 일괄처리 파일 중 하나의 내용을 일부만 보이면 다음과 같다.

(71) 동사의 일괄처리 파일 "batchVERB300.txt"의 내용 일부

```
GLOW;
set PrintStructures "text_id";
set context 1 s;
T=[lemma="bringen"];
reduce T to 500;
cat T;
T=[lemma="finden"];
reduce T to 500;
cat T;
T=[lemma="geben"];
reduce T to 500;
cat T;
T=[lemma="gehen"];
reduce T to 500;
cat T;
T=[lemma="machen"];
reduce T to 500;
cat T;
......
```

이 파일을 살펴보면, 첫 줄에 코퍼스 GLOW를 활성화하라는 지시문이 보인다. 이어 주제영역(text_id)에 대한 정보도 함께 출력하라는 명령과 검

색문맥을 한 문장(s)으로 한정하라는 명령이 뒤따른다. 넷째 줄과 다섯째 줄에는 'bringen'을 기본형(lemma)으로 갖는 어휘들이 포함된 문장들을 검색하여 출력하라는 지시들이 이어진다. 넷째 줄과 다섯째 줄의 명령은 속성 lemma 뒤의 값만 달리해서 499회 반복된다. 검색결과의 최종 출력은 검색엔진 밖의 명령줄(command line)에서 실행되는 명령어에 의해 파일 "concVerb300.txt"에 저장된다.

(72) cqp -r registry -f batchVerb300.txt 〉 concVerb300.txt &

용례파일 "concVerb300.txt"의 내용을 일부만 보이면 다음과 같다.

(73)
7624577: 〈text_id fiktion〉: Nach drei Jahren 〈brachte〉 Louis eine Feder mit.
7667335: 〈text_id fiktion〉: Um sie zu befreien, wird sie in die Klinik des Dr. Love 〈gebracht〉.
7676179: 〈text_id fiktion〉: Verne 〈bringt〉 ihn auf die Idee, einen Geld-Baum anzupflanzen, was Jules zum reichen, beliebten Kind in der Schule macht.
7965070: 〈text_id freizeit〉: Gleichzeitig 〈bringen〉 Sie auf diese Weise Ihr vegetatives Nervensystem rasch wieder ins Gleichgewicht.
9346305: 〈text_id freizeit〉: Dies galt auch für Taxifahrer, welche uns in das angrenzende Städtchen 〈brachten〉.

여기에 제시된 용례들은 주제영역 〈fiktion〉과 〈freizeit〉에 속하는 것들이다. 주제영역을 살핌으로써 어휘의 다의성을 보다 잘 포착할 수 있을 것으로 생각된다.

마찬가지 방식으로 명사와 형용사에 대해서도 일괄처리 파일을 만들어 명령라인에서 실행한 후에 용례를 추출하면 된다. 이 용례들을 하나씩 분석하여 어휘들의 다의성에 대한 유형론적인 연구를 수행하는 것이 제9장부터 제13장까지의 과제이다.

이 절에서는 동사, 명사 및 형용사 어휘 각 300개를 선정하고 일괄처리 파일을 이용하여 용례를 추출하는 방법에 대해 논의를 했다.

제4장의 내용요약

이 장에서는 슬로건 코퍼스 GLOS와 통합코퍼스 GLOW를 활용하여 언어학적으로 유의미한 연구를 수행할 수 있는 여러 가지 방법을 소개했다. 여기에는 시대별 슬로건 간의 유사도 측정 방법과 주제영역 간의 유사도 측정 방법 등이 속한다. 또한 *warnen-vor-NP*-구문과 어휘군 간의 상호작용 및 전장-과거분사-구문과 동사군 간의 상호작용에 대해서도 논의를 했다. 그리고 제 4.3절에서는 연어관계와 다의성 연구에 필요한 분석대상 어휘 900개를 선정하는 방법과 해당 용례를 추출하는 방법에 대해 정리했다.

제5장 연어관계의 유형론 및 접근방법

5.1 연어관계의 정의 및 유형론

이 절에서는 연어관계에 대한 통계적인 접근 방법을 소개하고, 이어지는 논의에서는 분석대상이 되는 연어관계의 유형들에 대해 기술한다. Firth와 Sinclair의 전통을 따라서 Evert는 연어관계를 "서로 가까이 위치하려는 경향을 보이는 두 어휘의 결합"으로 정의한다(Evert 2004 : 1215) :

> Following the Firthian tradition(e.g. Sinclair 1991), we define a collocation as a combination of two words that exhibit a tendency to occur near each other in natural language, i.e. to cooccur.

연어관계에 관한 다양한 정의가 있지만, 본 연구에서는 코퍼스를 토대로 연어관계를 추출하고 분석하는 것을 목표로 하기 때문에 통계적으로 측정가능한 정의를 수용하고자 한다. 때문에 연어관계의 논의에 있어서, 위 정의에 포함된 "서로 가까이 위치하는 경향성"을 통계적인 도구를 이용하여 어떻게 포착할 수 있는 가가 중요한 이슈가 된다.

이제 여기서 다루고자 하는 연어관계의 유형에 대해 논의하자. 영어 연어사전으로 널리 알려진 BBI(Benson/Benson/Ilson 1986)에서는 문법적 연어관계(grammatical collocation)과 어휘적 연어관계(lexical collocation)을 구분한다. 문법적인 연어관계에 있는 어구의 경우, 연어핵(node)이라고 불리는 지배적인 어휘와 전치사로 구성되거나, 지배적인 어휘와 문법적인 구문으로 구성될 수 있는데, 부정사구나 절이 문법적인 구문에 속하는 예들이다. 반면, 어휘적인 연어관계를 나타내는 어구의 경우, 전치사, 부정사구나 절을 포함하지 않으며 순전히 어휘적인 차원에서 명사, 동사, 형용사 및 부사로 구성된다.[1]

이러한 BBI의 유형론적 개념을 사용하여, 본 연구에서는 어휘적 연어관계 가운데 동사나 명사 그리고 부사가 연어핵의 기능을 하는 연어관계들에 대해 살펴보려고 한다. 동사중심의 연어관계로서는 동사와 명사 간의 연어관계에 대해 분석을 시도하는데, 이 경우 연어핵의 기능을 하는 동사와 문법적으로 직접목적어 기능을 갖는 명사 간의 연어관계를 다룬다. 명사중심의 연어관계로서는 연어핵인 명사와 그 명사를 수식하는 부가어적 형용사 간의 연어관계를 연구하며, 부사중심의 연어관계로서는 연어핵인 양태부사와 완전동사 간의 연어관계를 분석한다.

---

1) 원문에는 두 유형의 연어관계가 다음과 같이 정의되어 있다(Benson/Benson/Ilson 1986).

A grammatical collocation is a phrase consisting of a dominant word (noun, adjective, verb) and a preposition or grammatical structure such as an infinitive or clause. (p. xv)

Lexical collocations, in contrast to grammatical collocations, normally do not contain prepositions, infinitives or clauses. Typical lexical collocations consist of nouns, verbs, adjectives and adverbs. (p. xxx)

5.2 코퍼스언어학적 접근

앞 절에서 논의한 바와 같이, 특정 어휘들이 상호 간에 연어관계를 갖는 가의 여부는 그것들이 텍스트상에서 가까이 위치하는 경향성을 우연 이상으로 나타내는가의 여부에 의해 결정된다. 때문에 이러한 경향성을 측정하기 위해서, 연구자는 문제가 되는 어휘들이 출현하는 빈도를 토대로 연어관계의 정도를 측정하게 된다.[2]

어휘와 어휘 간의 상관관계 혹은 구문과 어휘 간의 상관관계를 측정하기 위해 사용되는 통계측정 도구로서의 연관성측도(Assoziationsmaß)에는 Fisher-Yates-Test 값과 t-값(t-score), 상호정보값(mutual information score), 카이제곱값(chi-square score) 및 로그가능도 비율(log-likelihood ratio)[3](Dunning 1993) 등이 있다. 이 중에서 가장 많이 사용되고 신뢰성이 높은 것[4]으로 평가받는 연관성측도는 로그가능도 비율(log-likelihood ratio)로서, 베를린 학술원에서 운영하는 DWDS 코퍼스의 웹사이트(http://www. dwds.de/)나 만하임 독일어연구소 연구소의 코퍼스 COSMAS-II에서 어휘 간의 연어관계를 제시할 때도 이용하는 측도이다. 로그가능도 비율은 다른 연관성측도와 마찬가지로 열과 행이 각각 둘(2x2)인 분할표(contigency table)를 토대로 값을 구한다. 아래의 [표 1]은 네 개의 셀 안에 관찰값을 입력할 수 있는 분할표이다(Evert 2004 : 76).

---

2) 로그가능도의 개념 및 계산과정에 대한 서술은 이민행(2009)에서의 논의를 토대로 한다.

3) 통계학 용어의 번역에 대해서는 한국통계학회의 웹사이트(http://www.kss.or.kr/)를 참조. 한국어 연어관계를 연구한 홍종선 외(2001)에서는 t-값과 상호정보값을 이용하고 있다.

4) Evert(2004 : 112) 참조.
"Numerical simulation shows that log-likelihood is much more conservative than chi-squared and gives an excellent approximation to the exact p-values of the Fisher measure. Therefore, it has generally been accepted as an accurate and convenient standard measure for the significance of association."

[표 1] 분할표

	$V = v$	$V \neq v$	
$U = u$	O_{11}	O_{12}	$= R_1$
$U \neq u$	O_{21}	O_{22}	$= R_2$
	$= C_1$	$= C_2$	$= N$

예를 들어 우리가 다음 장에서 논의하게 될 명사 Anteil을 핵어로 하는 "부가어적 형용사+Anteil 구문"과 관련하여 코퍼스 GLOW로부터 추출한 데이터를 살펴보면, 이 구문의 출현빈도가 11,838이고, 이 구문 내에 형용사 "hoch"가 출현하는 빈도는 799이다. 코퍼스 전체의 구문빈도는 6,475,143이고 코퍼스 전체에 형용사 "hoch"가 출현하는 빈도는 66,768이다. 구체적인 분석대상 구문을 u로, 그 구문에 나타나는 어휘 "hoch"를 v로 설정하고서, 이 데이터들을 위의 [표 1]에 대입하면 일차적으로 다음 [표 2]와 같은 분할표가 얻어진다.

[표 2] 분할표의 사례

	$V = v$	$V \neq v$	
$U = u$	799 $(=O_{11})$	O_{12}	11838 $(=R_1)$
$U \neq u$	O_{21}	O_{22}	R_2
	66768 $(=C_1)$	C_2	6475143 $(=N)$

위의 표에서 셀 O_{11}에 대입된 숫자는 형용사 "hoch"가 "부가어적 형용사+Anteil 구문"에 출현하는 빈도를 의미하고 아직 비어 있는 셀 O_{12}에 대

입될 숫자는 "부가어적 형용사+Anteil 구문"에 출현하는 형용사 중에서
형용사 "hoch"를 제외한 빈도를 의미한다. 아래 (1)에 제시된 여섯 가지
수식을 적용하여, 위 표의 비어있는 셀 안에 값을 모두 채워 넣을 수 있는
데, 그 결과는 [표 3]과 같다.[5]

(1)
a. $O_{11} + O_{12} = R_1$
b. $O_{21} + O_{22} = R_2$
c. $O_{11} + O_{21} = C_1$
d. $O_{12} + O_{22} = C_2$
e. $C_1 + C_2 = N$
f. $R_1 + R_2 = N$

[표 3] 관찰값

	V = v	V ≠ v	
U = u	799 ($= O_{11}$)	11039 ($= O_{12}$)	11838 ($= R_1$)
U ≠ u	65969 ($= O_{21}$)	6397336 ($= O_{22}$)	6463305 ($= R_2$)
	66768 ($= C_1$)	6408375 ($= C_2$)	6475143 ($= N$)

위 [표 3]의 관찰 값을 토대로 하여 각 셀의 기댓값을 구하는 식은 아래
의 표 (5)에 제시되어 있다.

---

5) 본문의 [표 3]에 제시된 값들을 이용하여 웹사이트 http://corpora.lancs.ac.uk/sigtest/
에서 로그가능도를 계산해 볼 수 있다.

[표 4] 기댓값

	$V = v$	$V \neq v$
$U = u$	$E_{11} = \dfrac{R_1 C_1}{N}$	$E_{12} = \dfrac{R_1 C_2}{N}$
$U \neq u$	$E_{21} = \dfrac{R_2 C_1}{N}$	$E_{22} = \dfrac{R_2 C_2}{N}$

이 표에 의거하여 [표 3]의 관찰값에 대한 각 셀의 기댓값을 계산한 결과는 아래의 [표 5]와 같다.

[표 5] 관찰값–기댓값 비율

	$V = v$	$V \neq v$
$U = u$	122.066738 ($=E_{11}$)	11714.9333 ($=E_{12}$)
$U \neq u$	66645.9333 ($=E_{21}$)	6399653e+7 ($=E_{22}$)

이처럼 관찰값과 기댓값이 구해지면 이를 기반으로 로그가능도 비율을 구할 수가 있는데, 이 비율은 다음 (2)에 제시된 함수를 계산한 결과값이다(Evert 2004 : 83).

(2)

$$\text{log-likelihood} = 2 \sum_{ij} O_{ij} \log \frac{O_{ij}}{E_{ij}}$$

이 수식은 각 셀의 관찰값(O_{ij})을 그 셀의 기댓값(E_{ij})으로 나눈 값에 자연로그[6]를 씌워 얻은 결과값에 다시 그 셀의 관찰값을 곱하는 방법으로 먼저 네 개의 셀에 대한 값을 모두 구한 후에 네 가지 결과값을 더한 합계에 다시 2배를 하면 로그가능도(log-likelihood) 비율이 얻어진다는 의미를 표현하고 있다. 우리의 예에서, 이런 다단계 연산 과정을 거쳐 얻어진 "Anteil"-구문과 형용사 "hoch" 간의 로그가능도 비율은 "1695.3037388" 이다.

동일한 관찰값을 토대로 이제까지 기술한 바 로그가능도 비율 외에도 카이제곱(Chi-square) 비율도 계산할 수가 있는데 형용사 "hoch"가 "부가어적 형용사+Anteil"-구문에 나타나는 비율은 "3800.0606621"로서 형용사 "prozentual"이 이 구문에 나타나는 카이제곱 비율인 "8663.4744405"보다 낮아서 "hoch"가 공연강도 2위를 차지한다. 반면, 로그가능도 비율은 형용사 "hoch"가 가장 높고, "prozentual"이 그 2위를 차지한다.

두 측도의 비교를 위해 아래의 표를 통해 이 구문에 나타나는 두 형용사의 로그가능도 비율과 카이제곱 비율을 보여준다.

[표 6] 로그가능도와 카이제곱 값의 비교

측도	순위	어휘	코퍼스 빈도	관찰값 (obs.freq)	기대값 (exp.freq)	충실도 (faith)	관계 (relation)	공연강도 (coll.strength)
로그 가능도	1	hoch	66768	799	122.07	0.0120	attraction	1695.3037388
	2	prozentual	491	89	0.90	0.1813	attraction	659.5316331
카이 제곱	1	prozentual	491	89	0.90	0.1813	attraction	8663.4744405
	2	hoch	66768	799	122.07	0.0120	attraction	3800.0606621

이처럼 어떤 측도를 사용하느냐에 따라 연어관계를 이루는 어휘 간의 공연강도가 차이를 보일 수 있는데, 이러한 차이가 유발되는 원인은 각 측

---

6) 중요한 수학 함수의 하나인 로그(Log)는 Logarithm의 약자로서, 기반(Base)이 10인 로그를 상용로그라 하고, 기반이 e(오일러 상수 : 약 2.718)인 로그를 자연로그라 한다. 자연로그를 기호로는 ln으로 표기하며 ln(2.7188)=1.000... , ln(20)=2.995...이다.

도에서 사용하는 공식이 상이한 데서 비롯된다.[7]

연어관계를 통계적으로 검증하기 위해 사용하는 로그가능도 비율과 같은 연관성 측도를 산출하기 위한 과정은 몇 단계로 이루어지는데 이를 정리하면 다음과 같다.

(3)
첫째, 분석하고자 하는 연어핵 목록을 작성한다.
둘째, 연어핵이 되는 어휘들의 출현빈도를 코퍼스로부터 추출한다.
셋째, 각 연어핵에 대해 연어변의 역할을 하는 어휘들의 절대 출현빈도와 상대 출현빈도를 코퍼스로부터 추출한다.
넷째, 어휘들의 출현빈도 쌍을 기초자료로 하여 R-스크립트를 실행시킴으로써 연관성 측도를 산출한다.

이렇게 연어핵의 기능을 하는 어휘별로 연어변들의 연관성 측도를 산출한 결과를 어휘의미론적인 관점에서 해석하기 위해 게르마넷(GermaNet)과 같은 어휘의미망의 의미분류 체계를 사용함으로써 일정 수준에서 해석의 객관성을 확보할 수 있다.

이 장에서는 연어관계의 유형을 BBI의 제안을 받아들여 '문법적 연어관계'와 '어휘적 연어관계'로 이원분류하고, 이 저술에서의 연구범위를 한정하여 어휘적 연어관계를 연구대상으로 삼기로 했다. 연구방법론으로는 통계에 기반한 코퍼스언어학적인 접근방법을 택했다. 통계적인 연구를 위해서는 연어관계를 이루는 것으로 추측되는 잠재적인 어휘들이 코퍼스 내에 출현하는 빈도데이터를 구해야 하는데, 이 연구에서는 이미 널리 활용되고 있는 로그가능도 비율(Log-likelihood ratio)을 독일어의 연어연구에 활용하기로 결정했다. 이 절에서는 빈도데이터가 주어져 있을 때에 어떠한 과정을 거쳐 로그가능도 비율을 산출하는지를 단계별로 제시했다.

---

7) 여러 측도 간의 차이에 대해서는 Manning/Schütze(1999)을 참고하면 좋다.

제6장 동사중심의 연어관계

이 장에서는 동사를 연어핵으로 하고 명사를 연어변으로 하는 연어관계에 대해 살펴본다. 이러한 연어관계를 나타내는 어휘연속체가 구문상으로 NN-VV의 결합이거나 P-NN-VV의 결합일 수 있다. 여기서는 게르마넷 (GermaNet)의 의미분류에 따라 변동동사부류에 속하면서 통사적으로는 타동사로 쓰이는 동사 20개가 어떤 명사들을 목적어로 취하는지를 코퍼스언어학적인 분석방법론을 이용하여 기술하고자 한다.

6.1 분석 동사 목록

다음 세 가지 조건을 기준으로 삼아 동사들을 선별한다.
첫째, 게르마넷(GermaNet)의 의미분류에 따라 변동동사부류에 속한다.
둘째, 코퍼스 GLOW 내에서 출현빈도 순위가 상위에 속한다.
셋째, 통사적으로는 타동사로 쓰이면서 명사를 목적어로 취한다.[1]

---

1) '타동사'의 개념을 넓게 잡아 전치사격 보충어를 취하는 동사들도 포함시키기로 한다.

위의 첫째와 둘째 조건을 충족하는 동사들을 출현빈도와 함께 제시하면
[표 1]과 같다.

[표 1] 변동동사의 출현빈도 순위

순위	동사	빈도	순위	동사	빈도
1	kommen	150735	26	enthalten	15029
2	machen	145797	27	steigen	14861
3	gehen	126280	28	ändern	14654
4	lassen	107581	29	fallen	14397
5	stellen	70087	30	sterben	13833
6	zeigen	57064	31	fördern	13534
7	halten	50475	32	verbinden	13091
8	tun	47589	33	aufnehmen	13016
9	beginnen	34532	34	feststellen	12615
10	entstehen	28861	35	behandeln	12257
11	bieten	28008	36	richten	12127
12	entwickeln	27823	37	verändern	11880
13	tragen	25812	38	lösen	11094
14	treten	21799	39	beziehen	11055
15	bilden	20574	40	erhöhen	10993
16	legen	20506	41	hängen	10916
17	laufen	19905	42	erfüllen	10915
18	gewinnen	19228	43	stimmen	10738
19	verlieren	19093	44	wachsen	10539
20	ergeben	17582	45	annehmen	10511
21	ziehen	17518	46	ausgehen	10103
22	schließen	17492	47	passieren	10095
23	einsetzen	17230	48	beschließen	10091
24	wirken	16943	49	verbessern	9800
25	fehlen	16514	50	unterscheiden	9508

세 번째 조건에 따라 동사 50개 가운데 타동성이 강한 동사 20개를 선별했으며, 이들을 나열하면 다음과 같다.

(1)

ändern	aufnehmen	behandeln	bieten
bilden	enthalten	entwickeln	erfüllen
ergeben	erhöhen	fördern	gewinnen
lösen	schließen	tragen	unterscheiden
verbessern	verbinden	verlieren	ziehen

이제 몇 가지 용례를 통해 동사와 명사 간의 연어관계를 살펴보자.

(2)

65416260: ⟨text_id wirtschaft⟩: Sinneswandel heißt , seine ⟨Haltung zu ändern⟩ , nachdem eine Entscheidung getroffen wurde .

46240553: ⟨text_id religion⟩: Falls wir Ihr Interesse geweckt haben , können Sie gerne mit uns ⟨Kontakt aufnehmen⟩ .

87404006: ⟨text_id universum⟩: Und sie hatte gute Aussichten , die ⟨Beitrittskriterien schnell erfüllen⟩ zu können .

39255938: ⟨text_id politik⟩: Eines meiner Hauptanliegen ist es dabei , dafür ⟨Sorge zu tragen⟩ , dass die nationalen Haushaltsnotwendigkeiten auch auf europäischer Ebene ihren Niederschlag finden .

38850517: ⟨text_id politik⟩: Außerdem sei es wichtig , die ⟨Rahmenbedingungen zu verbessern⟩ , um den Eltern die Entscheidung für ein behindertes Kind zu erleichtern .

위 용례들은 각 동사와 비교적 자주 한 문장 내에 나타나는 명사들을 보여주고 있다. 명사 Haltung은 동사 ändern과, 명사 Kontakt는 동사 aufnehmen과, 명사 Kriterium은 동사 erfüllen과, 명사 Sorge는 동사

tragen과 그리고 명사 Bedingung은 동사 verbessern과 공기하는 빈도가 높다. 이러한 사실을 통계적으로 검증하고자 하는 것이 이 장의 목적이다.

6.2 빈도 데이터 산출

앞 절에서 논의한 바와 같이 분석하고자 하는 연어핵 목록을 작성하고 이 어휘들의 출현빈도를 코퍼스로부터 추출한 다음에는 각 연어핵에 대해 연어변의 역할을 하는 어휘들의 출현빈도를 코퍼스로부터 추출하는 과정이 뒤따른다. 예를 들어 위의 (1)에 나열된 연어핵 동사 중 가장 앞에 위치한 동사 ändern과 연어관계를 이루는 명사들, 곧 연어변 어휘들을 코퍼스로부터 찾아내기 위해 다음과 같은 검색식을 사용하면 된다.

```
(3)
A = [lemma="ändern" & pos="VV.*"];
set A target nearest [pos="NN.*"] within left 3 word from match;
group A target lemma by match lemma cut 10 > "freqVc14collo-
glow.txt";
cat A > "concVc14collo-glow.txt";
```

이 검색식은 종속절, 부사절 혹은 zu-부정사 구문 등 후치구문을 염두에 두고 작성한 것이다. 이 검색식에 의해 연어핵 동사를 기준으로 왼편에 위치하는 명사들 중 동사와 가장 가까이 위치한 명사들이 추출되는데, 명사와 동사사이에는 명사와 완전동사이외의 품사를 가진 어휘들이 최대 2개까지 끼어들 수 있다. 검색결과 중에서 빈도를 산출한 결과는 "freqVc14 collo-glow.txt" 파일에 저장되고 용례를 추출한 결과는 "concVc14collo-glow.txt" 파일에 저장된다.

CQP 검색엔진에 코퍼스 GLOW를 탑재하여 검색식을 실행시키면, 다음의 [표 2]와 같은 빈도데이터를 얻는다.

[표 2] 동사 ändern의 연어변 목록

명사	빈도
Meinung	136
Wunsch	113
Kritik	70
Thema	61
Bedenken	59
Weise	40
Frage	40
Zweifel	27
Jahr	26
Vermutung	25
....	

이처럼 각 동사와 공기하는 명사들을 추출하기 위해서 위 (3)과 같은 검색식을 세워 실행시켜야 하는데, 아래 (4)와 같은 매크로 파일을 만들어 사용할 경우 단 한번만 실행시켜 원하는 결과를 얻을 수 있기 때문에 매우 효율적이다.

(4) 매크로 파일 "macVc14_collo.txt"
```
GLOW;
set PrintStructures "text_id";
set context 1 s;
A = [lemma="ändern" & pos="VV.*"];
set A target nearest [pos="NN.*"] within left 3 word from match;
group A target lemma by match lemma cut 10 > "freqVc14collo-glow.txt";
```

```
cat A 〉 "concVc14collo-glow.txt";
A = [lemma="aufnehmen" & pos="VV.*"];
set A target nearest [pos="NN.*"] within left 3 word from match;
group A target lemma by match lemma cut 10 〉〉 "freqVc14collo-
glow.txt";
cat A 〉〉 "concVc14collo-glow.txt";
A = [lemma="behandeln" & pos="VV.*"];
set A target nearest [pos="NN.*"] within left 3 word from match;
group A target lemma by match lemma cut 10 〉〉 "freqVc14collo-
glow.txt";
cat A 〉〉 "concVc14collo-glow.txt";
A = [lemma="bieten" & pos="VV.*"];
set A target nearest [pos="NN.*"] within left 3 word from match;
group A target lemma by match lemma cut 10 〉〉 "freqVc14collo-
glow.txt";
cat A 〉〉 "concVc14collo-glow.txt";
A = [lemma="bilden" & pos="VV.*"];
set A target nearest [pos="NN.*"] within left 3 word from match;
group A target lemma by match lemma cut 10 〉〉 "freqVc14collo-
glow.txt";
cat A 〉〉 "concVc14collo-glow.txt";
```

....

일반적으로 매크로 파일의 첫 줄에는 탑재하고자 하는 코퍼스의 명칭을 넣고 ';'으로 마무리한다. 둘째 줄은 용례를 추출할 때 텍스트의 종류 "text_id"에 대한 정보를 함께 추출할 목적으로 작성된 것이다. 셋째 줄도 용례추출과 관련되는 것으로서 이 검색식에 의해 문맥의 범위를 문장 하나로 제한된다. 이 검색식을 실행하여 얻는 용례 가운데 하나가 앞 절에서 논의한 바 있는 (2)에 제시된 예들이다. 매크로 파일을 실행하는 작업은 도스의 명령라인에서 수행된다. 이때 필요한 명령은 다음과 같다.

(5) cqp -r registry -f macVc14_colloFreq.txt &

이 명령식은 검색시스템 CQP를 구동하여 매크로 파일 "macVc14_collo Freq.txt"에 정리된 명령을 순차적으로 실행하라는 의미를 담고 있다. 매크로 파일을 실행한 결과 얻어진 빈도를 동사별로 상위 1위부터 3위까지 정리하면 다음과 같다.

[표 3] 변동동사와 연어변 출현빈도

동사	명사	빈도
ändern	Jahr	220
	Zeit	163
	Leben	136
aufnehmen	Kontakt	443
	Arbeit	393
	Nahrung	129
behandeln	Thema	169
	Antibiotikum	126
	Patient	112
bieten	Möglichkeit	358
	Jahr	161
	Gelegenheit	157
bilden	Schwerpunkt	246
	Ausnahme	245
	Abschluß	183
enthalten	Band	110
	Regelung	92
	Angabe	76
entwickeln	Jahr	404
	Konzept	211
	Strategie	160
erfüllen	Aufgabe	424

동사	명사	빈도
erfüllen	Voraussetzung	386
	Wunsch	269
ergeben	Untersuchung	282
	Jahr	156
	Sinn	118
erhöhen	Prozent	383
	Jahr	251
	Euro	193
fördern	Euro	196
	Land	146
	Kind	130
gewinnen	Bedeutung	568
	Wahl	246
	Spiel	204
lösen	Problem	1286
	Aufgabe	194
	Konflikt	151
schließen	Auge	259
	Jahr	213
	Lücke	192
tragen	Rechnung	1832
	Sorge	456
	Verantwortung	335
unterscheiden	Mensch	65
	Tier	41
	Gruppe	38
verbessern	Jahr	149
	Situation	123
	Mensch	94
verbinden	Risiko	113
	Kosten	96
	Mensch	72

동사	명사	빈도
verlieren	Auge	456
	Bedeutung	240
	Zeit	218
ziehen	Betracht	470
	Konsequenz	398
	Erwägung	323

이렇게 동사마다 한 문장 내에 인접해서 나타나는 명사들의 출현빈도를 토대로 하여 통계적으로 유의미한 연어관계를 산출하려면 이 명사들이 전체 코퍼스 내에서 출현한 빈도데이터가 필요하다. 이 데이터를 추출하기 위해서는 품사별로 전체 어휘의 출현빈도가 정리된 DB 파일이 필요하다. 이 DB 파일을 검색하여 각 어휘가 코퍼스 전체에서 얼마나 출현하는지를 확인할 수 있다. 이 과정에 Perl 스크립트를 활용하면 작업시간을 많이 줄일 수가 있는데 예를 들자면, 스크립트 getFreq.pl을 이용하여 동사 ändern의 잠재적인 연어명사들의 출현빈도를 한꺼번에 추출할 수 있다. 이를 위해 다음과 같은 명령식을 도스 창에서 실행시킨다.[2]

(6) perl getFreq.pl dbV-glow.txt listNaendern.txt 〉 freqNaendern.txt

이 명령식은 하나의 DB 파일과 어휘목록 파일을 대상으로 Perl 스크립트 getFreq.pl을 실행하고, 결과를 freqNaendern.txt이라는 파일에 저장하라는 의미를 가지고 있다. 결과파일의 일부 내용을 보이면 다음과 같다.

---

2) Perl 스크립트 'getFreq.pl'은 웹 사이트(http://www.smart21.kr/glow/)에서 다운받을 수 있다.

[표 4] 동사 ändern의 공기명사

명사	빈도
Jahr	232628
Zeit	94729
Leben	59261
Meinung	15174
Situation	22008
Gesetz	18748
Mensch	114700
Name	19711
Verhalten	9596
Zukunft	23572

이 데이터와 각 명사들이 한 문장 내에서 동사 ändern과 출현하는 빈도를 담은 파일을 통합한 다음에 명사별로 절대빈도와 상대빈도를 쌍으로 정리한 통합 빈도 파일을 준비하여 다음 단계로 넘어간다. 이해를 돕기 위해 "cTBaendern.txt"라는 이름을 가진 통합 파일의 일부를 제시한다.

[표 5] 절대빈도-상대빈도 쌍

lemma	freq1	freq2
Jahr	232628	220
Zeit	94729	163
Leben	59261	136
Meinung	15174	131
Situation	22008	113
Gesetz	18748	82
Mensch	114700	69
Name	19711	59
Verhalten	9596	57
Zukunft	23572	56

이와 같이 레마-절대빈도-상대빈도 형식으로 정리된 파일을 토대로 R-스크립트를 실행시켜 연관성 측도를 산출한다. 구체적인 절차에 대해서는 다음 절에서 논의한다.

6.3 동사와 명사들 간의 공연강도

이 절에서는 빈도 데이터 파일을 기초자료로 하여 동사와 명사들 간의 공연강도를 어떻게 구하는지 그 절차와 결과에 대해 살펴본다.3) 공연강도를 산출하기 위해 통계 프로그램 "R for Windows"를 활용하는데, 이를 위해 필요한 데이터는 세 가지이다. 하나는 전체 코퍼스의 규모이며, 이 규모는 코퍼스의 전체 어휘로 제시할 수도 있고, 전체 문장 수로 제시할 수도 있다. 여기서는 코퍼스 GLOW의 전제 문장수인 6,475,143을 이용하기로 한다. 두 번째는 분석대상인 구문의 출현빈도인데, 여기서는 연어핵의 기능을 하는 각 동사의 코퍼스 내 출현빈도로 대신한다. 세 번째는 앞서 논의한 바 잠재적인 연어 명사의 절대빈도와 상대빈도가 함께 정리되어 있는 통합빈도 파일이다. 세 가지 데이터를 토대로 R 프로그램을 이용하여 NN-VVändern 구문과 명사들 간의 공연강도를 구한 결과는 다음 (7)과 같다. 이 과정에서 연관성 측도로 '로그가능도 비율'을 사용한다.4)

---

3) 이 절에서는 지면관계상 의미부류 '변동동사'의 특성을 잘 보여주는 ändern, erfüllen, erhöhen, gewinnen, lösen 등 5개 동사의 연어관계에 대해서만 분석결과를 구체적으로 서술하고 나머지 15개 동사의 통계적인 산출 값인 공연강도에 대해서는 1위부터 20위까지 [부록 5]에 제시한다.

4) 공연강도를 구하기 위해 Stefan Th. Gries 교수가 제공한 R-스크립트(Coll.analysis 3)을 이용함. http://people.freenet.de/Stefan_Th_Gries 참조. 구문과 어휘군간의 상관관계에 대한 대표적인 연구로는 Stefanowitsch/Gries(2003)이 있다.

(7) 공연명사들의 공연강도

word.freq: frequency of the word in the corpus

obs.freq: observed frequency of the word with/in ColloAendern

exp.freq: expected frequency of the word with/in ColloAendern

faith: percentage of how many instances of the word occur with/in
ColloAendern

relation: relation of the word to ColloAendern

coll.strength: index of collocational/collostructional strength: log-
likelihood , the higher, the stronger

	words	word.freq	obs.freq	exp.freq	faith	relation	coll.strength
1	Meinung	15174	131	34.34	0.0086	attraction	158.72569070
2	Grundgesetz	2957	40	6.69	0.0135	attraction	76.87442409
3	Verfassung	6239	54	14.12	0.0087	attraction	65.47771204
4	Situation	22008	113	49.81	0.0051	attraction	59.21785981
5	Verhalten	9596	57	21.72	0.0059	attraction	39.65494878
6	Einstellung	5214	36	11.80	0.0069	attraction	32.06352195
7	Haltung	5890	38	13.33	0.0065	attraction	30.42155749
8	Gesetz	18748	82	42.43	0.0044	attraction	29.10695817
9	Kurs	6310	37	14.28	0.0059	attraction	25.12890073
10	Rahmenbedingung	4684	29	10.60	0.0062	attraction	21.66783128
11	Zustand	8352	42	18.90	0.0050	attraction	20.97151331
12	Ding	15512	54	35.11	0.0035	attraction	8.76624341
13	Verhältnis	15928	52	36.05	0.0033	attraction	6.23524133
14	Name	19711	59	44.61	0.0030	attraction	4.23622655
15	Struktur	11120	32	25.17	0.0029	attraction	1.71498188
16	Richtung	13136	34	29.73	0.0026	attraction	0.58899813
17	Position	9956	25	22.53	0.0025	attraction	0.26208733
18	Zukunft	23572	56	53.35	0.0024	attraction	0.13066745
19	Umstand	10497	25	23.76	0.0024	attraction	0.06429598
20	Leben	59261	136	134.11	0.0023	attraction	0.02668964
21	Jahr	232628	220	526.46	0.0009	repulsion	236.02383252

22	Mensch	114700	69	259.58	0.0006	repulsion	201.14996465
23	Land	79111	36	179.04	0.0005	repulsion	172.25237791
24	Tag	64318	33	145.56	0.0005	repulsion	128.23957024
25	Welt	47879	46	108.36	0.0010	repulsion	46.23676421
26	Grund	33814	27	76.53	0.0008	repulsion	43.03496492
27	Ergebnis	26272	26	59.46	0.0010	repulsion	24.02087356
28	Jahrhundert	22426	26	50.75	0.0012	repulsion	14.79359123
29	Zeit	94729	163	214.38	0.0017	repulsion	13.64829341
30	Lage	17805	33	40.29	0.0019	repulsion	1.41505604
31	Politik	24843	54	56.22	0.0022	repulsion	0.08958321

산출된 통계적 결과를 살펴봄으로써, 통계적 검증의 대상이 된 30개의 잠재적 연어 가운데 명사 Meinung을 비롯한 20개 명사가 이 구문에 의해 선호(attraction)되는 반면, 명사 Jahr를 위시로 하여 10개 명사가 이 구문에 의해 거부(repulsion)되는 것을 확인할 수 있다. 특히 공연강도가 높은 Meinung, Grundgesetz, Verfassung, Situation이나 Verhalten과 같은 명사들이 동사 ändern과 한 문장 내에서 자주 공기(Kookkurrenz)하는 것을 알 수 있는데, 이는 모국어 화자의 언어직관에도 부합하는 것으로 보인다. 언어직관을 넘어 객관성을 확보하기 위해서 NN-ändern 구문과 잘 호응하는 명사들이 의미론적으로 어떤 공통점을 가지는지를 검증할 필요가 있는데, 이러한 방법 중의 하나가 해당 명사들이 독일어 어휘의미망인 게르마넷(GermaNet)의 의미분류 체계상 주로 어떤 의미부류에 속하는지를 확인하는 것이다. 공연강도를 기준으로 하여 이 구문에 잘 어울리는 것으로 여겨지는 명사 20개가 속한 의미부류들을 모두 모아서 누적빈도를 산출한 결과가 아래에 [표 6]으로 제시된다.5)

5) 이 표에서 의미부류 빈도를 산출할 때, 명사 레마 하나가 여러 개의 의의를 가질 경우, 곧 다의적 명사일 경우에 여러 의미부류에 속하는 것으로 간주했다. 어떤 명사의 경우, 다의성이 동일한 의미부류안에서 일어날 수도 있음을 고려했다. 이는 두 개의 의의가 같은 의미부류에 속하지만, 의의는 서로 구분되는 그러한 명사가 있을 수 있다는 뜻이

[표 6] 연어명사의 의미부류 분포

의미부류		빈도	백분율(%)	누적백분율(%)
명칭	GN-백분율(%)			
nc6	13.01	9	20.93	20.93
nc9	4.73	8	18.6	39.53
nc2	2.92	6	13.95	53.49
nc10	8.59	5	11.63	65.12
nc17	7.62	5	11.63	76.74
nc19	1.56	3	6.98	83.72
nc23	1.78	2	4.65	88.37
nc8	2.52	1	2.33	90.7
nc13	0.29	1	2.33	93.02
nc3	2.39	1	2.33	95.35
nc22	0.06	1	2.33	97.67
nc16	1.31	1	2.33	100

이 표를 살펴보면, NN-VVändern 구문에 가장 잘 어울리는 명사군은 nc6(사건)로 나타나 있는데, 이 의미부류가 구문 내에서 차지하는 비율은 20.93%로서 게르마넷 내에서 '사건명사' 의미부류가 차지하는 비율 13.01%를 훨씬 상회한다.[6] 두 번째로 높은 분포를 보이는 nc9(인지) 부류는 게르마넷 내 일반적인 분포 4.73%의 거의 4배에 가까운 18.6%를 나타낸다. nc2(속성)는 이 구문 내에서 13.95% 나타나는데 이 비율은 게르

다. 표 안의 "GN-백분율(%)"은 명사의 의미부류들이 게르마넷(GermaNet 6.0) 내에 일반적으로 분포되어 있는 비율을 나타낸다.

6) 게르마넷에서 정의한 명사의 의미부류는 모두 23가지이고 그 명칭들은 다음과 같다. nc1::인공물(Artefakt), nc2::속성(Attribut), nc3::소유(Besitz), nc4::형태(Form), nc5::감정(Gefühl), nc6::사건(Geschehen), nc7::집단(Gruppe), nc8::신체(Körper), nc9::인지(Kognition), nc10::소통(Kommunikation), nc11::집합(Menge), nc12::사람(Mensch), nc13::동기(Motiv), nc14::식품(Nahrung), nc15::자연물(natGegenstand), nc16::자연현상(natPhänomen), nc17::장소(Ort), nc18::식물(Pflanze), nc19::관계(Relation), nc20::물질(Substanz), nc21::동물(Tier), nc22::최상위개념(Tops), nc23::시간(Zeit)

마넷 내 일반적인 분포 4.73%의 3배가 넘는 수준이다. 이 표에 나타나 있지 않은, 곧 이 구문과 전혀 어울리지 않는 의미부류 nc1(인공물), nc12(사람)은 게르마넷 내에서 각각 15.51%과 14.38%를 차지한다. 정리하자면, NN-VVändern 구문은 사건 부류, 인지 부류 및 속성 부류에 속하는 명사들을 선호하는 반면, 인공물 부류나 사람 부류에 속하는 명사들을 거부하는 경향이 높다고 할 수 있다.

이제 NN-VVerfüllen 구문과 명사와의 연어관계에 대해 검토하기로 한다. 이 구문에 출현하는 명사들의 절대빈도와 상대빈도를 저장한 통합 빈도 파일은 [표 7]과 같다.

[표 7] 절대빈도–상대빈도 쌍

lemma	freq1	freq2
Aufgabe	25649	424
Voraussetzung	15490	386
Wunsch	9199	269
Leben	59261	183
Kriterium	5908	174
Erwartung	4783	173
Bedingung	10639	173
Anforderung	7651	161
Zweck	9588	129
Funktion	8655	123
Auftrag	8578	100
Pflicht	5371	90
Forderung	11398	89
Verpflichtung	5422	83
Traum	6633	82
Jahr	232628	52
Hoffnung	9740	49
Mission	2791	47

lemma	freq1	freq2
Auflage	2948	44
Vertrag	12504	44
Anspruch	18526	41
Vorgabe	3167	39
Freude	6240	32
Geist	9389	31
Weise	23499	29
Gesetz	18748	28
Gott	32116	28
Mensch	114700	27
Fall	42894	26
Streitfall	1551	25

이 빈도 파일을 검토해 보면, 명사 Aufgabe, Voraussetzung 및 Wunsch 가 이 구문에 빈번하게 출현하는 것으로 나타나는데, 이를 입증하는 용례 들이 아래에 제시된다.[7]

(8)

14891585: ⟨text_id freizeit⟩: Wir sollen unsere drei ⟨Aufgaben gut erfüllen⟩ und den Meister nicht enttäuschen .

22530109: ⟨text_id gesundheit⟩: Um anteilige Kosten für eine künstliche Befruchtung erstattet zu bekommen , sind jedoch noch weitere ⟨Voraussetzungen zu erfüllen⟩ .

83719564: ⟨text_id universum⟩: Weil ich mir nach Jahren den sehnlichen ⟨Wunsch erfüllt⟩ habe , den dazugehörigen Soundtrack zu besitzen , kam ich in den Genuss , das Stück des öfteren zu hören .

---

7) Voraussetzung이 목적어로 쓰이는 용례의 경우, sein-zu 수동구문 안에 나타나 있다.

구문 — 여기서는 NN-VVerfüllen 구문 — 과 그 안의 NN 슬롯과의 공
연강도는 빈도 파일과 전체 코퍼스 규모 및 구문 빈도를 토대로 R-스크립
트를 활용하여 산출할 수 있는데, 측정한 결과는 다음과 같다.

(9) 공연명사들의 공연강도

word.freq: frequency of the word in the corpus

obs.freq: observed frequency of the word with/in ColloErfuellen

exp.freq: expected frequency of the word with/in ColloErfuellen

faith: percentage of how many instances of the word occur with/in
  ColloErfuellen

relation: relation of the word to ColloErfuellen

coll.strength: index of collocational/collostructional strength: log-
  likelihood , the higher, the stronger

	words	word.freq	obs.freq	exp.freq	faith	relation	coll.strength
1	Voraussetzung	15490	386	26.11	0.0249	attraction	1380.0747118
2	Aufgabe	25649	424	43.24	0.0165	attraction	1193.7149744
3	Wunsch	9199	269	15.51	0.0292	attraction	1041.1831038
4	Erwartung	4783	173	8.06	0.0362	attraction	739.2558591
5	Kriterium	5908	174	9.96	0.0295	attraction	674.4896076
6	Anforderung	7651	161	12.90	0.0210	attraction	521.5662361
7	Bedingung	10639	173	17.93	0.0163	attraction	478.6065879
8	Zweck	9588	129	16.16	0.0135	attraction	312.7345056
9	Funktion	8655	123	14.59	0.0142	attraction	310.0710724
10	Pflicht	5371	90	9.05	0.0168	attraction	253.3321313
11	Verpflichtung	5422	83	9.14	0.0153	attraction	220.0247645
12	Auftrag	8578	100	14.46	0.0117	attraction	217.2113675
13	Traum	6633	82	11.18	0.0124	attraction	186.3531750
14	Forderung	11398	89	19.21	0.0078	attraction	134.1838153
15	Mission	2791	47	4.70	0.0168	attraction	132.5677602
16	Auflage	2948	44	4.97	0.0149	attraction	114.5175081

17	Vorgabe	3167	39	5.34	0.0123	attraction 88.2524340
18	Streitfall	1551	25	2.61	0.0161	attraction 68.4906384
19	Leben	59261	183	99.89	0.0031	attraction 56.1124070
20	Hoffnung	9740	49	16.42	0.0050	attraction 42.1983136
21	Freude	6240	32	10.52	0.0051	attraction 28.3594858
22	Vertrag	12504	44	21.08	0.0035	attraction 19.0115660
23	Geist	9389	31	15.83	0.0033	attraction 11.3808170
24	Anspruch	18526	41	31.23	0.0022	attraction 2.7944879
25	Jahr	232628	52	392.14	0.0002	repulsion 481.5477692
26	Mensch	114700	27	193.35	0.0002	repulsion 229.2007331
27	Fall	42894	26	72.31	0.0006	repulsion 39.6729844
28	Gott	32116	28	54.14	0.0009	repulsion 15.4369070
29	Weise	23499	29	39.61	0.0012	repulsion 3.1525169
30	Gesetz	18748	28	31.60	0.0015	repulsion 0.4292427

통합 빈도 파일에 제시된 출현빈도를 기준으로 1-3위인 Aufgabe, Vorarussetzung 및 Wunsch가 공연강도를 기준으로 삼을 경우에도 모두 3위 안에 든 사실은 이 구문의 경우 출현빈도와 공연강도 간의 상관성이 매우 높다는 점을 인식하게 한다. 다른 한편, 출현빈도를 기준으로 4위인 Leben이 공연강도를 기준으로 할 때 19위에 위치한 사실은 주목을 받을 만하다.

NN-VVerfüllen 구문과 연관성이 높은 명사(NN)들이 의미분류 체계상 어떤 부류에 속하는지에 대해서는 논의하지 않는다. 대신 이 절을 정리하는 단계에서 이 절에서 다루는 변동동사(vc14) 20개의 명사 슬롯에 나타나는 명사들 모두의 의미부류가 어떤 분포를 보이는지에 대해 살펴본다.

다음으로, 이어서 (P)-NN-VVerhöhen 구문과 명사 슬롯의 연어관계에 대해 검토하기로 한다. 아래의 [표 8]은 이 구문의 명사 슬롯에 나타나는 명사 30개의 통합 빈도를 보여준다.

[표 8] 절대빈도-상대빈도 쌍

lemma	freq1	freq2
Prozent	53908	383
Jahr	232628	251
Euro	44329	193
Risiko	11047	48
Druck	9804	46
Preis	13234	40
Mehrwertsteuer	914	38
Blutdruck	1574	35
Kind	84072	34
Steuer	4594	33
Mark	7850	30
Sicherheit	13469	30
Land	79111	30
Unternehmen	37718	29
Monat	28213	29
Frau	64307	29
Beitrag	19769	28
Gebühr	3422	25
Bevölkerung	15608	25
Million	35697	25
Blut	6397	25
Chance	17627	24
Leistung	17874	23
Betrag	4579	22
Mitarbeiter	17215	22
Mensch	114700	22
Produktivität	1089	20
Produktion	7165	20
Prozentpunkt	1142	20
Zahl	23935	20

이 표를 살펴보면, 명사 Prozent, Euro 및 Risiko가 이 구문에 자주 출현하는 것으로 나타나는데, 이를 입증하는 용례들이 아래에 제시된다.[8]

(10)
21914039: ⟨text_id gesundheit⟩: Die Kinderzulage wird von 767 auf 800 ⟨Euro leicht erhöht⟩ .

13866349: ⟨text_id freizeit⟩: Ein völlig falsches Signal sei , wenn die EU-Kommission vorschlage , die Euratom-Forschungsgelder für den Zeitraum 2007 bis 2011 um 230 ⟨Prozent zu erhöhen⟩ .

13839346: ⟨text_id freizeit⟩: Die schwedischen Wissenschaftler wollen festgestellt haben , dass langfristige ⟨Handy-Nutzung das Risiko erhöht⟩ , einen Tumor in einer Nervenbahn zu bekommen , die das Ohr mit dem Gehirn verbindet .

위 예들을 통해 이 구문이 통사적으로는 P-NN-VV로 실현되거나 NN-VV로 실현되는 것으로 확인할 수 있다. 바로 아래에는 명사 빈도 데이터 및 구문 빈도 데이터를 토대로 하여 산출한 공연강도가 제시된다.

(11) 공연명사들의 공연강도
word.freq: frequency of the word in the corpus
obs.freq: observed frequency of the word with/in ColloErhoehen
exp.freq: expected frequency of the word with/in ColloErhoehen
faith: percentage of how many instances of the word occur with/in ColloErhoehen
relation: relation of the word to ColloErhoehen
coll.strength: index of collocational/collostructional strength: log-likelihood , the higher, the stronger

---

8) 출현빈도를 기준으로 2위를 차지한 Jahr의 시간을 표현하는 명사이기 때문에 특별히 이 구문과 깊이 연관된다고 보기 어려운데, 이는 뒤에 살펴볼 공연강도를 통해 입증된다.

	words	word.freq	obs.freq	exp.freq	faith	relation	coll.strength
1	Prozent	53908	383	91.52	0.0071	attraction	523.00493012
2	Mehrwertsteuer	914	38	1.55	0.0416	attraction	171.76530957
3	Euro	44329	193	75.26	0.0044	attraction	129.62735437
4	Blutdruck	1574	35	2.67	0.0222	attraction	116.18027745
5	Produktivität	1089	20	1.85	0.0184	attraction	59.27981522
6	Prozentpunkt	1142	20	1.94	0.0175	attraction	57.54152574
7	Steuer	4594	33	7.80	0.0072	attraction	44.99828072
8	Druck	9804	46	16.64	0.0047	attraction	34.97959139
9	Gebühr	3422	25	5.81	0.0073	attraction	34.72894769
10	Risiko	11047	48	18.75	0.0043	attraction	31.88164834
11	Betrag	4579	22	7.77	0.0048	attraction	17.38257743
12	Mark	7850	30	13.33	0.0038	attraction	15.39887465
13	Blut	6397	25	10.86	0.0039	attraction	13.45817747
14	Preis	13234	40	22.47	0.0030	attraction	11.13086684
15	Produktion	7165	20	12.16	0.0028	attraction	4.23200982
16	Sicherheit	13469	30	22.87	0.0022	attraction	2.03281504
17	Mensch	114700	22	194.73	0.0002	repulsion	252.52627489
18	Kind	84072	34	142.73	0.0004	repulsion	121.13771447
19	Land	79111	30	134.31	0.0004	repulsion	119.81879838
20	Frau	64307	29	109.18	0.0005	repulsion	84.15290133
21	Jahr	232628	251	394.94	0.0011	repulsion	62.37010117
22	Million	35697	25	60.60	0.0007	repulsion	27.08488379
23	Unternehmen	37718	29	64.03	0.0008	repulsion	24.27089239
24	Zahl	23935	20	40.64	0.0008	repulsion	12.97083797
25	Monat	28213	29	47.90	0.0010	repulsion	8.73811501
26	Mitarbeiter	17215	22	29.23	0.0013	repulsion	1.96324227
27	Leistung	17874	23	30.35	0.0013	repulsion	1.94967459
28	Chance	17627	24	29.93	0.0014	repulsion	1.26476606
29	Beitrag	19769	28	33.56	0.0014	repulsion	0.98185251
30	Bevölkerung	15608	25	26.50	0.0016	repulsion	0.08668439

R-스크립트를 이용하여 산출한 공연강도를 살펴보면, Prozent, Euro 및 Mehrwertsteuer와 같은 수량명사들이 이 구문과 긴밀하게 호응하는 것으로 확인할 수 있다. 반면, 일반적인 장소를 의미하는 Land나 시간을 나타내는 Jahr와 같은 명사들은 이 구문과 긴밀한 관계를 가지지는 않는 것으로 드러난다.

이어서 (P)-NN-VVgewinnen 구문과 명사 슬롯의 연어관계에 대해 검토하기로 한다. 아래의 [표 9]는 이 구문의 명사 슬롯에 나타나는 명사 30개의 통합 빈도를 보여준다.

[표 9] 절대빈도-상대빈도 쌍

lemma	freq1	freq2
Bedeutung	24440	568
Wahl	15578	246
Spiel	15070	204
Eindruck	8536	165
Jahr	232628	147
Erkenntnis	9602	144
Preis	13234	141
Zeit	94729	141
Krieg	23858	131
Einfluß	11755	122
Oberhand	286	91
Mensch	114700	77
Kunde	10521	76
Energie	9691	66
Kampf	12709	61
Vertrauen	5542	58
Land	79111	58
Attraktivität	1163	50
Profil	2071	48

lemma	freq1	freq2
Gewicht	4025	47
Stimme	7008	45
Tour	2421	44
Projekt	21956	44
Leben	59261	43
Wähler	3481	42
Abstand	4743	42
Boden	11280	42
Welt	47879	42
Prozeß	13876	41
Fahrt	3707	41

아래에 제시된 용례들은 명사 Bedeutung, Wahl 및 Spiel이 구문에 빈번하게 출현한다는 사실을 입증한다.

(12)

60341509: ⟨text_id technik⟩: Man kann sich fragen , warum das Thema der Sozialpakte erneut an ⟨Bedeutung gewinnt⟩, obwohl diese eine Wiederaufnahme der Verhandlungen auf Spitzenebene zwischen den Sozialpartnern bedeuten und damit die Rolle der Gewerkschaften indirekt wieder legitimieren .

96831014: ⟨text_id universum⟩: Sie sagen , dass die SPD mit dem Schüren von ⟨Kriegsängsten die Wahl gewonnen⟩ habe .

16679330: ⟨text_id freizeit⟩: Wir sind momentan nicht mehr die Mannschaft , die reihenweise ihre ⟨Spiele gewinnt⟩ .

위의 첫 용례에서 동사 gewinnen이 명사 Bedeutung과 공기하는 경우에 명사 앞에 전치사 an이 수반한다는 사실을 확인할 수 있다. 소위 전치사격 목적어가 그 동사와 연어관계를 이룬다고 풀이할 수 있다. R-스크립트를 활용하여 산출할 수 있는데, (P)-NN-VVgewinnen 구문과 그 안의 NN 슬롯과의 공연강도를 측정한 결과는 다음과 같다. 이를 위해 빈도 파일과 전체 코퍼스 규모 및 구문 빈도를 기초데이터로 사용한다.

(13) 공연명사들의 공연강도
word.freq: frequency of the word in the corpus
obs.freq: observed frequency of the word with/in ColloGewinnen
exp.freq: expected frequency of the word with/in ColloGewinnen
faith: percentage of how many instances of the word occur with/in
    ColloGewinnen
relation: relation of the word to ColloGewinnen
coll.strength: index of collocational/collostructional strength: log-
    likelihood , the higher, the stronger

	words	word.freq	obs.freq	exp.freq	faith	relation	coll.strength
1	Bedeutung	24440	568	72.57	0.0232	attraction	1.369579e+03
2	Oberhand	286	91	0.85	0.3182	attraction	7.029266e+02
3	Wahl	15578	246	46.26	0.0158	attraction	4.273601e+02
4	Eindruck	8536	165	25.35	0.0193	attraction	3.421953e+02
5	Spiel	15070	204	44.75	0.0135	attraction	3.034675e+02
6	Erkenntnis	9602	144	28.51	0.0150	attraction	2.375235e+02
7	Attraktivität	1163	50	3.45	0.0430	attraction	1.761765e+02
8	Preis	13234	141	39.30	0.0107	attraction	1.582003e+02
9	Einfluß	11755	122	34.91	0.0104	attraction	1.321873e+02
10	Profil	2071	48	6.15	0.0232	attraction	1.145033e+02
11	Tour	2421	44	7.19	0.0182	attraction	8.643523e+01
12	Vertrauen	5542	58	16.46	0.0105	attraction	6.344145e+01
13	Gewicht	4025	47	11.95	0.0117	attraction	5.898292e+01
14	Wähler	3481	42	10.34	0.0121	attraction	5.477989e+01
15	Fahrt	3707	41	11.01	0.0111	attraction	4.813304e+01
16	Kunde	10521	76	31.24	0.0072	attraction	4.590282e+01

17	Krieg	23858	131	70.85	0.0055	attraction	4.108140e+01
18	Abstand	4743	42	14.08	0.0089	attraction	3.615323e+01
19	Energie	9691	66	28.78	0.0068	attraction	3.533900e+01
20	Stimme	7008	45	20.81	0.0064	attraction	2.114425e+01
21	Kampf	12709	61	37.74	0.0048	attraction	1.213034e+01
22	Boden	11280	42	33.50	0.0037	attraction	2.006637e+00
23	Jahr	232628	147	690.79	0.0006	repulsion	6.497651e+02
24	Mensch	114700	77	340.60	0.0007	repulsion	3.025013e+02
25	Land	79111	58	234.92	0.0007	repulsion	1.936247e+02
26	Leben	59261	43	175.98	0.0007	repulsion	1.459933e+02
27	Welt	47879	42	142.18	0.0009	repulsion	9.866089e+01
28	Zeit	94729	141	281.30	0.0015	repulsion	8.707980e+01
29	Projekt	21956	44	65.20	0.0020	repulsion	7.835348e+00
30	Prozeß	13876	41	41.20	0.0030	repulsion	1.025998e-03

공연강도를 기준으로 살펴보면, 명사 Erkenntnis와 Attraktivität가 상위순위에 위치하고 있는데, 이를 명시적으로 보여주는 예들이 아래에 제시된다.

(14)

47418820: 〈text_id religion〉: Aus der Verschmelzung seiner Persönlichkeit mit dem Wort Gottes hatte er diese 〈Erkenntnis gewonnen〉, die ansonsten in Kommentaren zu diesem Evangelium nicht zu finden ist.

47025466: 〈text_id religion〉: In den vergangenen Jahren haben der Film und das Kino wieder an 〈Attraktivität und Bedeutung gewonnen〉.

반면, 일반적인 시간과 장소를 나타내는 명사들, 곧 Jahr, Zeit, Land 및 Welt 등은 이 구문에 의해 비선호되는 것으로 평가된다.

마지막으로 검토할 개별구문은 (P)-NN-VVlösen 구문과 명사슬롯 간의 연관성이다.

아래의 [표 10]은 이 구문에 빈번히 나타나는 명사들의 절대빈도와 상대
빈도를 보여준다.

[표 10] 절대빈도-상대빈도 쌍

lemma	freq1	freq2
Auge	22588	456
Bedeutung	24440	240
Zeit	94729	218
Leben	59261	193
Jahr	232628	162
Job	5129	139
Mensch	114700	134
Arbeitsplatz	10566	129
Wort	25294	124
Wert	15312	97
Krieg	23858	93
Kind	84072	86
Verstand	1638	82
Spiel	15070	75
Gesicht	9652	74
Gewicht	4025	68
Überblick	3728	68
Arbeit	45649	67
Blick	18233	67
Bewußtsein	5104	64
Geld	22454	58
Anschluß	4755	57
Wahl	15578	57
Glaubwürdigkeit	1367	55
Kontrolle	8259	55
Kraft	20087	50

lemma	freq1	freq2
Mitglied	21285	50
Welt	47879	50
Gedächtnis	2173	48
Einfluß	11755	48

빈도 데이터를 살펴봄으로써 우리는 Auge, Bedeutung 그리고 Zeit가 이 구문에 많이 출현하는 것을 확인할 수 있다. 아래에 제시된 용례들이 이 사실을 실증적으로 보여준다.

(15)

11476048: ⟨text_id freizeit⟩: Ich habe auf allen meinen Touren auch immer nach den kleinen Dingen am Wegesrand geschaut , natürlich ohne das große Ziel aus den ⟨Augen zu verlieren⟩ .

38327256: ⟨text_id politik⟩: Wenn ⟨Wörter ihre Bedeutung verlieren⟩ , verlieren Völker ihre Freiheit .

33688546: ⟨text_id natur⟩: Wir dürfen keine ⟨Zeit verlieren⟩ , wenn wir die Millenniums-Entwicklungsziele bis zum Jahr 2015 erreichen wollen .

그런데, 명사 Bedeutung이나 Zeit와 달리 Auge는 통사적으로 P-NN-VV 구문의 명사 슬롯 자리에 나타나며, 이때 P 또한 aus로 실현된다. 아래에 이러한 구문을 가진 용례가 몇 개 더 제시된다.

(16)

860252: ⟨text_id fiktion⟩: Ihr Opfer schlug um sich , rannte schließlich davon und die übrigen Kinder ihm hinterher , bis ich sie aus den ⟨Augen verlor⟩ .

1906107: ⟨text_id fiktion⟩: Der Leidgeprüfte hatte das Gespür für das Glück aus den ⟨Augen verloren⟩ , was die meisten als Sinn

ihres Lebens einstuften , für das sie lebten , wenngleich sie
dieses Glück nicht näher definieren konnten .

이처럼 명사슬롯에 출현하는 명사들의 빈도를 토대로 공연강도를 산출
한 결과는 다음과 같다.

(17) 공연명사들의 공연강도
word.freq: frequency of the word in the corpus
obs.freq: observed frequency of the word with/in ColloVerlieren
exp.freq: expected frequency of the word with/in ColloVerlieren
faith: percentage of how many instances of the word occur with/in
    ColloVerlieren
relation: relation of the word to ColloVerlieren
coll.strength: index of collocational/collostructional strength: log-
    likelihood , the higher, the stronger

	words	word.freq	obs.freq	exp.freq	faith	relation	coll.strength
1	Auge	22588	456	66.60	0.0202	attraction	990.463718
2	Job	5129	139	15.12	0.0271	attraction	372.744069
3	Verstand	1638	82	4.83	0.0501	attraction	314.108708
4	Bedeutung	24440	240	72.07	0.0098	attraction	244.254021
5	Glaubwürdigkeit	1367	55	4.03	0.0402	attraction	187.598486
6	Arbeitsplatz	10566	129	31.16	0.0122	attraction	172.298823
7	Überblick	3728	68	10.99	0.0182	attraction	134.865741
8	Gewicht	4025	68	11.87	0.0169	attraction	126.097206
9	Gedächtnis	2173	48	6.41	0.0221	attraction	111.028628
10	Bewußtsein	5104	64	15.05	0.0125	attraction	87.979319
11	Anschluß	4755	57	14.02	0.0120	attraction	74.415147
12	Gesicht	9652	74	28.46	0.0077	attraction	50.667206
13	Wert	15312	97	45.15	0.0063	attraction	44.974043
14	Kontrolle	8259	55	24.35	0.0067	attraction	28.484252

15	Wort	25294	124	74.58	0.0049	attraction	27.466727
16	Spiel	15070	75	44.44	0.0050	attraction	17.498711
17	Krieg	23858	93	70.35	0.0039	attraction	6.664893
18	Einfluß	11755	48	34.66	0.0041	attraction	4.602405
19	Blick	18233	67	53.76	0.0037	attraction	3.039261
20	Wahl	15578	57	45.93	0.0037	attraction	2.488629
21	Leben	59261	193	174.74	0.0033	attraction	1.868142
22	Jahr	232628	162	685.94	0.0007	repulsion	596.287581
23	Mensch	114700	134	338.21	0.0012	repulsion	162.886524
24	Kind	84072	86	247.90	0.0010	repulsion	143.410644
25	Welt	47879	50	141.18	0.0010	repulsion	79.170655
26	Arbeit	45649	67	134.60	0.0015	repulsion	42.064903
27	Zeit	94729	218	279.32	0.0023	repulsion	14.813411
28	Mitglied	21285	50	62.76	0.0023	repulsion	2.807676
29	Kraft	20087	50	59.23	0.0025	repulsion	1.528146
30	Geld	22454	58	66.21	0.0026	repulsion	1.069305

공연강도를 기준으로 순위를 매긴 데이터에서 세 개의 명사, 곧 Zeit, Leben 및 Jahr의 순위 및 선호도가 관심을 끄는데, 이 명사들은 단순 출현빈도를 기준으로 한 순위에서 각각 3위, 4위, 5위를 차지한 명사들이다. 이 가운데 공연강도를 기준으로 21위를 차지한 Leben만이 이 구문과 긴밀한 연관관계를 가지고 Zeit와 Jahr는 비선호되는 것으로 평가된다. 둘 중에서도 Zeit의 공연강도가 낮게 측정된 점은 이채롭다. 반면, 명사 Leben이 모든 구문에 걸쳐 자주 출현하는 명사이지만, 아래 용례 (18)을 통해 알 수 있듯이 Leben이 "생명"이라는 의미로 쓰이는 경우는 흔하지 않고, 그나마 이 경우에 한 해서 이 구문과의 호응도가 매우 높은 것으로 추측된다. 물론 이 주장은 개별어휘에 대한 의미정보가 태깅되어 있지 않은 상황에서 객관적으로 검증하기 어려운 측면이 있는 것이 사실이다.

(18)

14383801: ⟨text_id freizeit⟩: Bis auf ihn haben alle anderen vier
⟨Familienmitglieder ihr Leben verloren⟩.

이제까지 구체적으로 검토한 5개 구문을 포함하여 변동동사(VC14)가 이
끄는 20개 구문 중 어느 한 구문에 의해서라도 선호되는 것으로 평가된
명사들은 357개 이른다. 이 가운데 20개만 제시하면 아래와 같다.

(19)

Ausnahme, Schwerpunkt, Abschluß, Metastase, Rücklage, Einheit,
Meinung, Arbeitsgruppe, Auftakt, Urteil, Grundlage, Höhepunkt,
Koalition, Kapitel, Gruppe, Basis, Stern, Arbeit, Körper, Struktur

이 절을 종합하는 의미에서 연어핵으로서 변동동사가 이끄는 20개 구문
내에서 연어변의 기능을 한 명사들이 속한 의미부류에 대한 분포를 살펴
보기로 하자. 물론 이 경우, 연어변의 여부는 공연강도를 기준으로 하여
정한 것이다. 다음의 [표 11]은 (P)-NN-VVvc14 구문과 게르마넷 기반 의
미부류 간의 상관관계를 보여준다.

[표 11] 공연명사들의 의미부류 분포

의미부류		빈도	백분율(%)	누적백분율(%)
명칭	GN-백분율(%)			
nc6	13.01	141	19.21	19.21
nc9	4.73	90	12.26	31.47
nc1	15.51	82	11.17	42.64
nc10	8.59	80	10.9	53.54
nc2	2.92	55	7.49	61.04
nc17	7.62	39	5.31	66.35
nc7	7.05	38	5.18	71.53

의미부류		빈도	백분율(%)	누적백분율(%)
명칭	GN-백분율(%)			
nc19	1.56	28	3.81	75.34
nc3	2.39	28	3.81	79.16
nc8	2.52	23	3.13	82.29
nc11	2.09	20	2.72	85.01
nc20	2.52	20	2.72	87.74
nc23	1.78	15	2.04	89.78
nc5	0.91	14	1.91	91.69
nc12	14.38	14	1.91	93.6
nc4	1.03	13	1.77	95.37
nc16	1.31	11	1.5	96.87
nc14	2.36	8	1.09	97.96
nc13	0.29	8	1.09	99.05
nc18	3.09	3	0.41	99.46
nc15	0.84	2	0.27	99.73
nc22	0.06	1	0.14	99.86
nc21	3.46	1	0.14	100

포괄적으로 (P)-NN-VVvc14 구문에 가장 잘 어울리는 명사군은 nc6(사건) 의미부류, nc9(인지) 의미부류와 nc2(속성) 부류라는 사실을 이 표를 통해 확인할 수 있다. 사건의미부류가 구문 내에서 차지하는 비율은 19.21%로서 게르마넷 내에서 이 의미부류가 차지하는 비율 13.01%를 훨씬 상회한다. 인지 의미부류도 게르마넷 내 일반적인 분포가 4.73%에 불과한데, 이 구문에서는 거의 2.5배가 넘는 12.26%를 나타낸다. 또한 속성 의미부류가 이 구문 내에서 차지하는 비율이 7.49%인데, 게르마넷 내에서의 비율인 2.92%과 비교하면 3배 가까운 비율을 차지한다. 반면, 의미부류 nc12(사람)은 게르마넷 내에서 14.38%를 차지하는데, 이 구문에서는 1.91%만 출현한다. 역시 변화시키기가 어려운 대상은 사람이 아닌가 여

겨진다. 의미부류 nc18(식물)이 구문 내에서 차지하는 비율이 0.41%인데, 게르마넷 내에서의 비율인 3.09%와 비교하면 3분의 1 수준으로 하락한 것이다. 다시 말하여 식물 의미부류도 이 구문에 의해 선호되지 않는다고 할 수 있다.

이 장을 마무리하면서 구문과 명사슬롯의 의미부류 간의 상관관계에 대해 정리하자면, 변동동사가 이끄는 (P)-NN-VVvc14 구문은 사건 부류, 인지 부류 및 속성 부류에 속하는 명사들을 선호하는 반면, 사람 부류나 식물 부류에 속하는 명사들을 거부하는 경향이 강하다.

제6장의 내용요약

이 장에서는 연어관계의 분석을 위한 어휘 목록을 정하는 과정에 대해 먼저 논의를 했다. 결론적으로는 게르마넷의 분류체계에 따라 "변동동사" 부류로 분류되는 동사 20개를 확정했다. 이어 통계적인 연구방법론을 적용하여 연어관계를 산출하는 데 필요한 빈도 데이터를 산출하는 과정에 대해 상세히 기술했다. 이러한 기초 데이터를 토대로 하여 20개 동사 각각에 대해 로그가능도 비율이라는 측도를 기준으로 공연하는 명사들의 목록을 추출했다. 20개 동사 가운데, "변동동사" 의미부류의 특성을 잘 보여주는 동사 5개 — 곧, ändern, erfüllen, erhöhen, gewinnen 및 lösen 등 — 의 연어관계에 대해 상세히 분석했다. 동사별로 공연명사들이 어떤 의미부류에 속하는지에 대해 검토했다.

제7장 명사중심의 연어관계

   이 장에서는 명사를 연어핵으로 하고 부가어적 형용사를 연어변으로 삼는 명사구 구문의 연어관계에 대해 논의한다. 분석대상이 되는 명사들은 게르마넷의 의미분류 체계에 따라 수량명사(nc11) 의미부류에 속하는 명사들이다. GLOW 코퍼스상에서의 출현빈도를 기준으로 30위 안에 속한 명사들 가운데 다의성을 고려할 때 "수량명사"의 속성이 더 잘 드러나는 명사 20개를 선별하여 분석대상으로 삼았다. 아래에 명사목록이 제시된다.

   (1)
   Anteil, Ergebnis, Faktor, Inhalt, Kultur, Lage, Leistung, Maß, Menge, Mittel, Produkt, Punkt, Rahmen, Rolle, Schritt, Seite, Stück, Teil, Umfang, Zahl

   명사 20개 가운데 Anteil, Maß, Menge, Umfang, Zahl 등 "수량명사" 적 속성이 가장 강한 5개 명사들에 대해 빈도데이터와 공연강도에 대해 개별적으로 분석하여 기술하고 종합적으로는 연어관계에 있는 형용사들의 의미부류의 분포를 산출한 다음에 이 결과에 대해 논의를 할 예정이다.[1]
   먼저, 명사 Anteil를 연어핵으로 하는 ADJ-NNanteil 구문과 형용사

(ADJ) 슬롯 간의 연관성에 대해 논의를 시작해 보자. 아래의 [표 1]은 이 형용사 슬롯에 나타나는 부가어적 형용사들의 출현빈도를 보여준다.

[표 1] 절대빈도-상대빈도 쌍

lemma	freq1	freq2
hoch	66768	799
groß	140425	603
gering	18038	207
wesentlich	20556	116
erheblich	14571	96
prozentual	491	89
entscheidend	13679	84
maßgeblich	4305	71
deutsch	85690	54
klein	60915	47
gleich	32510	46
wachsend	4714	39
eigen	58805	37
steigend	4340	36
überwiegend	5880	34
entsprechend	29071	33
entfallend	302	32
gewiß	13219	31
wichtig	61959	29
bestimmt	25979	28
bedeutend	5594	28
beträchtlich	1974	24
weit	98601	21
niedrig	8614	20

---

1) 이 장에서 형용사와의 연어관계에 대해 상세하게 기술한 Anteil, Maß, Menge, Umfang 및 Zahl 등 다섯 개 명사를 제외한 15개 명사의 통계적인 산출 값인 공연강도에 대해서는 1위부터 20위까지 [부록 6]에 제시한다.

lemma	freq1	freq2
relativ	9988	20
jeweilig	11589	19
kommunal	4639	18
erhöht	4833	18
rege	1177	16
neu	156803	15

빈도 데이터를 살펴보면, 형용사 hoch, groß 및 gering이 이 구문에 자주 출현함을 알 수 있는데, 이 사실은 다음과 같은 용례들을 통해 입증된다.

(2)
4007061: ⟨text_id fiktion⟩: Anz beschreibt den ⟨hohen Anteil⟩ medizinischer Argumente bei der Legitimation und Durchsetzung sozialer Normen .

7656822: ⟨text_id fiktion⟩: So gelangt er zugleich in den Besitz des ⟨größten Anteils⟩ der Sauerstoffproduktion des Planeten .

28209144: ⟨text_id kultur⟩: Wäre auch nur der ⟨geringste Anteil⟩ an Werken notwendig , so wäre es nicht mehr aus Gnade , sondern teilweise aus Verdienst .

코퍼스 전체 규모 6,475,143과 ADJ-NNanteil 구문의 출현빈도 11,838 및 위의 빈도 데이터를 토대로 로그가능도 비율(Log-likelihood ratio)을 기준으로 한 공연강도를 측정한 결과는 아래와 같다.

(3) **공연형용사들의 공연강도**
word.freq: frequency of the word in the corpus
obs.freq: observed frequency of the word with/in ColloAnteil
exp.freq: expected frequency of the word with/in ColloAnteil

faith: percentage of how many instances of the word occur with/in
ColloAnteil
relation: relation of the word to ColloAnteil
coll.strength: index of collocational/collostructional strength: log-
likelihood , the higher, the stronger

	words	word.freq	obs.freq	exp.freq	faith	relation	coll.strength
1	hoch	66768	799	122.07	0.0120	attraction	1695.3037388
2	prozentual	491	89	0.90	0.1813	attraction	659.5316331
3	gering	18038	207	32.98	0.0115	attraction	416.6992639
4	groß	140425	603	256.73	0.0043	attraction	348.5923215
5	entfallend	302	32	0.55	0.1060	attraction	200.4112752
6	maßgeblich	4305	71	7.87	0.0165	attraction	187.3484476
7	erheblich	14571	96	26.64	0.0066	attraction	108.1566353
8	wesentlich	20556	116	37.58	0.0056	attraction	105.4708535
9	entscheidend	13679	84	25.01	0.0061	attraction	86.1180123
10	wachsend	4714	39	8.62	0.0083	attraction	57.2664170
11	steigend	4340	36	7.93	0.0083	attraction	53.0035855
12	beträchtlich	1974	24	3.61	0.0122	attraction	50.4078928
13	rege	1177	16	2.15	0.0136	attraction	36.6845787
14	überwiegend	5880	34	10.75	0.0058	attraction	31.9371981
15	bedeutend	5594	28	10.23	0.0050	attraction	20.9388400
16	kommunal	4639	18	8.48	0.0039	attraction	8.0805436
17	erhöht	4833	18	8.84	0.0037	attraction	7.3123027
18	gewiß	13219	31	24.17	0.0023	attraction	1.7792932
19	niedrig	8614	20	15.75	0.0023	attraction	1.0602257
20	relativ	9988	20	18.26	0.0020	attraction	0.1612821
21	neu	156803	15	286.67	0.0001	repulsion	461.6556974
22	weit	98601	21	180.26	0.0002	repulsion	230.6606960
23	deutsch	85690	54	156.66	0.0006	repulsion	91.3147477
24	wichtig	61959	29	113.27	0.0005	repulsion	90.2436129
25	eigen	58805	37	107.51	0.0006	repulsion	62.5932884

26	klein	60915	47	111.37	0.0008	repulsion	48.0621914
27	bestimmt	25979	28	47.50	0.0011	repulsion	9.4457284
28	entsprechend	29071	33	53.15	0.0011	repulsion	8.8908517
29	gleich	32510	46	59.44	0.0014	repulsion	3.3168839
30	jeweilig	11589	19	21.19	0.0016	repulsion	0.2348195

공연강도를 기준으로 삼아 판단할 때, 형용사 hoch, prozentual 및 groß가 이 구문에 의해 가장 선호되는 반면, 형용사 entsprechend, gleich 및 jeweilig는 이 구문에 의해 거부된다. 이 밖에도, 형용사 neu나 wichtig와 같은 질적인 속성을 지닌 형용사들이 이 구문과 어울리는 정도를 나타내는 공연강도가 낮은 점은 언어직관과 부합한다.

역시 언어직관을 넘어 객관성을 확보하기 위해서 ADJ-NNanteil 구문과 잘 호응하는 형용사들이 의미론적으로 어떤 공통점을 가지는지를 검증할 필요가 있는데, 이를 위해 해당 형용들이 게르마넷(GermaNet)의 의미분류 체계상 주로 어떤 의미부류에 속하는지를 확인하는 작업이 이루어져야 한다.[2] 공연강도를 기준으로 하여 이 구문에 잘 어울리는 것으로 여겨지는 형용사 20개가 속한 의미부류를 모두 모아서 누적빈도를 산출한 결과가 아래에 [표 2]로 제시된다.[3]

---

[2] 독일어 형용사에 대한 게르마넷 구축 원칙은 아래 웹사이트를 참고할 수 있다. http://www.sfs.uni-tuebingen.de/lsd/adjectives.shtml

[3] 게르마넷에서 정의한 형용사의 의미부류는 모두 16가지이고 그 명칭들은 다음과 같다. ac1:: Allgemein(일반), ac2:: Bewegung(이동), ac3:: Gefühl(감정), ac4:: Geist(정신), ac5:: Gesellschaft(사회), ac6:: Körper(신체), ac7:: Menge(수량), ac8:: natPhänomen (자연현상), ac9:: Ort(장소), ac10:: Pertonym(파생), ac11:: Perzeption(지각), ac12:: privativ(결여), ac13:: Relation(관계), ac14:: Substanz(물질), ac15:: Verhalten (태도), ac16:: Zeit(시간)

[표 2] 명사 Anteil의 연어 형용사

의미부류		빈도	백분율(%)	누적백분율(%)
명칭	GN-백분율(%)			
ac7	3.31	12	26.09	26.09
ac13	12.98	10	21.74	47.83
ac9	3.96	6	13.04	60.87
ac1	8.12	6	13.04	73.91
ac10	7.39	4	8.7	82.61
ac2	0.94	4	8.7	91.3
ac15	13.97	4	8.7	100

이 표를 통해 16개의 형용사 의미부류 가운데 7개 의미부류만이 이 구문에 출현한다는 사실이 흥미롭다. 의미부류 7개 중에서도 "수량"(ac7) 의미부류가 이 구문과의 연관관계가 가장 높다는 사실은 언어직관에 부합한다. 이 부류는 게르마넷 내에서의 분포가 3.31%에 불과함에도 이 구문에서는 26.09%를 차지한 점에 주목을 할 필요가 있다. 이 외에도 "관계"(ac13) 의미부류와 "장소"(ac9) 의미부류가 게르마넷 내에서의 분포와 비교하여 2-3배 정도 이 구문에 분포되어 있다는 점에도 관심을 가질 만하다. 반면, "사회"(ac5) 의미부류와 "감정"(ac3) 의미부류는 게르마넷 내에서의 분포가 각각 11.22%(3위)와 7.47%(5위)임에도 불구하고 이 구문에는 전혀 나타나지 않은 사실이 자못 흥미롭다. 정리하자면, ADJ-NNanteil 구문은 "수량" 의미부류와의 공연정도가 가장 높은 반면, "사회"나 "감정" 의미부류와는 연어관계를 갖지 않는다.

이어서, 명사 Maß를 연어핵으로 하는 ADJ-NNmaß 구문과 형용사(ADJ) 슬롯 간의 연관성에 대해 살펴보자. 이 형용사 슬롯에 나타나는 부가어적 형용사들의 출현빈도가 아래의 [표 3]에 제시되어 있다.

[표 3] 절대빈도-상대빈도 쌍

lemma	freq1	freq2
hoch	66768	1548
besonder	25027	642
zunehmend	13458	305
gleich	32510	304
stark	48204	295
gewiß	13219	279
groß	140425	238
gering	18038	201
erheblich	14571	183
ausreichend	10100	179
verstärkt	6725	71
wachsend	4714	65
notwendig	22634	61
erforderlich	14726	61
unterschiedlich	25213	57
richtig	30636	52
bestimmt	25979	46
begrenzt	4802	44
voll	18724	43
entscheidend	13679	42
erträglich	610	42
üblich	6134	42
steigend	4340	38
recht	20400	37
normal	10419	34
erhöht	4833	29
beträchtlich	1974	29
gesund	6989	27
menschlich	14087	26
vernünftig	3476	22

빈도 데이터를 살펴보면, 형용사 hoch, besonder 및 zunehmend가 이 구문에 자주 출현함을 알 수 있는데, 이 사실은 다음과 같은 용례들을 통해 입증된다.

(4)

14051242: 〈text_id freizeit〉: Das Internet bietet ein 〈hohes Maß〉 an Aktualität und Vielfalt an Informationen und Meinungen , mit der eine Schulbibliothek nicht mithalten kann .

33014868: 〈text_id natur〉: Deshalb setzen wir in Bayern in 〈besonderem Maße〉 auf Verbraucherbeteiligung und kooperative Lösungen .

10441357: 〈text_id freizeit〉: Zu den Candranorhäusern gehören in 〈zunehmenden Maße〉 zugekauftes oder gestiftetes Land .

빈도 데이터와 코퍼스 전체 규모 6,475,143과 ADJ-NNmaß 구문의 출현빈도 8,343을 토대로 하고 로그가능도 비율(Log-likelihood ratio)을 기준으로 한 공연강도를 측정한 결과는 아래와 같다.

(5) 공연형용사들의 공연강도

word.freq: frequency of the word in the corpus

obs.freq: observed frequency of the word with/in ColloMass

exp.freq: expected frequency of the word with/in ColloMass

faith: percentage of how many instances of the word occur with/in ColloMass

relation: relation of the word to ColloMass

coll.strength: index of collocational/collostructional strength: log-likelihood , the higher, the stronger

	words	word.freq	obs.freq	exp.freq	faith	relation	coll.strength
1	hoch	66768	1548	86.03	0.0232	attraction	6331.901956
2	besonder	25027	642	32.25	0.0257	attraction	2682.097652

3	zunehmend	13458	305	17.34	0.0227	attraction	1189.993926
4	gewiß	13219	279	17.03	0.0211	attraction	1049.864708
5	gleich	32510	304	41.89	0.0094	attraction	691.346178
6	ausreichend	10100	179	13.01	0.0177	attraction	612.568034
7	gering	18038	201	23.24	0.0111	attraction	517.336288
8	erheblich	14571	183	18.77	0.0126	attraction	510.056731
9	stark	48204	295	62.11	0.0061	attraction	461.235277
10	erträglich	610	42	0.79	0.0689	attraction	254.824567
11	wachsend	4714	65	6.07	0.0138	attraction	191.458090
12	verstärkt	6725	71	8.66	0.0106	attraction	175.060394
13	begrenzt	4802	44	6.19	0.0092	attraction	97.475372
14	beträchtlich	1974	29	2.54	0.0147	attraction	88.686963
15	steigend	4340	38	5.59	0.0088	attraction	81.188833
16	üblich	6134	42	7.90	0.0068	attraction	72.447987
17	erforderlich	14726	61	18.97	0.0041	attraction	58.753371
18	erhöht	4833	29	6.23	0.0060	attraction	43.850089
19	vernünftig	3476	22	4.48	0.0063	attraction	35.118041
20	notwendig	22634	61	29.16	0.0027	attraction	26.525513
21	entscheidend	13679	42	17.62	0.0031	attraction	24.306764
22	gesund	6989	27	9.01	0.0039	attraction	23.390089
23	normal	10419	34	13.42	0.0033	attraction	22.131549
24	groß	140425	238	180.93	0.0017	attraction	16.782282
25	unterschiedlich	25213	57	32.49	0.0023	attraction	15.163808
26	voll	18724	43	24.13	0.0023	attraction	12.015433
27	bestimmt	25979	46	33.47	0.0018	attraction	4.217936
28	recht	20400	37	26.28	0.0018	attraction	3.891751
29	richtig	30636	52	39.47	0.0017	attraction	3.634973
30	menschlich	14087	26	18.15	0.0018	attraction	3.001410

공연강도를 기준으로 삼아 판단할 때, 형용사 hoch, besonder 및 zunehmend가 이 구문에 의해 가장 선호되는 반면, 형용사 normal이나 richtig 등 평가적인 속성을 지닌 형용사들의 이 구문과의 공연강도가 낮

은 점은 언어직관과 부합한다. 앞서 논의한 구문과 마찬가지로, 언어직관
을 넘어 객관성을 확보하기 위해서 ADJ-NNmaß 구문과 잘 호응하는 형
용사들이 의미론적으로 어떤 공통점을 가지는지를 검증할 필요가 있지만,
여기서는 개별 구문과 관련하여 이 문제를 다루지 않는다.

　다음으로, 명사 Menge를 언어핵으로 하는 ADJ-NNmenge 구문과 형
용사(ADJ) 슬롯 간의 연관성에 대해 논의를 시작해 보자. 아래의 [표 4]는
이 형용사 슬롯에 나타나는 부가어적 형용사들의 출현빈도를 보여준다.

[표 4] 절대빈도-상대빈도 쌍

lemma	freq1	freq2
groß	140425	1207
ganz	37332	428
gering	18038	398
klein	60915	235
ausreichend	10100	168
riesig	6141	90
gleich	32510	83
bestimmt	25979	78
hoch	66768	63
erheblich	14571	51
gewaltig	4049	44
enorm	5622	43
winzig	2080	37
ungeheuer	1710	35
entsprechend	29071	30
unterschiedlich	25213	27
benötigt	1310	24
richtig	30636	24
doppelt	4065	23
rauh	871	23

lemma	freq1	freq2
erforderlich	14726	19
beträchtlich	1974	19
gewiß	13219	19
aufgebracht	292	19
erhöht	4833	18
unendlich	2482	17
unglaublich	2897	17
unbegrenzt	810	17
nennenswert	1055	16
begrenzt	4802	15
gigantisch	1482	15

빈도 데이터를 살펴보면, 형용사 groß, ganz 및 gering이 이 구문에 자주 출현함을 알 수 있는데, 이 사실은 다음과 같은 용례들을 통해 입증된다.

(6)
7956621: ⟨text_id freizeit⟩: Es ist vorteilhaft mit ⟨größeren Mengen⟩ Sardinien anzufüttern und sie auch als Köder zu einzusetzen .

8651782: ⟨text_id freizeit⟩: Denn für diese Kinder hat sie bereits eine ⟨ganze Menge⟩ von Risiken und Anstrengungen auf sich genommen , nur um sie jetzt wieder zu verlieren .

22989437: ⟨text_id gesundheit⟩: Bei einer Überzuckerung schadet die ⟨geringe Menge⟩ nicht , wohingegen eine weitere Insulingabe bei einer Hypoglykämie tödlich sein kann !

코퍼스 전체 규모 6,475,143과 ADJ-NNmenge 구문의 출현빈도 10,070 및 위의 빈도 데이터를 토대로 로그가능도 비율(Log-likelihood ratio)을 기준으로 한 공연강도를 측정한 결과는 아래와 같다.

(7) 공연형용사들의 공연강도

word.freq: frequency of the word in the corpus
obs.freq: observed frequency of the word with/in ColloMenge
exp.freq: expected frequency of the word with/in ColloMenge
faith: percentage of how many instances of the word occur with/in
　ColloMenge
relation: relation of the word to ColloMenge
coll.strength: index of collocational/collostructional strength: log-
　likelihood , the higher, the stronger

	words	word.freq	obs.freq	exp.freq	faith	relation	coll.strength
1	groß	140425	1207	218.39	0.0086	attraction	2259.6632332
2	gering	18038	398	28.05	0.0221	attraction	1392.8726388
3	ganz	37332	428	58.06	0.0115	attraction	987.6779616
4	ausreichend	10100	168	15.71	0.0166	attraction	496.3140432
5	riesig	6141	90	9.55	0.0147	attraction	244.5887293
6	klein	60915	235	94.73	0.0039	attraction	148.7783426
7	ungeheuer	1710	35	2.66	0.0205	attraction	116.4479068
8	winzig	2080	37	3.23	0.0178	attraction	113.4701109
9	aufgebracht	292	19	0.45	0.0651	attraction	106.0343607
10	gewaltig	4049	44	6.30	0.0109	attraction	96.1716177
11	rauh	871	23	1.35	0.0264	attraction	87.5718447
12	benötigt	1310	24	2.04	0.0183	attraction	74.8824166
13	enorm	5622	43	8.74	0.0076	attraction	68.8042103
14	unbegrenzt	810	17	1.26	0.0210	attraction	57.3321110
15	nennenswert	1055	16	1.64	0.0152	attraction	44.3772402
16	beträchtlich	1974	19	3.07	0.0096	attraction	37.5601137
17	gigantisch	1482	15	2.30	0.0101	attraction	30.9268507
18	bestimmt	25979	78	40.40	0.0030	attraction	27.6213294
19	erheblich	14571	51	22.66	0.0035	attraction	26.1990129
20	doppelt	4065	23	6.32	0.0057	attraction	26.1484862
21	unendlich	2482	17	3.86	0.0068	attraction	24.2138814

22	unglaublich	2897	17	4.51	0.0059	attraction	20.2305115
23	gleich	32510	83	50.56	0.0026	attraction	17.5420983
24	erhöht	4833	18	7.52	0.0037	attraction	10.5054045
25	begrenzt	4802	15	7.47	0.0031	attraction	5.8762471
26	hoch	66768	63	103.84	0.0009	repulsion	18.9050372
27	richtig	30636	24	47.64	0.0008	repulsion	14.4487888
28	entsprechend	29071	30	45.21	0.0010	repulsion	5.8442078
29	unterschiedlich	25213	27	39.21	0.0011	repulsion	4.2941140
30	erforderlich	14726	19	22.90	0.0013	repulsion	0.7085596
31	gewiß	13219	19	20.56	0.0014	repulsion	0.1215855

공연강도를 기준으로 삼아 판단할 때, 형용사 groß, gering 및 ganz가
이 구문에 의해 가장 선호되는 반면, 형용사 hoch, richtig 등은 이 구문
에 의해 거부된다.

이어서, 명사 Umfang을 연어핵으로 하는 ADJ-NNumfang 구문과 형
용사(ADJ) 슬롯 간의 연관성에 대해 살펴보자. 이 형용사 슬롯에 나타나는
부가어적 형용사들의 출현빈도가 아래의 [표 5]에 제시되어 있다.

[표 5] 절대빈도-상대빈도 쌍

lemma	freq1	freq2
voll	18724	765
groß	140425	536
gering	18038	205
erheblich	14571	196
begrenzt	4802	101
gewiß	13219	83
gleich	32510	78
erforderlich	14726	65
angemessen	5812	60
nennenswert	1055	59

lemma	freq1	freq2
weit	98601	49
bisherig	11067	44
zeitlich	4471	40
notwendig	22634	38
eingeschränkt	987	31
beschränkt	1450	31
bestimmt	25979	30
klein	60915	28
unterschiedlich	25213	28
ganz	37332	26
ausreichend	10100	26
beträchtlich	1974	26
hoch	66768	23
unerheblich	1243	17
breit	11462	16
gesamt	19087	15
wachsend	4714	15
finanziell	12467	14
entsprechend	29071	14
zunehmend	13458	14

빈도 데이터를 살펴보면, 형용사 voll, groß 및 gering가 이 구문에 자주 출현함을 알 수 있는데, 이 사실은 다음과 같은 용례들을 통해 입증된다.

(8)
64052953: 〈text_id wirtschaft〉: Jetzt kommt es darauf an , diese in 〈vollem Umfang〉 in die Praxis umzusetzen - zum Beispiel durch stärkere deutsche Beteiligung an Budgetfinanzierungen und Sektorprogrammen .

66365598: ⟨text_id wissenschaft⟩: Das vergangene Jahr hat auf dem Gebiete der mittelalterlichen Kirchengeschichte kaum ein Werk von ⟨größerem Umfang⟩ zu verzeichnen .

66894580: ⟨text_id wissenschaft⟩: Die freien Mitarbeiterinnen und Mitarbeiter sind in der Regel nur in einem zeitlich ⟨geringen Umfang⟩ für den NDR als freie Journalistinnen und Journalisten oder freischaffende Künstlerinnen und Künstler aller Sparten tätig .

빈도 데이터와 코퍼스 전체 규모 6,475,143과 ADJ-NNumfang 구문의 출현빈도 7,139를 토대로 하고 로그가능도 비율(Log-likelihood ratio)을 기준으로 한 공연강도를 측정한 결과는 아래와 같다.

(9) 공연형용사들의 공연강도

word.freq: frequency of the word in the corpus

obs.freq: observed frequency of the word with/in ColloUmfang

exp.freq: expected frequency of the word with/in ColloUmfang

faith: percentage of how many instances of the word occur with/in ColloUmfang

relation: relation of the word to ColloUmfang

coll.strength: index of collocational/collostructional strength: log-likelihood , the higher, the stronger

	words	word.freq	obs.freq	exp.freq	faith	relation	coll.strength
1	voll	18724	765	20.64	0.0409	attraction	4.149174e+03
2	erheblich	14571	196	16.06	0.0135	attraction	6.275325e+02
3	gering	18038	205	19.89	0.0114	attraction	5.930441e+02
4	groß	140425	536	154.82	0.0038	attraction	5.911688e+02
5	begrenzt	4802	101	5.29	0.0210	attraction	4.073964e+02
6	nennenswert	1055	59	1.16	0.0559	attraction	3.513453e+02
7	angemessen	5812	60	6.41	0.0103	attraction	1.621343e+02

8	gewiß	13219	83	14.57	0.0063	attraction 1.529346e+02
9	eingeschränkt	987	31	1.09	0.0314	attraction 1.488860e+02
10	beschränkt	1450	31	1.60	0.0214	attraction 1.257386e+02
11	zeitlich	4471	40	4.93	0.0089	attraction 9.780100e+01
12	erforderlich	14726	65	16.24	0.0044	attraction 8.330054e+01
13	beträchtlich	1974	26	2.18	0.0132	attraction 8.170396e+01
14	unerheblich	1243	17	1.37	0.0137	attraction 5.458758e+01
15	bisherig	11067	44	12.20	0.0040	attraction 4.950762e+01
16	gleich	32510	78	35.84	0.0024	attraction 3.729104e+01
17	ausreichend	10100	26	11.14	0.0026	attraction 1.441782e+01
18	wachsend	4714	15	5.20	0.0032	attraction 1.222585e+01
19	notwendig	22634	38	24.95	0.0017	attraction 5.900896e+00
20	breit	11462	16	12.64	0.0014	attraction 8.272185e-01
21	bestimmt	25979	30	28.64	0.0012	attraction 6.367864e-02
22	finanziell	12467	14	13.75	0.0011	attraction 4.710019e-03
23	unterschiedlich	25213	28	27.80	0.0011	attraction 1.472641e-03
24	hoch	66768	23	73.61	0.0003	repulsion 4.811388e+01
25	weit	98601	49	108.71	0.0005	repulsion 4.186979e+01
26	klein	60915	28	67.16	0.0005	repulsion 2.956927e+01
27	entsprechend	29071	14	32.05	0.0005	repulsion 1.296802e+01
28	ganz	37332	26	41.16	0.0007	repulsion 6.470867e+00
29	gesamt	19087	15	21.04	0.0008	repulsion 1.938021e+00
30	zunehmend	13458	14	14.84	0.0010	repulsion 4.836891e-02

공연강도를 기준으로 삼아 판단할 때, 형용사 voll, erheblich 및 gering이 이 구문에 의해 가장 선호되는 반면, 형용사 ganz나 gesamt 등 개체들의 가산성을 전제로 사용되는 형용사들이 이 구문에 의해 거부되는 것은 매우 흥미롭고 후속 연구를 통한 설명력 있는 근거를 필요로 한다. 앞서 논의한 구문과 마찬가지로, 언어직관을 넘어 객관성을 확보하기 위해서 이 구문과 잘 호응하는 형용사들이 의미론적으로 어떤 공통점을 가지는지를 검증할 필요가 있지만, 여기서는 개별 구문과 관련하여 이 문제

를 다루지 않는다.

이 장에서 논의하는 마지막 구문으로서 명사 Zahl을 연어핵으로 하는 ADJ-NNzahl 구문과 형용사(ADJ) 슬롯 간의 연관성에 대해 논의를 시작해 보자. 아래의 [표 6]은 이 형용사 슬롯에 나타나는 부가어적 형용사들의 출현빈도를 보여준다.

[표 6] 절대빈도−상대빈도 쌍

lemma	freq1	freq2
groß	140425	1435
hoch	66768	515
wachsend	4714	321
steigend	4340	262
genau	35891	222
gering	18038	216
rot	9077	174
schwarz	9744	158
zunehmend	13458	150
überwiegend	5880	147
absolut	9690	146
klein	60915	130
aktuell	17043	122
neu	156803	114
konkret	13730	108
ausreichend	10100	93
offiziell	8717	70
genannt	16435	66
ganz	37332	54
begrenzt	4802	53
tatsächlich	23155	47
bestimmt	25979	43
gestiegen	973	42

lemma	freq1	freq2
falsch	13056	42
entsprechend	29071	42
ander	116060	41
gleich	32510	41
niedrig	8614	40
natürlich	7144	40
vorgelegt	1625	37

빈도 데이터를 살펴보면, 형용사 groß, hoch 및 wachsend가 이 구문에 자주 출현함을 알 수 있는데, 이 사실은 다음과 같은 용례들을 통해 입증된다.

(10)
2508242: ⟨text_id fiktion⟩: Die Architektur versucht , die Wartezeiten auf den Speicher zu verringern , indem für jeden Datentyp eine ⟨große Zahl⟩ Register auf dem Prozessor vorhanden ist .
6543584: ⟨text_id fiktion⟩: Fast 70 Prozent hassen Sinti und Roma Ich frage mich wie er auf diese sehr ⟨hohen Zahlen⟩ kommt .
14228828: ⟨text_id freizeit⟩: Mit welchen politischen Maßnahmen reagierte die amerikanische Regierung auf die ständig ⟨wachsende Zahl⟩ der Immigranten ?

코퍼스 전체 규모 6,475,143과 ADJ-NNzahl 구문의 출현빈도 23,935 및 위의 빈도 데이터를 토대로 로그가능도 비율(Log-likelihood ratio)을 기준으로 한 공연강도를 측정한 결과는 아래와 같다.

(11) **공연형용사들의 공연강도**
word.freq: frequency of the word in the corpus
obs.freq: observed frequency of the word with/in ColloZahl

exp.freq: expected frequency of the word with/in ColloZahl

faith: percentage of how many instances of the word occur with/in
ColloZahl

relation: relation of the word to ColloZahl

coll.strength: index of collocational/collostructional strength: log-
likelihood , the higher, the stronger

	words	word.freq	obs.freq	exp.freq	faith	relation	coll.strength
1	wachsend	4714	321	17.43	0.0681	attraction	1287.2815479
2	groß	140425	1435	519.07	0.0102	attraction	1129.0245651
3	steigend	4340	262	16.04	0.0604	attraction	988.4800405
4	überwiegend	5880	147	21.74	0.0250	attraction	314.8101008
5	rot	9077	174	33.55	0.0192	attraction	294.9150387
6	schwarz	9744	158	36.02	0.0162	attraction	225.4302530
7	hoch	66768	515	246.80	0.0077	attraction	225.3893093
8	gering	18038	216	66.68	0.0120	attraction	211.3209877
9	absolut	9690	146	35.82	0.0151	attraction	191.7111905
10	zunehmend	13458	150	49.75	0.0111	attraction	131.7750138
11	gestiegen	973	42	3.60	0.0432	attraction	131.2412854
12	vorgelegt	1625	37	6.01	0.0228	attraction	73.1857783
13	ausreichend	10100	93	37.33	0.0092	attraction	58.8678007
14	genau	35891	222	132.67	0.0062	attraction	50.4783215
15	konkret	13730	108	50.75	0.0079	attraction	49.0002961
16	begrenzt	4802	53	17.75	0.0110	attraction	45.7653260
17	aktuell	17043	122	63.00	0.0072	attraction	43.6108401
18	offiziell	8717	70	32.22	0.0080	attraction	33.2871825
19	natürlich	7144	40	26.41	0.0056	attraction	6.0673550
20	niedrig	8614	40	31.84	0.0046	attraction	1.9424452
21	genannt	16435	66	60.75	0.0040	attraction	0.4438311
22	ander	116060	41	429.01	0.0004	repulsion	591.1842871
23	neu	156803	114	579.61	0.0007	repulsion	571.1038955
24	gleich	32510	41	120.17	0.0013	repulsion	70.6215669

25 ganz	37332	54	138.00	0.0014	repulsion	67.1483302
26 entsprechend	29071	42	107.46	0.0014	repulsion	52.3335990
27 klein	60915	130	225.17	0.0021	repulsion	48.0475765
28 bestimmt	25979	43	96.03	0.0017	repulsion	37.1891803
29 tatsächlich	23155	47	85.59	0.0020	repulsion	20.9626388
30 falsch	13056	42	48.26	0.0032	repulsion	0.8544494

공연강도를 기준으로 삼아 판단할 때, 형용사 waschsend, groß 및 steigend가 이 구문에 의해 가장 선호되는 반면, 형용사 ander, neu, gleich 및 평가형용사 falsch는 이 구문에 의해 거부된다. ADJ-NNzahl 구문과 잘 호응하는 형용사들이 의미론적으로 어떤 공통점을 가지는지를 검증할 필요가 있지만 여기서는 개별 구문에 대한 검증 작업을 수행하지 않는다.

이제까지 구체적으로 검토한 5개 구문을 포함하여 수량명사(NC11)가 이 끄는 20개 구문 중 어느 한 구문에 의해서라도 선호되는 것으로 평가된 형용사들은 272개에 이른다. 이 가운데 20개만 제시하면 아래와 같다.

(12)
　　abendländisch, absolut, aktiv, aktuell, amerikanisch, ander, angeboten, angemessen, angespannt, arabisch, aufgebracht, ausgewählt, auslösend, ausreichend, ausschlaggebend, bedeutend, bedeutsam, begrenzt, benötigt, beschränkt

이 절을 종합하는 의미에서 연어핵으로서 수량명사가 이끄는 20개 구문 내에서 연어변으로 기능하는 형용사들이 속한 의미부류에 대한 분포를 살펴보기로 하자. 물론 이 경우, 연어변의 여부는 공연강도를 기준으로 하여 정한 것이다. 다음의 [표 7]은 ADJ-NNnc11 구문과 게르마넷 기반 의미부류 간의 상관관계를 보여준다.

[표 7] NC 11 전체의 연어 형용사 의미부류 분포

의미부류		빈도	백분율(%)	누적백분율(%)
명칭	GN-백분율(%)			
ac13	12.98	232	21.68	21.68
ac1	8.12	162	15.14	36.82
ac5	11.22	128	11.96	48.79
ac10	7.39	92	8.6	57.38
ac7	3.31	92	8.6	65.98
ac9	3.96	90	8.41	74.39
ac15	13.97	84	7.85	82.24
ac16	7.35	58	5.42	87.66
ac6	6.19	32	2.99	90.65
ac3	7.47	30	2.8	93.46
ac11	4.13	20	1.87	95.33
ac2	0.94	18	1.68	97.01
ac14	4.4	16	1.5	98.5
ac4	2.44	10	0.93	99.44
ac12	5.15	4	0.37	99.81
ac8	0.98	2	0.19	100

포괄적으로 ADJ-NNnc11 구문에 가장 잘 어울리는 형용사군은 ac13 (관계) 의미부류, ac1(일반형용사) 의미부류와 ac7(수량) 의미부류라는 사실을 이 표를 통해 확인할 수 있다. "관계"-형용사 부류가 구문 내에서 차지하는 비율은 21.68%로서 게르마넷 내에서 이 의미부류가 차지하는 비율 12.98%의 2배에 가까운 분포이다. "일반형용사" 부류도 게르마넷 내 일반적인 분포가 8.12%에 불과한데, 이 구문에서는 거의 2배에 육박하는 15.14%를 나타낸다. 또한 "수량"-형용사 부류가 이 구문 내에서 차지하는 비율이 8.6%인데, 게르마넷 내에서의 비율인 3.31%과 비교하면 2.5배를 상회하는 비율을 차지한다. 반면, 의미부류 "신체"-형용사 부류(ac6)은 게르마넷 내에서 6.19%를 차지하는데, 이 구문에서는 2.99%만 출현한다.

의미부류 ac3(감정형용사)이 구문 내에서 차지하는 비율이 2.8%인데, 게르마넷 내에서의 비율인 7.47%와 비교하면 3분의 1 수준으로 하락한 것이다. 다시 말하여 감정형용사 의미부류도 이 구문에 의해 선호되지 않는다고 할 수 있다.

이 장을 마무리하면서 이 구문과 형용사 슬롯의 의미부류 간의 상관관계에 대해 정리하자면, 수량명사가 이끄는 ADJ-NNnc11 구문은 관계형용사 부류, 일반형용사 부류 및 수량형용사 부류에 속하는 형용사들을 선호하는 반면, 신체형용사 부류나 감정형용사 부류에 속하는 형용사들을 선호하지 않는다.

제7장의 내용요약

이 장에서는 명사의 연어관계에 대해 살펴보기 위해 게르마넷의 의미분류 체계상 "수량명사(NC11)" 부류에 속하는 명사 20개를 선별한 다음에, 로그가능도 비율을 측도로 삼아 공연강도를 산출했다. 20개 명사 가운데, 이 의미부류의 특성을 잘 보여주는 명사 5개 ─ 곧, Anteil, Maß, Menge, Umfang 및 Zahl 등 ─ 의 연어관계에 대해 상세히 분석했다. 형용사의 의미분류 체계상 관계형용사 부류, 일반형용사 부류 및 수량형용사 부류에 속하는 형용사들이 수량명사 부류와 잘 호응하는 반면, 신체형용사 부류나 감정형용사 부류에 속하는 형용사들은 수량명사 부류와 호응하는 확률이 낮다는 사실을 새롭게 밝혀낸 점이 이 장의 연구성과에 속한다.

제8장 부사중심의 연어관계

이 장에서는 부사를 연어핵으로 하고 동사를 연어변으로 삼는 동사구 구문의 연어관계에 대해 논의한다. 분석대상이 되는 부사들은 후치구문에서 완전동사에 아주 가까이 위치하여 동사의 속성을 세밀하게 서술하는 기능을 가진 양태부사(Adverbien der Art und Weise)들이다. 양태부사로서의 속성을 잘 드러내면서 GLOW 코퍼스상에서의 출현빈도가 상위그룹— 100위 이내—에 속한 부사 20개를 선별하여 분석대상으로 삼았다.[1] 아래에 부사목록이 제시된다.

(1)

deutlich, erfolgreich, erheblich, gemeinsam, genau, gut, hoch, kurz, lang, langsam, leicht, nah, neu, plötzlich, richtig, schlecht, schnell, schwer, spät, stark

---

1) 일차적으로 코퍼스 GLOW 내에서 출현빈도가 높은 부사들을 추출하는 과정에 아래와 같은 복합검색식을 사용했다.

A = [pos="VV.*"];
set A target nearest [pos="ADJD"] within left 1 word from match;
group A target lemma cut 10 〉 "freqADJD20colloVV-1word.txt";

이제 몇 가지 용례를 통해 양태부사와 동사 간의 연어관계를 살펴보자.

(2)

42775052: ⟨text_id politik⟩: Die Initiatoren wollen von Erwerbslosen ⟨genau⟩ wissen , was auf den Ämtern läuft , wie die sog. Eingliederungsvereinbarung konkret aussieht , wie die Leute bei den 1-Euro-Jobs behandelt werden , wie die Androhung zum Zwangsumzug aussieht usw. .

18865126: ⟨text_id gesundheit⟩: Wenn sich sehr viele Leute beteiligen , kann es auch etwas ⟨länger⟩ dauern .

38442723: ⟨text_id politik⟩: Das kann dann bis in den Herbst hineingehen , wenn ich Sie ⟨richtig⟩ verstehe ?

74484128: ⟨text_id wissenschaft⟩: Dieses Projekt zielt wiederum darauf ab , die knappen Ressourcen effizienter ⟨gemeinsam⟩ zu nutzen .

위 용례들은 각 부사와 한 문장 내에 비교적 자주 출현하는 동사들을 보여주고 있다. 부사 genau는 동사 wissen과, 부사 lang은 동사 dauern과, 부사 richtig는 동사 verstehen과, 그리고 부사 gemeinsam은 동사 nutzen과 공기하는 확률이 높다. 이러한 사실을 통계적으로 검증하고자 하는 것이 이 장의 목적이다.

앞서 열거한 20개의 부사 가운데 양태부사로서의 특성이 가장 잘 드러나는 erheblich를 연어핵으로 하는 구문으로부터 논의를 시작하자.[2] 이 구문을 ADJDerheblich-VV 구문이라고 명명한다면, 우리의 관심사는 이 구문의 VV-슬롯에 출현하는 동사들의 목록이다. 아래의 [표 1]은 erheblich

---

[2] 이 장에서는 지면관계상 부사 20개 모두에 대한 분석결과를 서술하지 않고 '양태부사' 부류의 특성을 잘 보여주는 원형적인 부사 5개 - 곧 erheblich, deutlich, erfolgreich, nah, plötzlich 등 - 의 연어관계를 구체적으로 기술하고, 나머지 15개 부사의 통계적인 산출 값인 공연강도에 대해서는 1위부터 20위까지 [부록 7]에 제시한다.

의 잠재적인 연어변으로 간주되는 동사들을 전체 코퍼스 내의 출현빈도 (freq1) 및 구문 내의 출현빈도(freq2)와 함께 보여준다.

[표 1] 절대빈도-상대빈도 쌍

lemma	freq1	freq2
verbessern	9800	181
erschweren	2228	105
reduzieren	6325	103
einschränken	3571	101
beeinträchtigen	2778	100
zunehmen	3230	88
erweitern	4144	76
erleichtern	3911	65
steigern	4198	61
verändern	11880	59
ausweiten	1732	58
steigen	14861	57
erhöhen	10993	47
senken	4638	46
verringern	3336	44
verstärken	4268	43
belasten	3170	38
beeinflussen	6456	35
verschärfen	2217	34
verschlechtern	1615	34
beschleunigen	2113	33
vergrößern	1551	29
stören	5194	28
sinken	6037	28
stärken	5909	26
beschädigen	1210	25
überschreiten	3500	24

lemma	freq1	freq2
vermindern	1309	23
unterscheiden	9508	22
ansteigen	1731	21
schwächen	1532	21
beitragen	8662	21

이 빈도 파일을 살펴보면, 동사 verbessern, erschweren 및 reduzieren 이 이 구문에 빈번하게 출현하는 것으로 나타나는데, 이를 입증하는 용례들이 아래에 제시된다.

(3)
33141575: 〈text_id natur〉: Die Luftqualität in Deutschland hat sich seit 1971 〈erheblich〉 verbessert - besonders deutlich nach 1990 .
54875119: 〈text_id staat〉: Dies würde bedeuten , dass für die Urlauberinnen und Urlauber , die den Weg nach Rostock und Umgebung suchen , die Anreise 〈erheblich〉 erschwert wird .
64070968: 〈text_id wirtschaft〉: Mit Sorge betrachten wir jedoch , dass die Länder angesichts des Sparzwangs ihre Etats für EZ teilweise 〈erheblich〉 reduziert haben .

이제, ADJDerheblich-VV 구문과 그 안의 VV 슬롯과의 공연강도는 빈도 파일과 전체 코퍼스 규모 및 구문 빈도를 토대로 R-스크립트를 활용하여 산출할 수 있는데, 측정한 결과는 다음과 같다.

(4) 공연 동사들의 공연강도
word.freq: frequency of the word in the corpus
obs.freq: observed frequency of the word with/in ColloErheblich
exp.freq: expected frequency of the word with/in ColloErheblich
faith: percentage of how many instances of the word occur with/in

ColloErheblich

relation: relation of the word to ColloErheblich

coll.strength: index of collocational/collostructional strength: log-
likelihood , the higher, the stronger

	words	word.freq	obs.freq	exp.freq	faith	relation	coll.strength
1	verbessern	9800	181	3.67	0.0185	attraction	1073.21104
2	erschweren	2228	105	0.83	0.0471	attraction	816.59851
3	beeinträchtigen	2778	100	1.04	0.0360	attraction	722.94671
4	einschränken	3571	101	1.34	0.0283	attraction	681.25627
5	zunehmen	3230	88	1.21	0.0272	attraction	586.50404
6	reduzieren	6325	103	2.37	0.0163	attraction	581.77912
7	erweitern	4144	76	1.55	0.0183	attraction	446.28819
8	ausweiten	1732	58	0.65	0.0335	attraction	409.85780
9	erleichtern	3911	65	1.46	0.0166	attraction	368.75709
10	steigern	4198	61	1.57	0.0145	attraction	329.83495
11	verringern	3336	44	1.25	0.0132	attraction	229.26050
12	senken	4638	46	1.74	0.0099	attraction	214.18630
13	verschlechtern	1615	34	0.60	0.0211	attraction	208.37855
14	verstärken	4268	43	1.60	0.0101	attraction	201.47468
15	verändern	11880	59	4.45	0.0050	attraction	197.44290
16	belasten	3170	38	1.19	0.0120	attraction	190.81204
17	verschärfen	2217	34	0.83	0.0153	attraction	187.08265
18	beschleunigen	2113	33	0.79	0.0156	attraction	182.74861
19	vergrößern	1551	29	0.58	0.0187	attraction	170.85506
20	steigen	14861	57	5.56	0.0038	attraction	163.66944
21	beschädigen	1210	25	0.45	0.0207	attraction	152.19743
22	erhöhen	10993	47	4.12	0.0043	attraction	144.09436
23	vermindern	1309	23	0.49	0.0176	attraction	132.62333
24	beeinflussen	6456	35	2.42	0.0054	attraction	122.54130
25	schwächen	1532	21	0.57	0.0137	attraction	110.81441
26	ansteigen	1731	21	0.65	0.0121	attraction	105.79954

27 stören	5194	28	1.94	0.0054	attraction	97.66730
28 überschreiten	3500	24	1.31	0.0069	attraction	94.55764
29 sinken	6037	28	2.26	0.0046	attraction	89.84810
30 stärken	5909	26	2.21	0.0044	attraction	80.89148
31 unterscheiden	9508	22	3.56	0.0023	attraction	43.43970
32 beitragen	8662	21	3.24	0.0024	attraction	43.11378

통합 빈도 파일에 제시된 출현빈도를 기준으로 1-2위인 verbessern과 erschweren이 공연강도를 기준으로 삼을 경우에도 모두 2위 안에 든 사실은 이 구문의 경우 출현빈도와 공연강도 간의 상관성이 매우 높다는 점을 인식하게 한다. 이 사실을 뒷받침하는 다른 근거는 나머지 동사들도 모두 출현빈도상의 순위와 공연강도를 기준으로 한 순위가 비슷하다는 점에서 찾을 수 있다. 이 구문과의 호응도가 높은 동사들은 양적으로나 질적으로 변동을 표현하는 데 사용되는 동사들로 범주화될 수 있다. 이러한 주장이 타당한 지를 알아보기 위해 ADJDerheblich-VV 구문과 연관성이 높은 동사(NN)들이 의미분류 체계상 어떤 부류에 속하는지를 검토하면 된다. 이 구문의 연어동사가 속한 의미부류의 분포는 [표 2]와 같다.3)

---

3) GermaNet에서 동사는 15가지 의미부류를 구분한다.
   vc1::일반(Allgemein), vc2::소유(Besitz), vc3::감정(Gefühl), vc4::사회관계(Gesellschaft), vc5::신체기능(Körperfunktion), vc6::인지(Kognition), vc7::소통(Kommunikation), vc8::경쟁(Konkurrenz), vc9::접촉(Kontakt), vc10::장소(Lokation), vc11::자연현상(natPhänomen), vc12::지각(Perzeption), vc13::창조(Schöpfung), vc14::변동(Veränderung), vc15::소비(Verbrauch)

[표 2] 동사의 빈도

| 의미부류 | | 빈도 | 백분율(%) | 누적백분율(%) |
명칭	GN-백분율(%)			
vc14	18.77	46	52.87	52.87
vc6	10.33	9	10.34	63.22
vc10	11.1	6	6.9	70.11
vc4	11.94	6	6.9	77.01
vc2	5.5	5	5.75	82.76
vc1	4.38	3	3.45	86.21
vc7	8.34	3	3.45	89.66
vc8	2.56	3	3.45	93.1
vc5	5.06	2	2.3	95.4
vc11	1.29	1	1.15	96.55
vc12	3.83	1	1.15	97.7
vc15	1.94	1	1.15	98.85
vc13	4.93	1	1.15	100

이 표를 살펴보면, 변동동사(vc14)가 압도적으로 많이 이 구문과 연동하는 것을 어렵지 않게 확인할 수 있다. "변동동사" 부류가 구문 내에서 차지하는 비율은 52.87%로서 게르마넷 내에서 이 의미부류가 차지하는 비율 18.77%과 비교하면 2.5배 이상의 비율을 차지한다. 의미부류 vc7(소통)은 게르마넷 내에서 8.34%를 차지하는데, 이 구문에서는 1/2도 되지 않는 3.45%만 출현한다. 다시 말하여, "소통동사" 부류는 구문과 잘 어울리지 않는다고 단언할 수 있다. 같은 맥락에서 두 가지 비율을 비교해 볼 때, 장소동사(vc10) 부류와 사회관계동사(vc4) 부류도 이 구문과 잘 공연하지 않는다고 결론내릴 수 있다.

다음으로, 이어서 ADJDdeutlich-VV 구문과 동사 슬롯의 연어관계에 대해 논의하기로 한다. 아래의 [표 3]은 이 구문의 동사 슬롯에 나타나는 동사 30개의 통합 빈도를 보여준다.

[표 3] 절대빈도-상대빈도 쌍

lemma	freq1	freq2
machen	145797	1782
verbessern	9800	370
erhöhen	10993	314
zeigen	57064	192
steigen	14861	181
zunehmen	3230	174
reduzieren	6325	161
sagen	53316	132
senken	4638	118
zurückgehen	2359	116
verringern	3336	109
steigern	4198	107
sehen	100855	98
erkennen	22023	92
sinken	6037	88
unterscheiden	9508	71
ansteigen	1731	65
überschreiten	3500	60
spüren	6574	59
einschränken	3571	57
verändern	11880	57
verschlechtern	1615	55
abnehmen	2594	55
hervortreten	399	52
verstärken	4268	52
stärken	5909	46
übertreffen	1331	46
unterschreiten	513	42
verkürzen	1432	39
anheben	1242	39

이 표를 살펴보면, 동사 machen, verbessern 및 erhöhen이 이 구문에 자주 출현하는 것으로 나타나는데, 이 사실을 뒷받침하는 용례들이 아래에 제시된다.

(5)
44281033: ⟨text_id politik⟩: Seitens des Innenministeriums und des Wissenschaftlichen Dienstes ist uns eine Reihe von verfassung srechtlichen Bedenken ⟨deutlich⟩ gemacht worden .

22336825: ⟨text_id gesundheit⟩: Mit dem Erhalt einer Lebendspende kann ein Patient seine Lebenserwartung ⟨deutlich⟩ verbessern , so der Mediziner .

82856864: ⟨text_id universum⟩: Es vollzieht sich ein Übergang von verkehrsmittelbezogenen Anwendungen hin zu intermodalen , verkehrsträgerübergreifenden Systemen mit ⟨deutlich⟩ erhöhter Komplexität .

앞서 논의한 바와 같이, 동사 빈도 데이터, 전체 코퍼스 규모에 대한 정보 및 해당 구문 빈도 데이터를 토대로 하여 구문과 연어동사와의 공연강도를 산출할 수 있는데, 아래에 그 결과가 제시된다.

(6) 공연 동사들의 공연강도
word.freq: frequency of the word in the corpus
obs.freq: observed frequency of the word with/in ColloDeutlich
exp.freq: expected frequency of the word with/in ColloDeutlich
faith: percentage of how many instances of the word occur with/in ColloDeutlich
relation: relation of the word to ColloDeutlich
coll.strength: index of collocational/collostructional strength: log-likelihood , the higher, the stronger

	words	word.freq	obs.freq	exp.freq	faith	relation	coll.strength
1	machen	145797	1782	167.27	0.0122	attraction	5609.930362
2	verbessern	9800	370	11.24	0.0378	attraction	1898.795035
3	erhöhen	10993	314	12.61	0.0286	attraction	1436.845395
4	zunehmen	3230	174	3.71	0.0539	attraction	1012.008140
5	reduzieren	6325	161	7.26	0.0255	attraction	697.526830
6	zurückgehen	2359	116	2.71	0.0492	attraction	652.529167
7	steigen	14861	181	17.05	0.0122	attraction	532.741275
8	verringern	3336	109	3.83	0.0327	attraction	524.624126
9	senken	4638	118	5.32	0.0254	attraction	510.486015
10	steigern	4198	107	4.82	0.0255	attraction	463.129144
11	hervortreten	399	52	0.46	0.1303	attraction	396.439895
12	ansteigen	1731	65	1.99	0.0376	attraction	330.308493
13	sinken	6037	88	6.93	0.0146	attraction	287.231018
14	unterschreiten	513	42	0.59	0.0819	attraction	279.338611
15	verschlechtern	1615	55	1.85	0.0341	attraction	268.821561
16	übertreffen	1331	46	1.53	0.0346	attraction	226.112534
17	abnehmen	2594	55	2.98	0.0212	attraction	218.207871
18	überschreiten	3500	60	4.02	0.0171	attraction	213.855524
19	einschränken	3571	57	4.10	0.0160	attraction	195.498399
20	anheben	1242	39	1.42	0.0314	attraction	184.324913
21	verkürzen	1432	39	1.64	0.0272	attraction	173.489977
22	zeigen	57064	192	65.47	0.0034	attraction	162.556733
23	verstärken	4268	52	4.90	0.0122	attraction	152.334141
24	unterscheiden	9508	71	10.91	0.0075	attraction	146.670797
25	spüren	6574	59	7.54	0.0090	attraction	140.572505
26	erkennen	22023	92	25.27	0.0042	attraction	105.120723
27	stärken	5909	46	6.78	0.0078	attraction	98.184439
28	verändern	11880	57	13.63	0.0048	attraction	76.781527
29	sagen	53316	132	61.17	0.0025	attraction	62.172409
30	sehen	100855	98	115.71	0.0010	repulsion	2.907202

 R-스크립트를 이용하여 산출한 공연강도를 살펴보아도 통합빈도 데이터에서와 마찬가지로 machen, verbessern 및 erhöhen이 이 구문과 긴밀하게 호응하는 것으로 확인할 수 있다. 반면, 지각동사인 sehen은 이 구문에 의해 거부되는 것으로 드러나 있다. 구문과의 호응도가 높은 동사들은 눈으로 확인할 수 있는 어떤 결과를 표현한다는 공통점을 가지지만 의미분류상 이들이 모두 한 부류에 속하는지는 속단하기 어렵다. 이 구문에 대해서는 공연하는 동사들의 의미부류에 대한 통계적 검증을 시도하지 않는다.

 다음으로 ADJDerfolgreich-VV 구문과 동사 슬롯의 공연관계에 대해 검토하기로 한다. 아래의 [표 4]는 이 구문의 동사 슬롯에 나타나는 명사 30개의 통합 빈도를 보여준다.

[표 4] 절대빈도-상대빈도 쌍

lemma	freq1	freq2
abschließen	7160	243
verlaufen	4664	116
umsetzen	7925	93
einsetzen	17230	83
durchführen	12502	78
absolvieren	2329	68
anwenden	5903	62
behandeln	12257	61
bekämpfen	3065	43
arbeiten	27246	39
bestehen	41259	38
beenden	6088	37
praktizieren	2319	36
gestalten	7910	36
testen	3048	36

lemma	freq1	freq2
erproben	1288	30
erweisen	6658	29
durchsetzen	7183	28
machen	145797	27
bewältigen	2640	26
verhindern	13489	25
verteidigen	3384	24
führen	59139	24
meistern	1049	23
laufen	19905	22
entwickeln	27823	21
fortsetzen	4438	19
starten	5968	18
etablieren	2525	17
ablegen	1916	16
nutzen	19928	16

아래에 제시된 용례들은 동사 abschließen, verlaufen 및 umsetzen이 이 구문에 빈번하게 출현한다는 사실을 뒷받침한다.

(7)

33544412: ⟨text_id natur⟩: Hilfe wird der Tierpark allerdings auch dann noch brauchen , wenn die Vertragsver-handlungen ⟨erfolgreich⟩ abgeschlossen werden .

17177403: ⟨text_id gesundheit⟩: So sei etwa die Modernisierung der Lehrberufe ⟨erfolgreich⟩ verlaufen .

38564967: ⟨text_id politik⟩: Die Türkei habe sich auf den Weg begeben , diese Kriterien auch in der Staatspraxis ⟨erfolgreich⟩ umzusetzen .

ADJDerfolgreich-VV 구문과 그 안의 VV-슬롯과의 공연강도는 R-스크립트를 활용하여 산출할 수 있으며 측정결과는 다음과 같다. 이를 위해 빈도 파일과 전체 코퍼스 규모 및 구문 빈도를 기초데이터로 사용한다.

(8) 공연 동사들의 공연강도

word.freq: frequency of the word in the corpus

obs.freq: observed frequency of the word with/in ColloErfolgreich

exp.freq: expected frequency of the word with/in ColloErfolgreich

faith: percentage of how many instances of the word occur with/in ColloErfolgreich

relation: relation of the word to ColloErfolgreich

coll.strength: index of collocational/collostructional strength: log-likelihood , the higher, the stronger

	words	word.freq	obs.freq	exp.freq	faith	relation	coll.strength
1	abschließen	7160	243	2.85	0.0339	attraction	1.711307e+03
2	verlaufen	4664	116	1.86	0.0249	attraction	7.388209e+02
3	umsetzen	7925	93	3.16	0.0117	attraction	4.537729e+02
4	absolvieren	2329	68	0.93	0.0292	attraction	4.536382e+02
5	anwenden	5903	62	2.35	0.0105	attraction	2.884575e+02
6	durchführen	12502	78	4.98	0.0062	attraction	2.856953e+02
7	einsetzen	17230	83	6.86	0.0048	attraction	2.641372e+02
8	bekämpfen	3065	43	1.22	0.0140	attraction	2.240030e+02
9	behandeln	12257	61	4.88	0.0050	attraction	1.973462e+02
10	praktizieren	2319	36	0.92	0.0155	attraction	1.945929e+02
11	erproben	1288	30	0.51	0.0233	attraction	1.861657e+02
12	testen	3048	36	1.21	0.0118	attraction	1.753498e+02
13	meistern	1049	23	0.42	0.0219	attraction	1.399023e+02
14	beenden	6088	37	2.42	0.0061	attraction	1.331750e+02
15	bewältigen	2640	26	1.05	0.0098	attraction	1.173920e+02
16	gestalten	7910	36	3.15	0.0046	attraction	1.102477e+02

17	verteidigen	3384	24	1.35	0.0071	attraction	9.326649e+01
18	erweisen	6658	29	2.65	0.0044	attraction	8.641725e+01
19	durchsetzen	7183	28	2.86	0.0039	attraction	7.779536e+01
20	ablegen	1916	16	0.76	0.0084	attraction	6.711143e+01
21	etablieren	2525	17	1.01	0.0067	attraction	6.434882e+01
22	fortsetzen	4438	19	1.77	0.0043	attraction	5.596035e+01
23	arbeiten	27246	39	10.85	0.0014	attraction	4.382209e+01
24	starten	5968	18	2.38	0.0030	attraction	4.177296e+01
25	verhindern	13489	25	5.37	0.0019	attraction	3.780236e+01
26	bestehen	41259	38	16.43	0.0009	attraction	2.076939e+01
27	laufen	19905	22	7.93	0.0011	attraction	1.685134e+01
28	entwickeln	27823	21	11.08	0.0008	attraction	7.052880e+00
29	nutzen	19928	16	7.94	0.0008	attraction	6.335947e+00
30	führen	59139	24	23.55	0.0004	attraction	8.450157e-03
31	machen	145797	27	58.07	0.0002	repulsion	2.117409e+01

공연강도를 기준으로 삼아 판단할 때, 동사 abschließen, verlaufen 및 umsetzen이 이 구문에 의해 가장 선호되는데, 이 동사들은 통합 빈도를 기준으로 할 경우에도 1-3위를 차지한 동사들이다. 반면, 동사 machen은 이 구문에 의해 거부된다. ADJDerfolgreich-VV 구문과 잘 호응하는 동사들이 의미론적으로 어떤 공통점을 가지는지를 검증할 필요가 있겠으나 여기서는 개별 구문에 대한 검증 작업을 수행하지 않는다.

이제 다른 구문, 곧 부사 nah를 연어핵으로 하는 ADJDnah-VV 구문과 동사 슬롯 간의 연어관계에 대해 살펴보자. 아래의 [표 5]는 동사 슬롯에 나타나는 동사들의 출현빈도를 보여준다.

[표 5] 절대빈도–상대빈도 쌍

lemma	freq1	freq2
kommen	150735	431
bringen	50301	272
eingehen	7060	254
erläutern	4100	191
betrachten	11725	151
beleuchten	2133	125
untersuchen	10968	119
kennen	24651	104
rücken	4154	100
beschreiben	11446	92
ausführen	2951	42
erklären	21941	42
liegen	72906	41
bestimmen	12813	40
anschauen	2573	40
stehen	98529	40
vorstellen	14755	39
kennenlernen	1901	37
ansehen	8935	32
definieren	4411	23
darstellen	16027	22
begründen	8397	20
analysieren	3287	19
beschäftigen	13348	18
darlegen	2390	17
zusammenrücken	94	15
erörtern	2061	13
befassen	5401	13
konkretisieren	733	11
auseinandersetzen	2309	11
bezeichnen	10055	11

빈도 데이터를 살펴보면, 이 구문에 동사 kommen, bringen 및 eingehen
이 자주 출현함을 알 수 있는데, 이 사실은 다음과 같은 용례들을 통해 입
증된다.

(10)
> 5694424: ⟨text_id fiktion⟩: Drei Wochen erlag ich Nacht für Nacht
> dem Schmerz einer Liebe , die ich nie wieder loslassen wollte ,
> deren Ende aber immer ⟨näher⟩ kam .
> 15702196: ⟨text_id freizeit⟩: Die Zahl derer , die versuchen , uns
> Wesen und Sein des Nachbarn im Osten ⟨näher⟩ zu bringen , ist
> groß .
> 73490328: ⟨text_id wissenschaft⟩: Im Folgenden soll nun auf einzelne
> Ausdrucksformen lebensbedrohlich erkrankter Kinder ⟨näher⟩
> eingegangen werden .

코퍼스 전체 규모 6,475,143과 ADJDnah-VV 구문의 출현빈도 6,523
및 위의 빈도 데이터를 토대로 로그가능도 비율(Log-likelihood ratio)을 기준
으로 한 공연강도를 측정한 결과는 아래와 같다.

(11) 공연 동사들의 공연강도
word.freq: frequency of the word in the corpus
obs.freq: observed frequency of the word with/in ColloNah
exp.freq: expected frequency of the word with/in ColloNah
faith: percentage of how many instances of the word occur with/in
ColloNah
relation: relation of the word to ColloNah
coll.strength: index of collocational/collostructional strength: log-
likelihood , the higher, the stronger

	words	word.freq	obs.freq	exp.freq	faith	relation	coll.strength
1	eingehen	7060	254	2.96	0.0360	attraction	1.791832e+03
2	erläutern	4100	191	1.72	0.0466	attraction	1.442666e+03
3	beleuchten	2133	125	0.90	0.0586	attraction	9.995393e+02
4	kommen	150735	431	63.30	0.0029	attraction	9.725169e+02
5	bringen	50301	272	21.12	0.0054	attraction	9.137790e+02
6	betrachten	11725	151	4.92	0.0129	attraction	7.515111e+02
7	rücken	4154	100	1.74	0.0241	attraction	6.191913e+02
8	untersuchen	10968	119	4.61	0.0108	attraction	5.512411e+02
9	beschreiben	11446	92	4.81	0.0080	attraction	3.722529e+02
10	kennen	24651	104	10.35	0.0042	attraction	2.962503e+02
11	ausführen	2951	42	1.24	0.0142	attraction	2.156103e+02
12	kennenlernen	1901	37	0.80	0.0195	attraction	2.126572e+02
13	anschauen	2573	40	1.08	0.0155	attraction	2.122341e+02
14	zusammenrücken	94	15	0.04	0.1596	attraction	1.508876e+02
15	bestimmen	12813	40	5.38	0.0031	attraction	9.178817e+01
16	ansehen	8935	32	3.75	0.0036	attraction	8.107016e+01
17	vorstellen	14755	39	6.20	0.0026	attraction	7.835864e+01
18	definieren	4411	23	1.85	0.0052	attraction	7.384973e+01
19	analysieren	3287	19	1.38	0.0058	attraction	6.461217e+01
20	darlegen	2390	17	1.00	0.0071	attraction	6.441621e+01
21	erklären	21941	42	9.21	0.0019	attraction	6.230376e+01
22	konkretisieren	733	11	0.31	0.0150	attraction	5.749116e+01
23	erörtern	2061	13	0.87	0.0063	attraction	4.630285e+01
24	begründen	8397	20	3.53	0.0024	attraction	3.660714e+01
25	auseinandersetzen	2309	11	0.97	0.0048	attraction	3.345321e+01
26	befassen	5401	13	2.27	0.0024	attraction	2.399759e+01
27	darstellen	16027	22	6.73	0.0014	attraction	2.167750e+01
28	beschäftigen	13348	18	5.61	0.0013	attraction	1.727988e+01
29	bezeichnen	10055	11	4.22	0.0011	attraction	7.531674e+00
30	liegen	72906	41	30.61	0.0006	attraction	3.222927e+00
31	stehen	98529	40	41.37	0.0004	repulsion	4.684451e-02

통합 빈도를 기준으로 할 때, 각각 1위와 2위를 차지한 동사 kommen 과 gehen이 각각 4위와 5위로 밀리고 3위였던 eingehen이 1위로 오르면 서, erläutern과 beleuchten 등 인지동사들이 높은 순위를 차지한 점에 주목할 필요가 있다. 이 구문은 크게 보아 이동동사 부류와 인지동사 부류 를 선호하는 것으로 보인다. 이 주장을 뒷받침하는 논거 중의 하나는 상태 를 나타내는 동사 steheh이 이 구문에 의해 거부된다는 사실일 것이다.

이 장에서 논의하는 마지막 구문으로서 부사 plötzlich를 연어핵으로 하 는 ADJDplötzlich-VV 구문과 동사(VV) 슬롯 간의 연관성에 대해 논의를 시작해 보자. 아래의 [표 6]은 이 동사 슬롯에 나타나는 동사들의 출현빈 도를 보여준다.

[표 6] 절대빈도-상대빈도 쌍

lemma	freq1	freq2
stehen	98529	163
hören	16590	141
sehen	100855	137
kommen	150735	137
tauchen	3630	97
verschwinden	7855	72
fallen	14397	76
gehen	126280	48
geben	202916	45
erscheinen	19581	39
spüren	6574	39
beginnen	34532	39
brechen	6643	35
finden	99091	32
treten	21799	31
halten	50475	28

lemma	freq1	freq2
fühlen	11788	28
bemerken	4846	27
entdecken	10600	26
scheinen	28182	26
merken	5877	26
bleiben	66677	26
ertönen	483	25
bekommen	34228	24
schießen	3121	22
treffen	22379	21
wissen	51879	21
reißen	3071	20
springen	2596	19
fahren	15393	19
laufen	19905	19

동사 stehen, hören 및 sehen이 이 구문에 자주 출현한다는 사실을 위의 빈도 데이터를 통해 알 수 있는데, 아래에 제시된 용례들도 이 사실을 뒷받침한다.

(12)

2806462: ⟨text_id fiktion⟩: Alles schien so zu sein wie vorher , bis auf die Tatsache , dass nun ⟨plötzlich⟩ drei schattenhafte Gestalten auf dem Plateau standen .

3155514: ⟨text_id fiktion⟩: ⟨Plötzlich⟩ hörte sie über sich das Rauschen von Dlanors Flügeln .

73560694: ⟨text_id wissenschaft⟩: ⟨Plötzlich⟩ sieht man in der Bettenabteilung Kissen , die so schön sind , dass spontan der Gedanke anklopft : KAUF SIE !

빈도 데이터와 코퍼스 전체 규모 6,475,143 및 ADJDplötzlich-VV 구
문의 출현빈도 10,364를 토대로 로그가능도 비율(Log-likelihood ratio)을 기
준으로 한 공연강도를 측정한 결과는 아래와 같다.

(13) 공연 동사들의 공연강도

word.freq: frequency of the word in the corpus

obs.freq: observed frequency of the word with/in ColloPloetzlich

exp.freq: expected frequency of the word with/in ColloPloetzlich

faith: percentage of how many instances of the word occur with/in
ColloPloetzlich

relation: relation of the word to ColloPloetzlich

coll.strength: index of collocational/collostructional strength: log-
likelihood , the higher, the stronger

	words	word.freq	obs.freq	exp.freq	faith	relation	coll.strength
1	tauchen	3630	97	1.83	0.0267	attraction	585.674757
2	hören	16590	141	8.34	0.0085	attraction	538.497437
3	verschwinden	7855	72	3.95	0.0092	attraction	283.913814
4	fallen	14397	76	7.24	0.0053	attraction	221.611759
5	ertönen	483	25	0.24	0.0518	attraction	183.655483
6	stehen	98529	163	49.56	0.0017	attraction	165.436958
7	spüren	6574	39	3.31	0.0059	attraction	121.673950
8	sehen	100855	137	50.73	0.0014	attraction	102.085963
9	brechen	6643	35	3.34	0.0053	attraction	101.569657
10	bemerken	4846	27	2.44	0.0056	attraction	81.047548
11	schießen	3121	22	1.57	0.0070	attraction	75.564712
12	merken	5877	26	2.96	0.0044	attraction	67.225586
13	springen	2596	19	1.31	0.0073	attraction	66.578897
14	reißen	3071	20	1.54	0.0065	attraction	65.741218
15	erscheinen	19581	39	9.85	0.0020	attraction	49.345516
16	fühlen	11788	28	5.93	0.0024	attraction	42.978406

17	entdecken	10600	26	5.33	0.0025	attraction	41.224821
18	kommen	150735	137	75.82	0.0009	attraction	40.953586
19	treten	21799	31	10.96	0.0014	attraction	24.508032
20	beginnen	34532	39	17.37	0.0011	attraction	19.987072
21	fahren	15393	19	7.74	0.0012	attraction	11.644909
22	scheinen	28182	26	14.18	0.0009	attraction	7.941289
23	treffen	22379	21	11.26	0.0009	attraction	6.736503
24	laufen	19905	19	10.01	0.0010	attraction	6.397447
25	bekommen	34228	24	17.22	0.0007	attraction	2.393316
26	halten	50475	28	25.39	0.0006	attraction	0.262013
27	geben	202916	45	102.07	0.0002	repulsion	41.469438
28	finden	99091	32	49.84	0.0003	repulsion	7.427121
29	gehen	126280	48	63.52	0.0004	repulsion	4.221936
30	bleiben	66677	26	33.54	0.0004	repulsion	1.856436
31	wissen	51879	21	26.10	0.0004	repulsion	1.075305

공연강도를 기준으로 삼아 판단할 때, 동사 tauchen, hören 및 verschwinden이 이 구문에 의해 가장 선호되는 반면, finden이나 wissen 등 인지동사와 geben이나 gehen 등 행위동사가 이 구문에 의해 거부된다. ADJDplötzlich-VV 구문과 잘 호응하는 동사들이 의미론적으로 어떤 공통점을 가지는지를 검증할 필요가 있지만 여기서는 개별 구문에 대한 검증 작업을 수행하지 않는다.

이제까지 구체적으로 검토한 5개 구문을 포함하여 양태부사가 이끄는 20개 구문 중 어느 한 구문에 의해서라도 선호되는 것으로 평가된 동사들은 328개에 이른다. 이 가운데 20개만 제시하면 아래와 같다.

(14)

abbauen, ablaufen, ablegen, abnehmen, abschätzen, abschließen, abschneiden, absolvieren, analysieren, andauern, ändern, andeuten, anfangen, angehen, anhalten, anheben, ankommen, anpacken, anrechnen, anreißen

이 절을 종합하는 의미에서 연어핵으로서 양태부사가 이끄는 전체 20개 구문 내에서 연어변의 기능을 수행한 동사들이 속한 의미부류에 대한 분포를 살펴보기로 하자. 물론 이 경우, 연어변의 여부는 공연강도를 기준으로 하여 정한 것이다. 다음의 [표 7]은 ADJDart-VV 구문과 게르마넷 기반 의미부류 간의 상관관계를 보여준다.

[표 7] 공연 동사의 의미부류 분포

의미부류		빈도	백분율(%)	누적백분율(%)
명칭	GN-백분율(%)			
vc14	18.77	399	15.77	15.77
vc4	11.94	384	15.18	30.95
vc6	10.33	373	14.74	45.69
vc1	4.38	300	11.86	57.55
vc10	11.1	278	10.99	68.54
vc7	8.34	158	6.25	74.78
vc12	3.83	126	4.98	79.76
vc2	5.5	121	4.78	84.55
vc9	6.27	98	3.87	88.42
vc13	4.93	95	3.75	92.17
vc5	5.06	63	2.49	94.66
vc8	2.56	55	2.17	96.84
vc3	3.76	54	2.13	98.97
vc11	1.29	15	0.59	99.57
vc15	1.94	11	0.43	100

포괄적으로 ADJDart-VV 구문에 가장 잘 어울리는 동사군은 vc1(일반동사) 부류, vc6(인지동사) 부류 및 vc4(사회관계동사) 부류라는 사실을 이 표를 통해 확인할 수 있다. "일반동사" 부류가 구문 내에서 차지하는 비율은

11.86%로서 게르마넷 내에서 이 의미부류가 차지하는 비율 4.38%의 2.5배를 넘는 분포이다. "인지동사" 부류가 이 구문 내에서 차지하는 비율은 14.74%인데, 게르마넷 내에서의 비율인 10.33%과 비교하면 4%가 증가한 비율을 보인다. 또한, "사회관계동사" 부류의 경우 게르마넷 내 일반적인 분포가 11.94%에 불과한데, 이 구문에서는 3%가 증가한 15.18%를 나타낸다. 반면, 절대적인 기준에 따라 공연강도 1위를 차지한 "변동동사"(vc14) 부류는 게르마넷 내에서 18.77%를 차지하는데, 이 구문에서는 3%가 줄어들어 15.77%만 출현한다. "접촉동사"(vc9) 부류와 "신체기능동사"(vc5) 부류도 게르마넷 내에서의 비율과 비교하여 구문에서의 출현 비율이 2% 이상 줄었다.

이 장을 마무리하면서 이 구문과 동사 슬롯의 의미부류 간의 상관관계에 대해 정리하자면, 양태부사가 이끄는 ADJDart-VV 구문은 일반동사 부류, 사회관계동사 부류 및 인지동사 부류에 속하는 동사들을 선호하는 반면, 변동동사 부류, 접촉동사 부류나 신체기능동사 부류에 속하는 동사들을 선호하지 않는다.

제8장의 내용요약

이 장에서는 부사의 연어관계에 대해 살펴보기 위해 동사의 속성을 기술하는 소위 "양태" 부류에 속하는 부사 20개를 선별한 다음에, 로그가능도 비율을 측도로 삼아 공연강도를 산출했다. 20개 양태부사 가운데, 이 의미부류의 특성을 잘 보여주는 부사 5개 — 곧, erheblich, deutlich, erfolgreich, nah, plötzlich 등 — 가 동사와 호응하는 관계에 대해 상세히 분석했다. 게르마넷의 동사 의미분류 체계상 일반동사 부류, 사회관계동사 부류 및 인지동사 부류에 속하는 동사들이 양태부사 부류와 잘 호응하는 반면, 변동동사 부류, 접촉동사 부류나 신체기능동사 부류에 속하는 동사들은 수량명사 부류와 호응하는 확률이 낮다는 사실을 새롭게 밝혀낸 점이 이 장의 연구성과에 속한다.

제9장 다의성의 유형론 및 접근방법

다의성(Polysemie)은 어휘의 의미와 관련하여 매우 중요한 개념이다. 일반적으로 하나의 어휘가 서로 연관되는 여러 가지 의미를 가질 때 그 어휘는 다의성을 가진다고 정의된다. 의미적 상호연관성이라는 기준에 의거하여 다의성을 가지는 어휘와 동음이의성 관계에 있는 어휘들이 서로 구분이 된다. 그러므로 다의성을 논의할 때에 다의적 어휘에 나타나는 의미적 연관성의 성격이 어떠한 가를 살펴보는 것이 의의가 있을 뿐 더러 필수불가결하기도 하다. 이를 테면, 다음에 제시된 어휘 Kopf는 여러 가지 의의를 지닌다고 알려져 있고 실제로 단일어 사전에도 여러 가지 사용의미(Verwendungsbedeutung), 곧 의의(sense)가 기재되어 있다.[1]

(1)
Kopf, mask., -s/-es, Köpfe

---

[1] 여기에 제시된 사전항목은 DWDS 디지털 사전의 내용이다. DWDS 사전은 http://www.dwds.de/를 통해 접근이 가능하다. 하나의 어휘가 여러 가지 의미를 가지는 경우, 그 '의미'를 가리키는 명칭이 다양하게 쓰이는데, 이 글에서는 WordNet에서 사용하는 의의(sense) 개념을 수용하여 사용하기로 한다. '의의'가 Löbner(2003)에서는 '의미변이(Bedeutungsvariante)'로, Fritz(1995) 및 Bons(2009)에서는 '용법(Verwendungsweise)'으로 불린다.

1. oberster, als Sitz des Gehirns und Zentrum der Sinnesorgane wichtigster Körperteil des Menschen, der Tiere
2. Dinge, die dem Kopf des Menschen, der Tiere nach ihrer äußeren Form oder nach ihrer Stellung als oberster Teil eines Ganzen ähnlich sind
3. Leitung, geistiges Zentrum

독일어 'Kopf'는 첫째, 사람이나 동물의 머리를 의미하고, 둘째, 사물의 머리 부분을 의미하는 것으로 일종의 은유적 표현이다. 셋째, 기관이나 단체의 수뇌부를 의미하는데, 이 의미도 첫째 의미가 은유적으로 쓰인 것이다. 세 가지 의미 가운데서 첫째 의미가 명사 'Kopf'의 기본의미 혹은 원형의미이고, 남은 의미 둘은 은유적 확장기제에 의해 생성된 것이다. 이러한 관계를 도식화하면 다음과 같다.

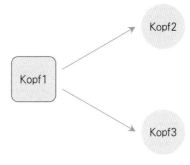

[그림 1] 방사형 전이

이 도식에서 확인할 수 있듯이. 은유적인 쓰임을 통해 새로운 의미가 모두 원형의미로부터 직접 생성된 경우들을 Balbachan(2006)는 의미가 방사형으로 확장된다는 뜻을 담아 방사형 전이(radial shift)라고 명명한다. 이러한 방사형 전이와 대조를 이루는 의미확장 유형은 연쇄형 전이(chaining shift)라고 하는데, 독일어의 'Film'에 나타난 다의성이 이 유형의 대표적 사례이다(Löbner 2003 : 77).

(2)
Film, mask., -s/-es, -e
I.
1. mit einer lichtempfindlichen Schicht überzogener Zelluloidstreifen für photographische Aufnahme
2. (künstlerisch) gestaltetes Werk, das ein Geschehen in Bild und Ton auf Filmstreifen festhält und, auf eine Leinwand projiziert, abläuft
3. (übertragen) Filmkunst
II.
aus einer (öligen) Flüssigkeit bestehende feine Schicht, Haut

사진을 촬영할 때 사용하는 '필름'이라는 의미는 의미항목 I.의 첫째 항 (1.)에 '빛에 민감한 층으로 덮인 셀룰로이드 띠 모양의 판으로 사진촬영에 쓰임'이라고 정의되어 있는데, Löbner에 따르면, 이 의의(사용의미)는 의미 항목 II.에 정리된 사용의미('액체로 구성되어 있는 얇은 막')로부터 환유적 쓰임을 통해 생성된 것이다. 스토리가 있는 '영화'라는 의의(사용의미)는 다시 사진에 쓰이는 '필름'이라는 의미(사용의미)로부터 환유적 쓰임을 통해 확장된 것이며, 최종적으로 '영화계'라는 의의(사용의미)는 또 다시 '영화'라는 사용의미로부터 환유적으로 전이된 것으로 간주된다. 이러한 의미확장 과정을 도식화하면 다음과 같다.

[그림 2] 연쇄형 전이

그런데 다의성을 보이는 많은 어휘는 방사형 전이와 연쇄형 전이가 함께 나타나는 혼합형 전이 유형에 속한다. 독일어 Schule의 다의성이 이러한 혼합형 전이를 전형적으로 보여준다. DWDS 사전에 정의된 Schule의 의미는 6가지이다.

(3)
Schule, fem., -, -n
1. Lehranstalt, in der der schulpflichtigen Jugend eine planmäßige und systematische, von Lehrern geleitete Bildung und Erziehung vermittelt wird, die vom Bildungsziel der Gesellschaftsordnung abhängig ist
2. Schulgebäude
3. Unterricht, der in 2 erteilt wird, Schulunterricht ohne Plural
4. (umgangssprachlich) Gesamtheit der Lehrer und Schüler von 1
5. künstlerische oder wissenschaftliche Richtung, die von einem Meister ausgeht und von dessen Schülern vertreten wird
6. als Titel bestimmter Lehrbücher

일반적인 의미에서 '교육기관'이라는 뜻을 갖는 첫째 의의가 Schule의 기본의미이고 나머지 다섯 의의는 기본의미로부터 확장된 의미로 간주된다. 공간적 의미를 나타내는 둘째 의의는 첫째 의의로부터 직접 확장된 것으로 분석가능한데, 그 이유는 둘째 의의가 첫째 의의와 관련성을 맺고 있는 바, '교육기관'은 필연적으로 교육이 이루어지는 교육시설인 특정한 '공간'을 필요로 하기 때문이다.[2] 이런 맥락에서, 둘째 의의가 첫째 의의로부터 환유적으로 확장된 것이라고 이해할 수 있다. 셋째 의의는 둘째 의의로부터 환유적으로 확장된 것으로 분석할 수 있는데, '수업'은 일정한 교육시설 내에서 이루어지기 때문이다. 넷째로 Schule는 수업을 통해 학생들을

---

2) 인터넷이 발달하면서 구체적인 교육시설이 없이도 온라인상으로 모든 교육이 이루어지기도 하지만, 기본적으로 교육기관은 일정한 교육시설을 전제로 한다.

교육하는 교사들과 교육을 받는 학생 모두를 의미한다. 때문에 넷째 의의
는 셋째 의의로부터 환유적으로 확장된 의미라고 볼 수 있다. 다섯째 의의
는 '학파'라는 의미를 나타내는데, 이는 수업의 내용과 관련된다. 때문에
다섯째 의의는 셋째 의의로부터 환유적으로 확장된 것으로 해석할 수 있
다. 여섯째 의의는 수업에서 사용하는 교재의 제목이라는 뜻이다. 따라서
여섯째 의의는 셋째 의의로부터 환유적으로 확장된 것으로 이해된다. 정
리하자면, Schule의 여섯 가지 의의 전체의 의미관계가 혼합형 전이의 전
형적인 예라고 할 수 있다. 다음 도식을 살펴보자.

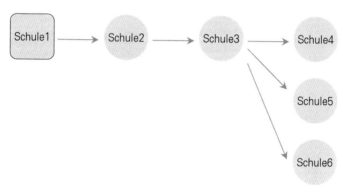

[그림 3] 혼합형 전이

이 도식은 Schule의 셋째 의의가 방사형 전이 패턴을 따라 넷째 의의,
다섯째 의의 및 여섯째 의의로 확장되었다는 사실을 명시적으로 드러낸다.

이처럼 다의성을 보이는 어휘들의 의미확장 패턴을 두 가지 기본 유형
의 전이 도식을 이용하여 기술하는 방법은 각 전이단계상에서 유형의 타
당성에 대한 검증이 어렵다는 한계를 갖는다. 우리의 어휘 Schule를 통해
설명하자면, 여기에서 주장하듯이 Schule3이 Schule2로부터 확장된 것으
로 분석하는 것이 타당한 지, 아니면 Schule3이 Schule1로부터 직접 확
장된 것으로 분석하는 것이 타당한 지를 객관적으로 입증하기가 쉽지 않

다. 원래 '전이'라는 개념은 통시적인 변화를 표현하기 위한 목적으로 도입
된 용어인데, 이 개념을 공시적인 의미차이를 기술하기 위해 사용한 데서
문제의 발단이 생겨난 것이다.

이제까지 논의한 바, 다의적 어휘의 의미확장 유형을 분석한 Balbachan
(2006)과 마찬가지로 Bons(2009)도 환유가 의미확장의 주요 기제라는 사실을
독일어 형용사의 다의성을 연구하면서 밝혀낸 바 있다.[3] Bons는 형용사
hart가 어떤 명사와 결합하느냐에 따라 여러 가지 의의를 지닐 수 있다고
본다. 아래 도식은 hart의 다의적 의의(사용의미)를 보여준다(Bons 2009 : 372).

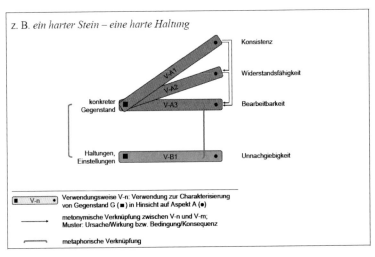

[그림 4] 형용사 hart의 다의성

이 도식은 형용사 hart가 Stein처럼 구체적인 대상을 나타내는 명사와
결합할 경우에 '불변성(Konsistenz)', '저항성(Widerstandsfähigkeit)' 및 '가공가
능성(Bearbeitbarkeit)'과 속성을 표현하는 반면, Haltung과 같이 사람의 태
도를 가리키는 명사와 결합할 경우에는 '완고성(Unnachgiebigkeit)'을 표현한

---

3) Hipert(2007)에서는 신체부위와 관련된 여러 용어들을 환유관계로 분석한다.

다는 사실을 보여준다. 이 도식에서는 4가지 의의(사용의미) 간의 관계도
명시적으로 드러나 있는데, 이 도식에 따르면 '불변성'과 '저항성' 간에, '저
항성'과 '가공가능성' 간에, 그리고 다시 '불변성'과 '가공가능성' 간에 환유
관계가 성립하고, 마지막으로 '가공가능성'과 '완고성' 간에는 은유관계가
성립한다.4)

　　Balbachan(2006)이나 Bons(2009)처럼, '은유'와 '환유'를 다의적 어휘의
의미확장에 관여하는 주요기제로 간주하는 이론적 틀을 모두 인지적인 접
근이라고 부를 수 있다.5) 이와 입장을 달리하여, Pustejovsky(1995)에 의
해 제안된 생성어휘부(Generatives Lexicon) 이론에서는 다음과 같은 다섯 가지
기제가 어휘의 의미확장에 관여한다고 주장한다(Pustejovsky 1995, Pustejovsky/
Rumshisky 2010).6)

　(4) 의미확장 기제
　　• 속성 함수 강제 (attribute functional coercion)
　　• 고정 유형 강제 (conventional type coercion)
　　• 약 은유 확장 (weak metaphoric extension)
　　• 강 은유 확장 (strong metaphoric extension)
　　• 공동 합성 (co-composition)

　이들 기제에 의해 기술이 가능한 예들은 각각 다음과 같다(Pustejovsky/

---

4) DWDS 사전에서는 형용사 hart가 5가지 사용의미를 가지는 것으로 정의되고 있다. 1.
　 fest, keinem Druck nachgebend, 2. (übertragen) streng, unbarmherzig, 3. stark,
　 intensiv, 4. heftig, derb, 5. schwer erträglich
5) 구명철(2010, 2015), 이강호(2013, 2014), 오예옥(2012, 2015) 및 정문용(2012)에서도
　 은유와 환유가 중요한 의미확장 기제라는 사실을 여러 가지 사례분석을 통해 논증하고
　 있다.
6) 형용사의 의미해석과 관련한 기제로 '선택 결속(selective binding)'이 제안되었으나 이
　 기제는 어휘의미의 확장에 관여하지 않고 합성성 문제를 해결하는데 기여하기 때문에
　 여기에서는 이에 대해 논의하지 않는다. 이 기제들의 유용성을 뒷받침하기 위한 예들
　 은 다음과 같다. a fast typist/a fast car/a fast waltz(Pustejovsky 1995 : 413 참조)

Rumshisky 2010 : 14ff.).

> (5)
> a. The musician <u>arrived</u> at the piano, ready to play.
> b. The guest <u>arrived</u> at the concert.
> c. Mary has not <u>arrived</u> at her goal weight of 125 lbs. yet.
> d. The scientist finally <u>arrived</u> at a solution to the problem.
> e. John <u>baked</u> the cake.

위 (5a)는 음악가가 피아노가 위치한 곳에 이르러, 연주할 준비를 마쳤다는 의미를 담고 있다. 이 문장에서 의미확장과 관련해 주목해야 할 점은 개체(entity)를 지시하는 일반명사가 여기서는 문맥상 장소(location)이라는 확장된 의미를 갖게 된다는 사실이다. 이처럼 개체로부터 장소로 의미확장이 일어난 이유를 생성어휘부 이론에서는 동사 arrive의 논항구조(argument structure)에 기대어 설명한다. Pustejovsky/Rumshisky (2010 : 13)에 따르면 동사 arrive는 다음 (6)과 같은 어휘표상체를 가진다.

> (6)
>
> $$\lambda y \lambda x \exists z \begin{bmatrix} \textbf{arrive} & & \\ \text{ARGSTR} = \begin{bmatrix} \text{ARG1} = x : phys \\ \text{ARG2} = y : location \\ \text{D-ARG1} = z : path \end{bmatrix} & \text{QUALIA} = \begin{bmatrix} \text{F} = at(x,y) \\ \text{A} = move(x,z) \end{bmatrix} \end{bmatrix}$$

위 어휘표상체의 논항구조를 살펴보면, 첫 논항이 물리적 개체 유형, 둘째 논항이 장소 유형으로 그리고 당연논항(default argument)인 셋째 논항은 경로 유형으로 규정되어 있다. 이에 따라 예문 (5a)의 둘째 논항 피아노가 장소 유형의 하나로 해석이 되는 것이다. 이와 같이 술어의 논항구조가 특정 논항의 의미속성을 변경하는 과정을 생성어휘부 이론에서는 의미확장 기제의 하나로 포착하는데, 어떤 논항의 의미를 술어가 요구하는 유형으로 강제적으로 바꾸어 해석하는 기제를 '속성 함수 강제(attribute functional coercion)'라고 명명하고 있다. 이런 명칭을 부여한 까닭을 Pustejovsky/Rumshisky(2010:14)는 목적어 자리에 위치한 논항이 가진 특정한 속성(attribute), 곧 이 개체가 어떤 장소에 놓여 있게 된다는 속성이 술어의 논항 유형 조건을 충족시키기 때문이라고 설명한다. 한편, 예문 (5b)에도 의미확장 기제가 하나 관여되어 있는데, 이 문장은 관객이 연주회(concert)에 도착했다는 의미를 지닌다. 이 문장에서 동사 arrive의 둘째 논항으로 쓰인 명사는 원래 사건(event) 유형에 속하는 '연주회'이다. 그런데 술어의 논항구조를 충족시키기 위해서 명사 '연주회'가 장소(location) 유형으로 강제적으로 확장 해석되어야 한다. 여기에 작동하는 의미확장 기제를 생성어휘부 이론에서는 '고정 강제 유형(conventional type coercion)'이라고 명명한다. 사건으로서의 '연주회'는 일반적으로 연주회가 열리는 구체적인 장소를 반드시 필요로 하기 때문에 사건 유형이 장소 유형으로 해석되는 것은 매우 자주 일어나는 과정이라고 할 수 있다. 때문에 '고정적(conventional)'이라는 수식어가 기제에 부여된 것이다. 이는 러시아 언어학자 Apresjan이 명명한 용어 '규칙적 다의성(regular polysemy)'의 'regular'에 대응되는 개념이라고 할 수 있다. 의미확장 기제 가운데 '약 은유 확장' 기제는 동사의 의미 확장을 설명하기 위해 고안된 것이다. 이 기제에 의해 위 예문 (5c)에서 동사 'arrive'는 은유적으로 확장된 의미를 지니게 된다. 이때 동사는 path_motion이라는 원형의미로부터 확장하여 path_change라는 의미를 갖게 된다. 이 사실을 반영하여 Pustejovsky/Rumshisky는 문장 (5c)의 핵심의미를 다음 (7)과 같이 기술한다.

(7) | x:Phys | Path_change(x,y) | y:Scalar _Attribute(x) |

이 의미표상에는 동사의 둘째 논항의 유형도 제시되어 있는데, 그 유형은 척도속성(scalar attribute)로서 척도를 나타내는 weight, altitude, height 및 temperature와 같은 명사들이 이 유형에 속한다.[7] 한편, 예문 (5d)에서 동사 'arrive'의 의미가 원형의미로부터 '강 은유 확장' 기제의 적용으로 인해 확장의미를 갖는 것으로 분석된다. 이 기제는 술어의 원형의미가 강한 은유적 의미를 갖게 됨으로써 의미확장이 일어난다는 사실을 반영하여 명명된 것이다. 예 (5d)의 경우, 술어 'arrive'의 둘째 논항은 첫 논항의 결과상태를 표현하는 것으로 해석되어 다음 (8)과 같은 의미표상을 갖게 된다.

(8)

x:Phys	Path_change(x,y)	y:State(x)

Pustejovsky/Rumshisky는 다음 문장을 또한 '강 은유 확장' 기제에 의해 의미확장이 일어나는 예로 들고 있다(Pustejovsky/Rumshisky 2010 : 18).

(9) Constitution must be <u>anchored</u> in the idea of universal citizenship.

이 문장에서 술어 'anchor'의 의미가 원형의미로부터 벗어나 'ground'의 의미를 갖게 된다는 것이 생성어휘부 이론 주창자들의 견해이다. 따라서 문장 (9)의 의미를 다음 문장 (10)으로 풀어서 설명할 수 있다는 것이다.

(10) Constitution must be <u>grounded</u> in the idea of universal citizenship.

이 기제에 의해 술어 'anchor'의 의미가 확장되는 과정을 이해하기 위해서 이 술어의 원형의미에 대한 표상으로부터 출발해야 한다. 아래에 의미

---

7) 프레임넷(FrameNet)에서는 'Change_position_on_a_scale(척도상의 위치변경)'라는 프레임을 이용하여 이런 유형의 명사들을 논항으로 취하는 동사들, 곧 increase, fall, decline의 의미를 기술한다. 이 프레임은 Arriving 프레임과 구분된다. https://framenet. icsi.berkeley.edu/fndrupal/index.php?q=frameIndex 참조.

표상이 제시된다.

(11)

$$
\lambda w \lambda z \lambda y \lambda x
\begin{bmatrix}
\textbf{anchor} \\
\text{AS} =
\begin{bmatrix}
\text{ARG1} = x : \top \\
\text{ARG2} = y : phys \\
\text{D-ARG1} = z : phys \\
\text{S-ARG1} = w : connector(y)
\end{bmatrix}
&
\text{QS} =
\begin{bmatrix}
\text{F} = connected(y, z) \\
\text{A} = attach(x, w, z)
\end{bmatrix}
\end{bmatrix}
$$

이 의미표상의 논항구조(AS)에 따르면, 술어의 둘째 논항(ARG2)과 당연 논항(D-ARG1)이 모두 '구체물(phys)' 유형을 가져야 한다. 그런데 예문 (9) 의 경우, 둘째 논항인 'constitution'과 당연논항 'idea'가 모두 '추상물'이 기 때문에 술어의 의미가 이 논항들과 양립할 수 있도록 은유적으로 확장 된 것이다. 마지막 의미확장 기제로서 '공동합성'은 위 (5e)와 같은 문장을 설명하기 위해 제안된 것이다(Pustejovsky 1995 : 123). 이 예문의 특이점은 술어 'bake'의 둘째 논항이 '굽는 과정'이 끝나는 단계에서 얻어진 결과물 이라는 점이다. 따라서 이 술어는 '굽는 행위'를 지시하는 원형의미로부터 '굽는 행위를 통해 창조'한다는 확장의미를 갖게 된다. 동작상의 관점에서 는 단순 사건을 나타내는 행위(activity) 동작상이 복합 사건을 나타내는 완 성(accomplishment) 동작상으로 전이/확장된다고 볼 수 있다. 이러한 확장 이 가능한 이유는 동사 'bake'의 특질구조(Qualia structure)와 둘째 논항으 로 쓰인 'cake'이 특질구조가 공유하는 요소가 존재하기 때문이라고 Pustejovsky(1995 : 124)는 설명한다.[8]

지금까지 우리는 어휘의미의 확장을 기술할 목적으로 생성어휘부 이론 에서 제안한 다섯 가지 기제에 대해 영어 문장들을 예로 들어 논의를 했 다. 그런데, 이 기제들이 개별 어휘의 다의성을 설명하는 데 모두 필요할

---

8) 생성어휘부 이론의 틀 안에서 어휘의미 문제를 다룬 여러 문헌에서 충분히 논의되었으 므로, 특질구조 개념, 구조 및 용도에 대해서는 자세한 설명을 생략하기로 한다. (윤영 은 2013, 강범모 외 1999 참조)

뿐만 아니라 충분한 것인지에 대해 검증해 볼 필요가 있다.

이 절에서 논의한 바, 한 어휘기재항 내의 다의성을 기술하는 방법론인 은유/환유적 설명과 생성어휘부 이론 외에도 프레임기반 접근(frame-based approach)가 있는데, 이 접근에 의해 어휘의 다의성을 기술한 대표적인 연구는 Martin(1991, 1994, 2001)이 있다. 프레임(frame) 개념은 Minsky(1975) 이래 자연언어의 이해와 표상에 있어 반드시 필요한 개념으로 간주되어 왔다. 하나의 프레임은 전형적인 대상이나 사건을 기술하는 데 사용될 수 있으며, 구조상으로는 한 개 이상의 슬롯(slot)으로 구성된다. 각 슬롯을 채우는 값은 마개(filler)라고 불린다. 각 프레임의 슬롯이 개념적인 차원의 일반적 속성을 나타내는 반면, 마개는 개별적인 상황에서 실현되는 구체적인 속성을 보여준다. Martin은 어휘의 다의성이 슬롯에 의해 촉발될 수도 있고, 마개에 의해 촉발될 수도 있다고 주장한다. 네덜란드어 명사 'Ei'의 프레임을 예로 들어 슬롯에 의해 다의성이 생성될 수 있음을 보여준다. 다음 [표 1]은 'Ei'의 프레임이다(Martin 2001).

[표 1] 'Ei'의 프레임

EI "egg"	
Slots	Fillers
ISA:	natural product
PRODUCERS:	chickens, other birds, other animals than birds
FUNCTION:	reproduction (1)
	if from chicken
	then FOOD (2)
FUNCTION_MAN:	WAY_OF PREPARING: fry, boil ...
	MANNER: softly
	People similar to —〉
	soft-boiled egg (4)
FORM:	oval —〉 objects similar to form of egg; head (3)

위 프레임을 통해 Martin이 주장하는 바는 프레임 속의 슬롯이 명사 'EI'의 다의성에 연관된다는 사실이고, 위 표에서 괄호 속의 번호는 Van Dale(1991)에서 논의된 명사 'EI'가 갖는 것으로 여겨지는 사용의미 (Verwendungsbedeutung), 곧 '의의(sense)'들이다. 첫째는 달걀로 만드는 가공제품을 뜻하고, 둘째는 달걀로 만든 음식을 가리키며, 셋째는 성격이 부드러운 사람을 의미하고 마지막으로 넷째는 달걀모양을 가진 대상을 가리킨다.

이 예에서 보듯이 한 어휘가 보여주는 여러 가지 의의(사용의미)가 그 어휘의 프레임에 속한 여러 가지 슬롯과 연관된다는 사실을 알 수 있다.

한편, Martin은 한 어휘의 프레임에 속하는 마개도 그 어휘의 다의성을 촉발하는데 관여할 수 있다고 본다. Martin은 영어 동사 'destroy'를 예로 들어 이러한 주장을 편다. 영어 동사 'destroy'는 다음과 같은 프레임 구조를 갖는 것으로 이해된다(Martin 2001 : 72).

[표 2] 영어 동사 'destroy'의 프레임

DESTROY	
Slots	Fillers
ISA	change_of_state_action
RESULT OF ACTION:	object ceases to exist or cannot be repaired any more
MANNER in which ACTION is performed:	violently
AGENT/FORCE performing ACTION:	human being/natural force
INSTRUMENT with which ACTION is performed:	artefacts implying 'destructive' power
AFFECTED OBJECT of ACTION:	concrete objects, abstract objects, animal, human
etc.	

동사 'destroy'의 프레임은 최소한 6개의 슬롯을 가지고 있는 구조로 간주되는데, 슬롯마다 기대되는 마개(filler)의 유형이 있다. 예를 들어 '행위의 영향받는 대상'이라는 슬롯에 대한 마개는 일차적으로 구체물이 기대된다. 그러나 언어사용 양상을 살펴보면 이 문제가 그리 간단하지 않다. Collins Cobuild 영어사전은 네 가지 상이한 유형의 영향받는 대상이 동사 destroy의 목적어로 사용된다는 사실을 다음과 같이 분명하게 보여준다(Martin 2001 : 73).

(12)
a. Several apartment buildings were destroyed by the bomb. (*concrete object*)
b. ... to destrory a life-long friendship. (*abstract object*)
c. The farmers had to destroy entire herds of cattle. (*animal*)
d. The loss of his wife finally destroyed him. (*human*)

전통적으로 어휘의미론에서 다의성을 설명하는 도구로 은유를 이용하기도 했는데, Martin(2001)에서는 은유관계를 프레임 이론에 의해 기술할 수 있는 예로 네덜란드어의 'Koe(cow)'를 든다. 이 어휘의 프레임은 다음과 같다.

[표 3] 네덜란드어 명사 'koe(cow)'의 프레임

KOE "cow"		
	Slots	Fillers
	subtype:	zoogdier "mammal"
	sex:	vrouwelijk "female"
	has_part:	horens "horns"
zoocentric	typ_action:	herkauwen "ruminate" (되새김질하다)
	sound:	loeien "moo"
	habitat_eco	stal "stable"(외양간)

	has_stereotypical qual:	dom "stupid"
	function man	
anthropocentric	- human activity related to this animal	fokken "raise"
		melken "milk"
	- part of this animal related to human	vlees "meat"
	activity	melk "milk"

네덜란드어 "Koe(암소)"는 '멍청한 여자'라는 의미로도 쓰이는데, 이 의미
는 암소가 가진 속성 가운데 '우둔함'이 여성에게 전이됨으로써 생성된 것
이다. 이런 맥락에서 암소의 의미가 은유적으로 의미확장된 것으로 볼 수
있는데, '암소' 프레임의 '전형적 특질(has_stereotypical qual)' 슬롯의 마개가
'우둔'으로 기재되어 있다. 더 나아가 '암소'가 '암소고기'나 '우유'의 의미로
쓰이는 환유적 의미확장도 '암소' 프레임의 슬롯과 마개의 관계로 기술할
수 있다.

이제까지 논의한 바는 어휘의 다의성을 프레임의 구조에 의거하여 기술
할 수 있다는 사실이다. 프레임에 기반한 다의성 접근은 환유/은유관계를
이용한 전통적인 다의성 기술방법과 생성어휘부 이론과도 공통점이 있다.

왜냐하면, 먼저, 환유는 부분과 전체의 관계를 포함하는데 프레임이론
에서 프레임과 슬롯의 관계나 슬롯과 마개의 관계가 바로 부분과 전체의
관계이기 때문이다.

다른 한편, 생성어휘부 이론에서는 어휘의 특질구조를 기술할 때 네 가
지 기능, 곧 형상역, 구성역, 기능역 및 작인역을 구성요소로 하는데 각 기
능은 프레임이론적인 관점에서 볼 때 슬롯에 대응되는 개념적 도구이다.

이상의 논의를 정리하자면, 프레임에 기반한 어휘구조 이론이 환유관계
를 이용하여 다의성을 기술하는 접근방법과 생성어휘부 이론을 모두 아우
르는 통합적인 이론으로 평가될 수 있다. 따라서 이어지는 제10장, 제11
장 및 제12장에서는 Martin의 주장을 받아들여 프레임에 기반한 다의성

기술의 가능성을 실증적으로 검토하려고 한다. 이를 위해 구체적으로 개별 어휘들이 가지는 여러 사용의미 간의 상호관계를 프레임 이론적인 시각에서 분석하는 연구방법을 택한다.

무엇보다도 프레임 기반 다의성 접근이 성공적이기 위해서는 모국어 화자의 언어직관에 부합하고 설득력이 있게 각 어휘의 프레임을 설정하는 작업이 전제되어야 한다.

제 9 장의 내용요약

이 장에서는 다의관계의 몇 가지 유형과 다의성을 다루는 여러 이론에 대해 살펴보았다. 다의관계의 유형으로는 방사형 전이, 연쇄형 전이 및 혼합형 전이 유형을 구분할 수 있음을 확인했다. 다의성을 분석하기 위한 이론적인 틀로서 생성어휘부 이론에서 제안된 몇 가지 의미확장 기제들에 대해 살펴보았고, Martin의 여러 연구에서 제안된 프레임 이론에 대해서도 검토했다. 또한 인지의미론에서는 은유와 환유를 의미확장 기제로 간주한다는 사실도 확인했다. 여러 가지 의미확장 기제를 아우르기에 적합한 프레임 이론의 틀 안에서 다의성을 분석하는 것이 타당하다는 결론에 이르렀다.

제10장 동사의 다의성

10.1 동사 다의성의 유형

이 장에서는 동사를 대상으로 다의성의 유형을 프레임이론의 틀 안에서 기술하고자 한다. 실제적으로 동사가 가지는 다의성의 양상을 살펴보면, 대부분의 의미확장은 형태통사적인 변화를 수반하는 것으로 관찰된다. 동사 brechen은 일반적으로 타동사로 쓰이기 때문에, 주어와 4격 목적어가 함께 나타나는 프레임이 가장 자주 출현한다.[1] 코퍼스 GLOW로부터 추

---

[1] Schulte im Walde (2002)에서 논의된 바, 독일어 동사의 하위범주화 혹은 격틀 정보는 그 일부가 웹사이트 "http://www.schulteimwalde.de/resources/lexical.html#hgc"에 공개되어 있다. 전체 동사에 대한 정보를 얻기 위해서는 연구책임자인 Schulte im Walde에게 이메일을 통해 요청하면 된다. 제 10장에서 언급하는 개별 동사의 격틀에 대한 통계 데이터는 Schulte im Walde로부터 직접 받은 자료로부터 추출한 것이다. 예를 들어, 동사 'brechen'이 사용하는 격틀의 출현빈도의 순위는 다음과 같다.
1. na 2. n 3. nad 4. nar 5. nap 6. np 7. nd 8. ndr 9. npr 10. ns-2 11. nas-2 12. ns-w 13. ndp 14. ni 15. nr 16. nai 17. nds-w 18. nas-w 19. nrs-2 20. nds-2 21.nas-daß
동사 'brechen'과 함께 가장 자주 출현하는 격틀은 1격(n) 보충어와 4격(a) 보충어가 함께 나타나는 na-유형임을 확인할 수 있다. 38가지 격틀유형에 대해서는 Schulte im Walde(2002 : 1352) 참조.

출한 아래의 용례에 그러한 프레임이 실현되어 있다.

> (1)
> 85544270: ⟨text_id universum⟩: Er nahm das Brot , er ⟨brach⟩ das Brot , und er gab das Brot .

여기서 4격 목적어로 쓰인 "Brot"는 부서지는 성질을 가진 대상이다. 반면, 아래의 예에서는 4격 목적어가 나타나지 않고, 부서지는 대상이 바로 1격으로 실현되어 주어 기능을 한다.

> (2)
> 7604517: ⟨text_id fiktion⟩: Jack kämpft wie ein Löwe , als plötzlich das Eis ⟨bricht⟩ .

위의 두 용례를 통해 우리는 동사의 의미가 확장되는 한 가지 유형을 발견하게 되는데, 이 유형은 프레임이론적인 관점에서 보면 슬롯의 선택과 관련되는 것이다. 다시 말하여, 원형적인 의미를 표현하기 위해 1격 보충어 슬롯과 4격 보충어 슬롯이 함께 선택되어야 하는 반면에, 동사가 4격 보충어를 택하지 않고 1격 보충어만을 택하여 문장을 구성할 때 원형의미와는 다른 의미가 생성된다고 할 수 있다. 앞서 논의한 동사 'brechen'이 타동사적 의미뿐만 아니라 자동사적 의미도 갖게 되는 것이다. 이런 맥락에서 4격 보충어의 삭제가 의미확장의 한 가지 유형으로 간주될 수 있다. 이 유형을 여기서는 편의상 'Tv1'이라고 명명하겠다.

한편, 동사 'geben'은 주지하듯이 1격 보충어, 3격 보충어 및 4격 보충어의 조합을 통해 '누가 누구에게 무엇을 주다'는 원형적인 의미를 실현한다. 그런데 3격 보충어가 삭제되고 1격 보충어가 비인칭 대명사 'es'로 대체될 경우에 의미확장이 일어나서 '무엇이 존재한다'는 의미를 동사 'geben'이 갖게 된다. 다음 용례를 이러한 사실을 잘 보여준다.

(3)

1746993: ⟨text_id fiktion⟩: Hier ⟨gibt⟩ es keine Dialoge , die auch nur ein wenig die Neugier des Zuschauers wecken können .

이처럼 3격 보충어의 삭제를 통해 의미확장이 유발될 수 있기 때문에 이런 유형을 'Tv2'라고 지칭한다.

또한 어떤 동사의 경우 전치사격 보충어가 삭제됨으로써 의미확장이 일어나기도 하는데, 다음 용례에서 그러한 경우를 발견한다.

(4)

a. 54887: ⟨text_id fiktion⟩: Es verging eine halbe Stunde , dann eine , dann zwei , es wurde dunkel , aber der Arme ⟨wartete⟩ immer noch auf den alten Mann .

b. 4382578: ⟨text_id fiktion⟩: Fünf Wochen muss Canetti ⟨warten⟩ , bis Dr. Sonne ihm seine Beobachtungen anbietet .

동사 warten이 전치사격 보충어와 함께 쓰이면 '누구를/무엇을 기다리다'는 원형의미를 갖는데, 이 슬롯이 삭제가 되면 '기다리다'는 보다 일반적인 의미를 갖게 된다. 이런 맥락에서 의미확장의 제 3유형인 '전치사격 보충어의 삭제'를 Tv3로 정의할 수 있다. 아래 용례 (5b)에서 확인할 수 있듯이 동사 'gelten'도 전치사격 보충어가 없이 1격 보충어만으로 문장을 구성할 경우에 '유효하다/통용되다'는 보다 일반적인 의미를 실현하게 된다. 이 점은 예 (5a)에서 동사 'gelten'이 als-전치사격 보충어와 함께 쓰임으로써 '무엇으로 간주된다'는 의미를 보이는 것과 대조된다.

(5)

a. 17586078: ⟨text_id gesundheit⟩: Die Deutschen ⟨gelten⟩ als ein sehr vorsichtiges Volk .

b. 21623088: ⟨text_id gesundheit⟩: Ansonsten ⟨gilt⟩ die Empfehlung , mit der Psychoedukation zu beginnen , sobald die Betroffenen an Gruppensitzungen teilnehmen können .

이제까지 논의한 바, 세 가지 의미확장 유형은 모두 '보충어의 삭제'라는 공통점을 가지기 때문에 이 세 유형을 포괄하는 상위 유형을 가정해 볼 수 있겠다.

다른 한편, 동사가 전치사격 부가어를 추가함으로써 의미확장을 유발하는 사례가 매우 풍부하게 발견되기 때문에 이러한 유형을 'T4'로 명명하고 이 유형에 속하는 하위유형들을 차례로 검토하기로 하자. 하나의 하위유형은 '원인'을 나타내는 전치사격 부가어의 확장이다. 아래 문장은 '원인'을 나타내는 표현을 통해 의미가 확장되는 것을 보여주는 좋은 예이다.

(6)
46510439: ⟨text_id religion⟩: Auch der Arbeitsplatz , der Lesegenuß oder die Freude an Musik ⟨finden⟩ bei Jesus Sirach keine Erwähnung .

이 예에서는 전치사구 'an Musik'이 원인을 표현하고 있는데, 이 경우에 동사 'finden'의 의미는 '누리다'는 뜻으로 확장이 된다. 우리는 이러한 의미확장의 유형을 'Tv4.1'로 명명한다.

다의적 의미확장에 관여하는 또 하나의 유형은 동사의 원형적인 틀에 '결과상태'를 표현하는 전치사격 부가어를 추가하는 방식인데, 다음 용례가 여기에 해당한다.

(7)
42829101: ⟨text_id politik⟩: Dies ⟨führt⟩ zu Instabilität und zu einem unverhältnismäßig hohem Einfluss religiöser Gruppen .

이 용례에 쓰인 동사 'führen'은 '인도하다'라는 원형의미로 쓰일 경우에 전치사구를 반드시 필요로 하지는 않는데, 전치사구가 추가될 경우에는 '어떤 결과를 초래하다'는 의미가 생성된다. 다시 말하여 '결과'를 표현하는 틀요소의 선택으로 인하여 의미확장이 일어난다고 분석할 수 있다. 이와 같이 '결과' 틀요소를 추가하여 다의적 의미확장을 수행하는 유형을 유형 'Tv4.2'라고 명명한다.

또한 '기점(source)'을 뜻하는 전치사격 부가어가 추가됨으로써 의미확장이 일어나기도 한다. 다음 예들을 보자.

(8)

  a. 2903313: ⟨text_id fiktion⟩: Dieser Feigling ⟨lief⟩ also doch davon .

  b. 6264556: ⟨text_id fiktion⟩: Südafrika schlug mit seiner Hitze nach ihr , als sie aus dem Flugzeug ⟨stieg⟩ .

이 예들에서 동사 'laufen'과 'steigen'이 각각 '... 로부터 도망가다'는 의미와 '... 로부터 내리다'라는 확장된 의미를 갖는 것은 '기점' 표현이 추가된데 기인한다. 이런 유형을 우리는 'Tv4.3'로 지칭하겠다.

'착점(goal)'을 나타내는 전치사격 부가어가 하나의 슬롯으로 추가됨으로써 의미확장이 일어나는 경우도 있는데 다음 용례를 통해 이 사실을 확인할 수 있다.

(9)

  a. 40923998: ⟨text_id politik⟩: Dich entschieden , in die Politik zu ⟨gehen⟩ ?

  b. 9997102: ⟨text_id freizeit⟩: Während der Sommerferien im letzten Jahr waren wir mit den Kindern nach China ⟨geflogen⟩ , um meine Eltern in China zu besuchen .

이 예에서 동사 'gehen'은 '...에 투신하다'라는 확장된 의미를 갖게 되고, 동사 'fliegen'은 착점을 표현하는 전치사구 때문에 '비행기를 타고 여행하다'라는 의미로 확장된다. 이처럼 '착점' 표현이 추가됨으로써 의미확장이 일어나는 유형을 유형 'Tv4.4'로 명명하겠다.

'수단'을 표현하기 위한 전치사격 부가어를 추가하여 다의적 의미확장을 수행하는 경우도 있는데, 다음 예가 거기에 속한다.

> (10)
> 132460: ⟨text_id fiktion⟩: " " Und warum bürsten Sie die ganze Zeit an meinem Haaren herum , anstatt endlich zum Färbemittel zu ⟨greifen⟩ ?

이 예에서는 전치사 zu가 이끄는 전치사구가 '수단'을 표현하고 있는데, 동일한 방식으로 의미확장을 유발하는 동사구로는 'zur Zigarette greifen'이나 'zur Feder greifen'을 들 수 있다. 동사 greifen이 수단을 표현하는 구와 함께 쓰일 경우에 직접목적어와 함께 쓰이는 경우와 달리 이어지는 행위 ─ 이를 테면, 염색을 하거나, 담배를 피우거나 글을 쓰거나 하는 행위 등 ─ 를 함축하는 효과를 수반한다. 이와 같이 '수단' 슬롯의 도입으로 의미를 확장하는 유형을 유형 'Tv4.5'라고 명명하겠다.

더 나아가 '가격'을 나타내는 전치사격 부가어를 추가함으로써 의미가 확장되는 경우도 있는데, 아래 용례에서 동사 'erwerben'은 '무엇을 얻다'는 의미를 넘어 '사다/구입하다'를 갖게 된다.

> (11)
> 29983216: ⟨text_id kultur⟩: Ebenfalls dort kann man sich eine Saisonkarte für 30 Euro ⟨erwerben⟩ , die von Mitte Mai bis Mitte September gültig ist .

이러한 유형의 의미확장을 유형 'Tv4.6'이라고 명명한다.

지금까지 논의한 Tv4.1-Tv4.6유형은 모두 동사의 원형적인 프레임에 전치사격 부가어 슬롯을 더함으로써 의미확장이 일어나는 사례들이다. 이런 유형들을 통틀어 '전치사격 부가어의 추가에 의한 의미확장'이라고 일반화할 수 있겠다.

드물게는 부사 부가어가 추가됨으로써 의미확장이 유발되기도 한다. 다음 용례는 어떤 '양태'를 표현하는 부사가 부가어로 추가됨으로써 의미확장이 일어나는 좋은 예이다.

(12)

a. 11777727: ⟨text_id freizeit⟩: Manche Ortsverbände ⟨begegnen den Studenten freundlich⟩, andere laden frühmorgens ein, in entlegene Ecken der Stadt, Studenten werden versetzt oder mit kruden Begründungen abgelehnt.

b. 10146748: ⟨text_id freizeit⟩: Die gute Textbezogenheit der Illustrationen ⟨erscheint mir abschließend noch bemerkenswert⟩.

용례 (12a)에서 동사 'begenen'은 '우연히 만나다'라는 의미를 넘어서 '맞이하다'는 뜻으로 확장되는데, 확장의 계기가 되는 것은 '양태'를 표현하는 부사 'freundlich'이다. 또한 (12b)에서 동사 'erscheinen'은 '나타나다'라는 의미를 넘어서 '…으로 보인다'는 뜻으로 확장되는데, 여기서 확장의 계기가 되는 것도 '양태'를 표현하는 부사 'bemerkenswert'이다. 이러한 유형의 의미확장을 유형 'Tv5'로 명명한다.

한편, 동사 beitragen은 아래의 용례를 통해 확인할 수 있듯이 주어와 전치사격 보충어를 선택함으로써 '…에 기여하다'라는 원형의미를 표현한다.

(13)

10026524: ⟨text_id freizeit⟩: Wir sehen, dass US Firmen in China zum Wohlstand des Landes ⟨beitragen⟩, Millionen Menschen

aus der Armut verhelfen und die Lebensqualität verbessern
können .

그런데, 이 동사가 두 가지 슬롯 외에 4격 부가어를 추가적으로 선택할
경우에 의미확장이 일어나서 '...을 위해 한 몫 거들다'라는 의미가 생성된
다. 다음 용례가 그러한 확장의미를 잘 보여주고 있다.

(14)
10064032: ⟨text_id freizeit⟩: Auch das Schicksal und die Elemente
wollen ihren Teil zu eurem Krieg ⟨beitragen⟩ .

이 경우에 4격 부가어 'Teil'이 거의 관용적으로 사용된다는 점에 주목을
할 필요가 있다. 이러한 유형을 'Tv6'으로 지칭하고자 한다.
다음으로 '이해 당사자'를 표현하는 3격 명사가 추가됨으로써 의미가 확
장되는 사례가 있다. 다음 용례를 보자.

(15)
61800484: ⟨text_id technik⟩: Sie wußte nicht , wie ihr ⟨geschah⟩ ,
als sie auf einen unglaublich erlösenden Höhepunkt zuraste .

이 예에서 'ihr'는 기술된 사건으로부터 피해를 입은 당사자를 지칭하기
때문에, 여기서 동사 'geschehen'의 의미가 단순히 '일어나다'가 아니라,
'피해를 입히다'는 의미로 확장된다. 이러한 유형의 의미확장을 유형 'Tv7'
이라 명명한다. 동사 'geschehen'과 함께 쓰여 이해당사자를 표현하는 수
단으로는 명사구 외에 mit-전치사구도 있다. 다음 예들이 그러한 사례를
보여준다.

(16)

a. 3945993: ⟨text_id fiktion⟩: Wenn sie nächste Woche zurückkommt , müssen sie sich Gedanken darüber machen , was mit Lisa ⟨geschehen⟩ soll .

b. 4788910: ⟨text_id fiktion⟩: Was ist damals wirklich mit seinem Vater ⟨geschehen⟩ ?

다른 한편, 동사 enthalten은 아래의 용례를 통해 확인할 수 있듯이 1격 보충어와 4격 보충어를 선택함으로써 '무엇을 포함하다'라는 원형의미를 표현한다.

(17)

37908061: ⟨text_id politik⟩: Eines Morgens sollte der Saal im Wilhelmshöher Schloß , der die Bibliothek ⟨enthielt⟩ , schnell zu andern Zwecken umgeschaffen werden .

그런데, 이 동사가 두 가지 슬롯 외에 2격 부가어를 추가적으로 선택할 경우에 의미확장이 일어나서 '무엇을 그만두다'라는 의미가 생성된다. 다음 용례가 그러한 확장의미를 잘 보여주고 있다.

(18)

38753049: ⟨text_id politik⟩: Sie wird sich bei der Beurteilung dieser Größenordnung bei einer Landeseinrichtung einer Wertung ⟨enthalten⟩ .

이처럼 2격 부가어를 추가함으로써 의미확장을 유발하는 유형을 'Tv8'로 명명한다.

이제까지 논의한 바 유형 Tv4부터 Tv8까지는 원형적인 프레임에 부가어적 슬롯을 추가함으로 의미확장을 유발하는 사례를 기술하기에 적합한 것으로 여겨진다.

지금까지 우리는 슬롯의 삭제와 슬롯의 추가라는 두 가지 상위유형에 대해 논의를 했는데, 이 두 가지 유형이 동시에 적용되기도 한다. 다시 말하여, 한 유형의 슬롯이 다른 유형으로 교체되는 경우를 일컫는다. 동사 'erkennen'은 원형의미를 실현하는데 기여하는 4격 보충어 대신에 '결과'를 표현하는 전치사격 부가어를 추가함으로써 새로운 의미로 확장된다. 다음 예를 보기로 하자.

(19) Die Richter erkannten auf Freispruch.

이 예는 동사 'erkennen'이 법률분야 전문용어로서 '판결을 내리다'는 의미를 가진다는 사실을 보여준다. 프레임이론적인 관점에서 슬롯의 교체가 의미확장을 유발하는 것으로 풀이할 수 있다.[2]

특정 슬롯에 채워지는 슬롯값의 변용을 통해 의미확장이 일어나는 경우도 여러 가지 하위유형으로 나누어 볼 수 있다. 먼저, 한 가지 유형을 살펴본다. 3격 보충어나 4격 보충어 슬롯에 일반명사나 대명사가 아니고 재귀대명사가 고정적으로 채워짐으로써 의미확장이 일어나는데, 이 유형은 타동사의 경우 매우 많이 발견된다. 다음 예문을 보자.

(20)
44932069: ⟨text_id politik⟩: Der Ablauf ⟨gestaltet⟩ sich hin und wieder recht schwierig , weil die barrio Unterkünfte oft unregelmäßige Formen besitzen .

81904508: ⟨text_id universum⟩: Beier bestätigt amerikanische

---

2) 이러한 사례는 크게 보아 프레임의 축소와 확장 유형이 복합적으로 작용한 결과이기 때문에 별도의 유형으로 정의하기보다는 중복적용이 가능하다는 점을 인정하는 선에서 정리하는 것이 적절할 것이다. 용례의 출처는 DUDEN 사전이며 웹주소는 다음과 같다(2016. 1. 30 접근). http://www.duden.de/rechtschreibung/erkennen

Untersuchungen , nach denen sich masochistische Erlebensweisen häufiger in höheren sozial Schichten ⟨finden⟩ als in niedrigeren .

이 용례들에서 타동사 'gestalten'과 'finden'은 4격 보충어 자리에 고정적으로 재귀대명사 'sich'와 함께 나타남으로써 각각 자동사적 의미인 '형성되다'와 '발견되다'를 갖게 된다. 이러한 유형을 우리는 'Tv9'로 지칭한다.

다른 한편, 1격 보충어 슬롯에 비인칭 대명사 'es'가 고정적으로 쓰임으로써 의미확장이 일어나는 경우도 있는데, 다음 용례를 살펴보자.

(21)

15126930: ⟨text_id freizeit⟩: Weiterhin ⟨gilt⟩ es zu beachten , dass die Befragten an sich keinen Anreiz haben , ihre wirkliche Meinung kundzutun .

3805414: ⟨text_id fiktion⟩: Es ⟨geht⟩ darin um einen Schwarzen Reiter , der mit Labith-Kugeln um sich schießt .

이 예에서 동사 'gelten'이 비인칭 대명사 'es'와 함께 쓰임으로써 '타당하다/유효하다'는 의미를 넘어 '...을 해야 한다'는 당위성을 표현한다. 또한 동사 'gehen'은 비인칭 'es'와 함께 쓰여서 '가다'는 의미에 머무르지 않고 '... 이 문제된다'는 확장의미를 갖게 된다. 우리는 이러한 유형의 의미확장을 'Tv10'으로 명명하고자 한다.

슬롯값의 변용에 의해 의미확장이 일어나는 유형 Tv9와 Tv10은 형태상의 변용이 고정적으로 일어나는 경우를 보여준다는 점에서 이어 논의하는 바 의미적 속성의 유동적인 변용을 전제로 하는 하위유형들과는 구분된다.

1격 보충어 슬롯에 '일반적인 사람'이 나타나는 것으로 기대되는 동사의 경우, '사물'이나 '추상적 개념'이 그 자리를 차지함으로써 의미확대가 일어나는 사례가 있다. 다음 용례를 보자.

(22)
a. 18542584: ⟨text_id gesundheit⟩: Bei Halsschmerzen ⟨helfen⟩ Lutschpastillen , Gurgellösungen mit desinfizierenden Stoffen sowie Rachensprays .
b. 80508037: ⟨text_id universum⟩: In den 1880er ⟨erlebte⟩ die Region erstmals einen Aufschwung , nachdem die Eisenbahnlinien den Handel mit Holz und Weizen enorm begünstigte .

이 예에서 동사 'helfen'은 '돕는다'는 의미를 확장하여 '...에 효과가 있다'는 의미를 갖게 되고, 동사 'erleben'는 '체험하다'는 의미를 넘어 '...이 일어나다'는 의미로 쓰인다. 이와 같이 1격 보충어 자리에 원형적으로 나타나는 개체유형에 있어 변용이 일어날 경우에 의미확장이 유발되는 데 이런 유형을 'Tv11'로 명명한다.

한편, 4격 보충어 슬롯에 일반적으로 기대되는 개체유형 대신에 다른 개체유형이 나타나는 변용이 일어날 경우, 의미확장이 유발되기도 한다. 이에 대한 용례는 다음과 같다.

(23)
a. 45291639: ⟨text_id politik⟩: Um den Widerstand zu ⟨brechen⟩ , ist die Besatzung gezwungen , immer brutalere Gewalt anzuwenden .
b. 16899026: ⟨text_id freizeit⟩: Wenn jemand davon auch nur einige Kenntnis ⟨erworben⟩ hat , wird ihm bereits manches an diesem Gleichnis verständlich .

이 예문 속의 동사 'brechen'은 '사물을 부수다'라는 원형적 의미가 아닌 '굴복시키다'라는 확장된 의미로 쓰인다. 또한 동사 'erwerben'은 단순히 '무엇을 얻다'라는 원형적 의미를 넘어 '배움을 통해 습득하다'라는 확장된 의미로 쓰인다. 이러한 의미확장은 목적어 자리에 개체유형으로서 '구체물'이 아닌 추상명사가 나타난 데에 기인한다. 이러한 유형의 의미확장을

'Tv12'로 명명한다.

다른 한편, 3격 보충어 슬롯을 일반적인 속성을 가진 개체유형 대신에 특수한 개념이 차지할 경우에도 의미확장이 일어난다. 다음 예들을 보자.

(24)

a. 4941295: ⟨text_id fiktion⟩: Der Stoff , den der Fall Grams bietet , ⟨dient⟩ ihm auf diese Weise als Ausgangspunkt und Motor einer ganz anderen Geschichte .

b. 47906630: ⟨text_id religion⟩: Noch vor wenigen Jahrzehnten hieß es ja selbst in unseren Katechismen , dass der Sinn des Lebens darin bestünde , Gott zu ⟨dienen⟩ .

위의 (24a)에서 동사 dienen은 '누구에게/무엇에 쓸모가 있다'는 의미를 갖는 반면, 3격 보충어 슬롯에 특수한 개념인 'Gott'이 자리를 차지하고 있는 (24b)의 경우에 동사 dienen의 의미가 '숭배하다/섬기다'는 의미로 확장된다. 이러한 의미확장 유형을 'Tv13'으로 지칭한다.

또한, 전치사격 보충어 혹은 부가어 슬롯이 특수한 유형으로 채워질 경우에도 의미확장이 유발되는데, 다음 예문들이 그러한 사례를 분명하게 보여준다.

(25)

a. 16623166: ⟨text_id freizeit⟩: So scheinen die Nordhorner kräftig ins Portemonnaie zu ⟨greifen⟩ , um in der kommenden Saison ihr Team weiter zu verstärken .

b. 17354012: ⟨text_id gesundheit⟩: Für die eigentliche Behandlung müssen die Kunden größtenteils in die eigene Tasche ⟨greifen⟩ .

위 용례들에 들어 있는 전치사격 보충어 'ins Portmonnaie'와 'in die … Tasche'는 일반적인 전치사구들과 달리 '돈'을 의미하기 때문에 이런

전치사격 보충어들과 동사 'greifen'이 함께 쓰일 경우, '돈을 지불하다'는
의미로 확장된다. 이처럼 전치사격 보충어가 변용을 겪는 유형을 'Tv14'로
명명한다. 지금까지 논의한 바 유형 T9-T14는 특정 슬롯을 채우는 슬롯값
의 변용과 연관된다.

이상에서 예를 들어 기술한 바, 동사의 다의성에 관여하는 의미확장 유
형 14가지를 하나의 수형도로 구조화하면 다음과 같다.

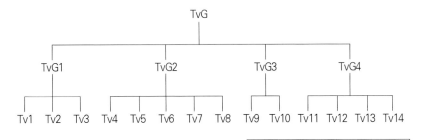

[그림 1] 동사의 의미확장 유형론 도식

프레임이론적인 관점에서 서술하자면, 위 수형도에서 TvG1 그룹에 속
하는 의미확장 유형들은 '슬롯의 삭제'를 기본장치로 활용하는 유형들인

반면, TvG2 그룹에 속하는 의미확장 유형들은 '슬롯의 추가'를 기본장치로
활용한다는 점에서 서로 차이를 보인다. 또한, 위 수형도에서 TvG3 그룹
에 속하는 의미확장 유형들은 '슬롯값의 고정적 변용'을 기본장치로 활용
하는데 반해, TvG4 그룹에 속하는 의미확장 유형들은 '슬롯값의 유동적
변용'을 기본장치로 활용한다. 전통적인 개념으로 풀이하면, TvG1과
TvG2 그룹에 속한 유형들은 환유적 장치를 사용하는 의미확장 유형으로
볼 수 있고, TvG3 그룹에 속한 유형들은 의미확장의 결과가 관용어화 경
우에 해당하고, TvG4 그룹에 속한 유형들은 은유적 장치를 사용하는 의
미확장 유형으로 간주된다. 조심스럽게 유보적인 결론을 내리자면, 이러한
14가지 의미확장 유형이 모든 동사의 다의성을 기술하기에 결코 충분하지
않으며, 유형 확대의 가능성은 여전히 열려 있는 것으로 본다. 특히 하위
유형 Tv4의 경우가 그러하다.

10.2 동사의 다의성에 대한 통계적 사실

이 절에서는 앞서 구축한 동사의 의미확장 유형 체계를 기반으로 하여
의미확장의 유형들이 어떠한 분포를 보이는지를 구체적인 분석을 통해 밝
혀내고자 한다.3) 앞서 제 4장 3절에서 기술한 바와 같이 코퍼스 GLOW
에서 출현빈도가 높은 동사들 가운데 게르마넷에서 다의성을 가진 것으로
분석된 동사 300개를 분석대상으로 삼는다. 이 동사들이 보여주는 의미확
장 유형을 면밀하게 검토한 결과를 이 절에서 보고한다. 개별 동사의 구체
적인 의미확장 유형을 분석하는 과정에서는 DWDS 사전에 기재된 어휘항
목을 근간으로 하였다.4) 다만, 게르마넷(GN 6.0)에서 다의성을 가진 것

---

3) Levickij et al.(1999)에서는 독일어 동사, 명사 및 형용사의 다의성에 대한 계량적인
   분석이 최초로 시도된다.

으로 처리되어 우리의 연구에서도 분석대상으로 선정된 동사 가운데 DWDS에서 단의어로 처리된 어휘가 있으면, DUDEN 사전 ⟨Deutsches Universalwörterbuch⟩의 어휘항목을 기초로 하여 분석했다.5) 아래의 [그림 2]는 DWDS의 동사 handeln에 대한 어휘항목의 기술을 화면캡처한 화면을 보여 준다.

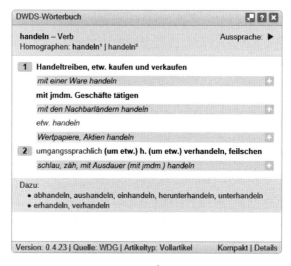

[그림 2] 동사 handeln[1]에 대한 어휘항목

위 캡처화면을 보면, 동사 handeln이 handeln[1]('거래하다')과 handeln[2] ('행동하다')로 구분되는 것을 알 수 있다. 여기에 나타난 항목기술은 handeln[1] 에 대한 내용을 담고 있다. 다음 캡처화면은 레마 handeln[2]에 대한 의미 기술을 보여준다.

---

4) DWDS 사전은 종이 사전 "Das Wörterbuch der deutschen Gegenwartssprache (WDG)"을 토대로 하며, 웹사이트 "http://www.dwds.de/"에서 검색이 가능하다.

5) 게르마넷(GN6.0)에서는 다의관계뿐만 아니라 동음이의어 관계에 있는 레마들도 하나 의 어휘로 취급되기 때문에 주의가 필요하다. 예를 들어 동사 handeln은 동음이의어 관계에 있는 두 개의 동사가 각각 다의성을 보인다.

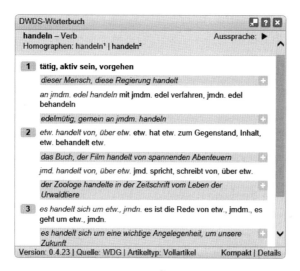

[그림 3] 동사 handeln²에 대한 어휘항목

위 캡처화면들을 통해 handeln¹과 handeln²가 제각기 둘 혹은 세 개의
다의적 의미를 갖는 것을 확인할 수 있다.

이제 동사 fliegen을 예로 들어 의미확장이 어떻게 이루어지는지를 구
체적으로 분석하기로 하자. 이 동사는 DWDS에서 7가지 비숙어적인 의의
(sense)를 갖는 것으로 항목기술이 되어 있다.6) 다음은 DWDS에서의 7가
지 의의에 대한 서술을 보여준다.

---

6) 동사 fliegen은 숙어적 의미 하나를 여덟 째 의의로 갖는 것으로 DWDS에 기술되어
  있다.
  jmd. fliegt auf jmdn., etw. jmd. hat für jmdn., etw. eine Schwäche, Vorliebe, jmd.
  ist von jmdm., etw. begeistert ist
  그 숙어적 의미는 "누구 혹은 무엇에 매혹되다"인데, 그 구문적 구성은 다음 예를 통해
  확인할 수 있듯이 전치사 auf가 이끄는 전치사구와 동사 fliegen이 결합한 형태를 보인
  다. er fliegt auf sie
  어휘의 의미확장 유형을 분석하는 과정에서 숙어적 의미는 분석대상에서 제외했다. 왜
  나하면 이 연구의 목적이 다의관계에 나타나는 패턴 내지 합성성 원리를 발견하기 위
  함이기 때문이다. 어휘들의 숙어적 쓰임은 합성성 원리를 위배하는 것으로 간주되고,
  더 나아가 하나의 독자적인 구문(construction)으로 취급되기까지 한다.

(26)

1. sich in der Luft oder außerhalb der Erdatmosphäre fortbewegen
   ist
2. ein Luftfahrzeug, Raumfahrzeug steuern hat
3. durch einen Anstoß von außen fortbewegt, weggeschleudert werden
   ist
4. sich schnell bewegen, fortbewegen ist
5. sich hin und her bewegen, flattern ist
6. gegen seinen Willen (gewaltsam) entfernt werden, irgendwohin
   gebracht werden ist
7. (nach unten) fallen ist

위에 제시된 일곱 의의 간의 의미확장 패턴에 대해 논의를 하자면, 의심할 바 없이 의미확장의 근원이 되는 원형적인 의의는 첫 번째 의의('날다')이다. 이 의의를 나타내는 용례는 다음 (27)이다.

(27) Ein Vogel fliegt auf dem Himmel.

이 원형의미로부터 두 번째 의의('항공기를 운항하다')가 확장된 것이고, 이 과정에 관여하는 의미확장 기제가 Tv6인 것으로 분석될 수 있다. Tv6는 4격 부가어를 추가함으로써 의미확장에 기여하는 유형이다. 두 번째 의의를 잘 보여주는 예는 다음 (28)과 같다.

(28) Der Pilot flog die Maschine zum ersten Mal.

세 번째 의의('날리다')는 원형의미로부터 의미확장 기제 Tv4에 의해 생성된 것으로 분석가능하다. Tv4는 전치사격 부가어를 추가함으로써 의미확장에 기여하는 유형인데, 세 번째 의의는 "외부적 힘"을 표현하는 전치사구가 의미확장의 동인이기 때문이다. 아래 (29)에 제시된 예문이 세 번째 의의를 명료하게 보여준다.

(29) Federn fliegen durch die Luft.

원래 'Feder'는 속성상 외부의 힘이 없으면 스스로 날 수 있는 개체가 아니다. 네 번째 의의('날 듯이 빨리 달린다')도 첫 번째 의의로부터 확장된 것이고, 이 과정에 관여하는 의미확장 기제가 Tv11인 것으로 분석될 수 있다. 유형 Tv11은 1격 보충어, 곧 주어를 대체함으로써 의미확장이 유발되는 유형인데, 아래 (30)의 예에서 확인하듯이 빨리 달릴 수 있는 능력을 가진 개체가 주어로 쓰이면 그로 인해 네 번째 의의가 생성된다.

(30) Die Pferde fliegen über die Rennbahn.

다섯 번째 의의('나부끼다')는 세 번째 의의로부터 의미확장 기제 Tv11에 의해 생성된 것으로 분석가능하다. 앞서 논의한 바와 같이 유형 Tv11은 1격 보충어를 대체함으로써 의미확장에 기여하는 유형인데, 이 의의도 세 번째 의의와 마찬가지로 "외부적 힘"을 표현하는 전치사구를 필요로 하기 때문이다. 다음 (31)에 제시된 예문이 다섯 번째 의의를 잘 드러낸다.

(31) Fahnen fliegen im Wind.

의미확장 기제 Tv14는 전치사격 보충어나 부가어를 대체함으로써 의미확장에 기여하는데, 세 번째 의의로부터 이 기제에 의해 여섯 째 의의('갑자기 어디로 옮겨지다')가 생성된 것으로 분석할 수 있다. 아래의 예에서 착점을 표현하는 전치사구가 이 의의를 만들어내는데 결정적인 기여한 것을 확인해 볼 수 있다.

(32) Der Pilot flog gestern in das Gefängnis.

이 문장은 동사 'fliegen'이 전치사구 'in das Gefängnis'와 호응하여 '갑자기 감옥에 가게 되다'는 의미를 창조하는 사례를 보여준다. 마지막으로 일곱 째 의의('갑자기 떨어지다')도 세 번째 의의로부터 의미확장 유형 Tv14에 의해 생성된 것으로 분석할 수 있다. 기점을 표현하는 전치사구가 이 의의를 만들어내는데 결정적인 기여한 것을 아래의 예를 통해 확인해 볼 수 있다.

(33) Der Junge flog von der Leiter.

이 예에서는 기점을 표현하는 'von der Leiter'가 의미확장의 열쇠를 쥐고 있다. 다시 말하여, 전치사격 부가어의 대체가 의미확장을 유발한 것으로 해석할 수 있다. 지금까지 논의한 바 7가지 의의 간의 의미확장 관계를 네트워크 형식으로 표현하면 다음과 같은 도식을 얻을 수 있다.

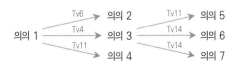

[그림 4] 동사 fliegen의 의미확장 패턴

동사 fliegen의 다의성과 관련하여 어떤 의미확장 유형이 적용될 수 있는지를 조사한 방법론을 300개 동사 전체에 대해 적용하면 동사별로 의미확장 패턴을 정리할 수 있다. 분석결과를 예시하기 위해 다음 [표 1]을 통해 10개 동사의 의미확장 유형들을 제시한다.7)

---

7) 지면상의 제약으로 인해 [부록 8]에 동사 30개의 의미확장 목록을 제시하고, 전체 목록은 저서가 출판하면서 웹사이트(http://www.smart21.kr/glow/)를 통해 공개할 예정이다.

[표 1] 동사의 의미확장 유형 목록

동사	유형1	유형2	유형3	유형4	유형5
reduzieren	Tv4	Tv12	Tv9		
regeln	Tv11				
reichen	Tv1	Tv11			
retten	Tv12	Tv4			
richten	Tv3	Tv11	Tv14	Tv1	
rufen	Tv6	Tv6	Tv12		
sagen	Tv6	Tv7	Tv9	Tv11	
sammeln	Tv12	Tv9			
schaffen	Tv12	Tv12	Tv4	Tv1	Tv12
schauen	Tv3	Tv6	Tv12		

위 표에서 동사 reduzieren의 경우, 3가지 의미확장 유형이 적용되어 모두 4가지 의의를 갖는 것으로 분석되고, 반면, 모두 6가지 의의가 부여되는 동사 schaffen의 경우 의미확장이 다섯 번 일어나는데, 그 가운데 세 번은 동일한 의미확장 유형, 곧 Tv12가 적용되는 것으로 분석된다.

이와 같이 동사 300개 각각에 대해 의미확장 유형을 분석한 다음에, 유형별로 어떠한 분포를 보이는지를 통계적으로 산출한 결과는 다음의 [표 2]로 정리된다.

[표 2] 동사의 의미확장 유형별 분포

유형	빈도	백분율(%)	누적백분율(%)
Tv12	266	32.09	32.09
Tv11	110	13.27	45.36
Tv4	107	12.91	58.26
Tv9	91	10.98	69.24
Tv14	68	8.2	77.44
Tv1	31	3.74	81.18
Tv6	29	3.5	84.68

유형	빈도	백분율(%)	누적백분율(%)
Tv7	29	3.5	88.18
Tv5	23	2.77	90.95
Tv3	13	1.57	92.52
Tv13	9	1.09	93.61
Tv10	9	1.09	94.69
Tv1_Tv4	8	0.97	95.66
Tv2	5	0.6	96.26
Tv4_Tv9	5	0.6	96.86
Tv2_Tv4	4	0.48	97.34
Tv4_Tv11	3	0.36	97.7
Tv1_Tv7	2	0.24	97.94
Tv12_Tv14	2	0.24	98.19
Tv1_Tv5	2	0.24	98.43
Tv7_Tv9	2	0.24	98.67
Tv7_Tv14	2	0.24	98.91
Tv8_Tv9	1	0.12	99.03
Tv11_Tv12	1	0.12	99.16
Tv5_Tv9	1	0.12	99.28
Tv11_Tv14	1	0.12	99.4
Tv2_Tv12	1	0.12	99.52
Tv2_Tv5	1	0.12	99.64
Tv1_Tv11	1	0.12	99.76
Tv9_Tv14	1	0.12	99.88
Tv2_Tv9	1	0.12	100
합계	829	100	

위의 통계를 살펴보면, 동사 300개는 모두 1,129개(원형의미 300개+확장의미 829개)의 의의를 갖는데 이 숫자가 의미하는 바는 동사 하나당 평균 3.76개의 의의를 갖는다는 뜻이다. 세밀하게 확장유형을 검토해 보면, 다의적 의미확장에 있어 동사의 경우 Tv12 유형과 Tv11 유형 및 Tv4 순으로 적용빈도가 높은 것을 확인할 수 있다. 가장 많이 활용되는 유형 Tv12

는 4격 보충어, 곧 직접목적어를 다른 의미부류로 대체함으로써 의미확장을 유발하는데, 이 유형은 타동사의 의미확장에 있어 활용도가 높은 것으로 분석된다. 두 번째로 많이 활용되는 유형 Tv11은 1격 보충어, 곧 주어를 다른 의미부류로 대체함으로써 의미확장을 유발하는데, 자동사와 타동사에 모두 활용되는 유형이다. 세 번째로 활용빈도가 높은 의미확장 유형 Tv4의 경우, 전치사격 부가어를 추가함으로써 의미확장을 유발하는데, 이 유형은 자동사의 의미확장에 많이 활용되는 기제이다. 위 표에서 Tv1_Tv4나 Tv4_Tv9과 같이 두 유형이 동시에 적용되는 경우들은 복합유형으로서 별도로 취급을 했다. Tv1 유형과 Tv4 유형을 동시에 다의확장 기제로 사용하는 동사 8개를 열거하면 다음과 같다.

(34) abschließen, anfangen, finden, glauben, greifen, prägen, sehen, verfügen

이 동사들은 다의확장을 위해 '4격 보충어 삭제' 방법(Tv1)과 '전치사격 부가어 추가' 방법(Tv4)을 동시에 적용한다. 이 복합기제는 사실상 원형의 미로부터 다의적 확장의미를 생성할 때 독자적인 의미를 갖는 중간과정을 거치지 않고 4격 보충어 삭제하면서 그 자리에 전치사격 부가어를 추가하는 일종의 대체절차를 따르는 것이다. 예를 들어 동사 greifen의 경우 세 가지 의미를 갖는 것으로 분석되는데 '-을 잡다'라는 원형의미로부터 기제 'Tv12'를 통해 '-을 체포하다'라는 첫 번째 확장의미를 생성하고, 다시 원형의미로부터 복합기제 'Tv1_Tv4'를 이용하여 '무엇을 잡으려고 손을 내밀다'라는 두 번째 확장의미를 생성한다.

이제 활용도가 높은 다의확장 유형 Tv12, Tv11, Tv4 및 Tv9의 구체적인 사용 예들에 대해 논의해 보자.

다의확장 기제 Tv12를 이용하여 의미확장을 하는 동사들을 일부만 열거하면 다음 (35)와 같다.

(35)

abgeben, ablehnen, abschließen, akzeptieren, anbieten, annehmen, ansehen, aufgeben, aufnehmen, auslösen, ausschließen, bauen, begleiten, begründen, begrüßen, behandeln, behaupten, bekommen, benutzen, benötigen, beobachten, berücksichtigen, beschließen, beschreiben, beschäftigen, besitzen, bestimmen, bestätigen, besuchen, betonen, betrachten, betreiben, bewegen, beweisen, bezahlen, bezeichnen, beziehen, bieten, bilden, brauchen, brechen, bringen

이 동사들이 속하는 의미부류를 기준으로 통계적 분포를 살펴본 결과 다음과 같은 결과를 얻었다.

[표 3] 기제 Tv12를 사용하는 동사들의 의미부류 분포

의미부류		빈도	백분율(%)	누적백분율(%)
명칭	GN-백분율(%)			
vc4	18.79	153	18.46	18.46
vc6	16.35	149	17.97	36.43
vc14	11.47	93	11.22	47.65
vc7	8.82	79	9.53	57.18
vc2	6.65	63	7.6	64.78
vc10	9.02	58	7	71.77
vc12	4.21	50	6.03	77.8
vc1	9.5	42	5.07	82.87
vc13	4.07	40	4.83	87.7
vc9	3.53	34	4.1	91.8
vc5	2.44	20	2.41	94.21
vc3	2.65	19	2.29	96.5
vc8	1.36	17	2.05	98.55
vc15	0.88	10	1.21	99.76
vc11	0.27	2	0.24	100

위 표에서 둘째 칸에 정리된 'GN-백분율'과 넷째 칸의 '백분율'을 비교해
보면, 의미부류 vc6(인지동사)과 vc12(지각동사)가 이 기제를 선호하는 것을
확인할 수 있다. 이 결론은 의미부류 vc6의 경우, 게르마넷의 분포 16.35%
로부터 17.97%로 1.5% 정도 상승하고 의미부류 vc12의 경우, 게르마넷
의 분포 4.21%로부터 6.03%로 1.8% 정도 상승한 수치에 토대를 둔다.
정반대로 의미부류 vc10(장소동사)와 vc1(일반동사)는 다의적 의미확장을 위
해 기제 Tv12를 기피하는 것을 확인할 수 있다.[8]

이어 다음 (36)에는 다의확장 기제 Tv11을 이용하여 의미확장을 하는
동사들이 일부만 열거되어 있다.

(36)

ankommen, annehmen, arbeiten, aufbauen, auftreten, ausgehen,
begegnen, bringen, dauern, drohen, eingehen, einstellen, enden,
entscheiden, entstehen, erfahren, erfassen, erinnern, erlauben,
erleben, erscheinen, erwarten, existieren, fallen, fassen, fliegen,
funktionieren, gehen, halten, heißen, herrschen, hängen, kommen,
laufen, leben, legen, leiden, liegen

이 동사들이 속하는 의미부류를 기준으로 통계적 분포를 살펴본 결과
다음과 같은 결과를 얻었다.

[표 4] 기제 Tv11을 사용하는 동사들의 의미부류 분포

의미부류		빈도	백분율(%)	누적백분율(%)
명칭	GN-백분율(%)			
vc4	18.79	89	17.25	17.25
vc10	9.02	72	13.95	31.2

8) 이 장에서 참조로 하는 게르마넷의 분포('GN-백분율')는 동사전체를 대상으로 추출한
일반 분포가 아니라 다의동사 300개가 속한 의미부류들로부터 추출한 결과이다.

의미부류		빈도	백분율(%)	누적백분율(%)
명칭	GN-백분율(%)			
vc1	9.5	71	13.76	44.96
vc14	11.47	66	12.79	57.75
vc6	16.35	56	10.85	68.6
vc9	3.53	34	6.59	75.19
vc7	8.82	27	5.23	80.43
vc2	6.65	24	4.65	85.08
vc5	2.44	18	3.49	88.57
vc3	2.65	16	3.1	91.67
vc12	4.21	13	2.52	94.19
vc13	4.07	12	2.33	96.51
vc8	1.36	9	1.74	98.26
vc15	0.88	5	0.97	99.22
vc11	0.27	4	0.78	100

앞서 Tv12에서와 마찬가지로, 위 표에서 둘째 칸에 정리된 'GN-백분율'과 넷째 칸의 '백분율'을 비교해 보면, 의미부류 vc10(장소동사)와 vc1(일반동사)가 이 기제를 선호하는 것을 확인할 수 있다. 이 결론은 의미부류 vc10의 경우, 게르마넷의 분포 9.02%로부터 13.95%로 거의 5% 정도 상승하고 의미부류 vc1의 경우, 게르마넷의 분포 9.5%로부터 13.76%로 4.3% 정도 상승한 수치에 토대를 둔다. 정반대로 의미부류 vc6(인지동사)와 vc7(소통동사)는 다의적 의미확장을 위해 기제 Tv11를 기피하는 것을 확인할 수 있다. 전자의 경우, 5% 이상이 하락했고, 후자의 경우 3.5% 정도 하락한 것으로 나타났다.

이제 10% 이상 사용 비율을 보인 4 가지 의미확장 기제에 대해 상세히 논의하기로 한다. 먼저, 다의확장 기제 Tv4를 이용하여 의미를 확장하는 동사들을 일부만 열거하면 다음 (37)과 같다.

(37)

abschließen, ankommen, ansehen, anwenden, aufbauen, aufnehmen, auftreten, ausgehen, ausschließen, aussehen, bauen, befinden, bemühen, beobachten, bestehen, betrachten, bewegen, beziehen, bitten, drehen, eingehen, einrichten, entwickeln, ergeben, erheben, erhöhen, erkennen, erklären, fahren, fallen, fassen, festlegen, fliegen, fordern, fördern, führen

이 동사들이 속하는 의미부류를 기준으로 통계적 분포를 살펴본 결과 다음과 같은 결과를 얻었다.

[표 5] 기제 Tv4를 사용하는 동사들의 의미부류 분포

의미부류		빈도	백분율(%)	누적백분율(%)
명칭	GN-백분율(%)			
vc4	18.79	99	16.31	16.31
vc14	11.47	84	13.84	30.15
vc10	9.02	84	13.84	43.99
vc1	9.5	78	12.85	56.84
vc6	16.35	72	11.86	68.7
vc9	3.53	35	5.77	74.46
vc2	6.65	33	5.44	79.9
vc13	4.07	32	5.27	85.17
vc7	8.82	22	3.62	88.8
vc12	4.21	20	3.29	92.09
vc3	2.65	16	2.64	94.73
vc5	2.44	14	2.31	97.03
vc8	1.36	10	1.65	98.68
vc15	0.88	5	0.82	99.51
vc11	0.27	3	0.49	100

앞서와 마찬가지로, 위 표에서 둘째 칸에 정리된 'GN-백분율'과 넷째 칸

의 '백분율'을 비교해 보면, 의미부류 vc10(장소동사)와 vc1(일반동사)가 이 기제를 선호하는 것을 확인할 수 있다. 이 결론은 의미부류 vc10의 경우, 게르마넷의 분포 9.02%로부터 13.84%로 4.6% 정도 상승하고 의미부류 vc1의 경우, 게르마넷의 분포 9.5%로부터 12.85%로 3.3% 정도 상승한 수치에 토대를 둔다. 정반대로 의미부류 vc6(인지동사), vc7(소통동사) 및 vc4(사회관계동사)는 다의적 의미확장을 위해 기제 Tv4를 기피하는 것을 확인할 수 있다. 인지동사의 경우, 4.5% 가량 하락했고, 장소동사의 경우 5% 정도 하락했으며, 사회관계동사의 경우, 대략 2.5% 정도 하락한 것으로 나타났다.

다음으로, 다의확장 기제 Tv9를 이용하여 의미를 확장하는 동사들을 일부만 열거하면 다음 (38)과 같다.

(38)
arbeiten, aufbauen, befassen, befinden, begründen, bekennen, bemühen, beschränken, beschäftigen, bestimmen, beteiligen, betragen, bewegen, beziehen, bieten, brechen, durchsetzen, eignen, einrichten, einsetzen, einstellen, enthalten, entscheiden, entwickeln, ergeben, erheben, erinnern, erklären, erlauben, erweisen, eröffnen, fassen, festlegen, finden, fragen, fühlen, führen, gestalten, gründen

이 동사들이 속하는 의미부류를 기준으로 통계적 분포를 살펴본 결과 다음과 같은 결과를 얻었다.

[표 6] 기제 Tv9를 사용하는 동사들의 의미부류 분포

의미부류		빈도	백분율(%)	누적백분율(%)
명칭	GN-백분율(%)			
vc4	18.79	88	18.49	18.49
vc6	16.35	82	17.23	35.71
vc14	11.47	74	15.55	51.26
vc10	9.02	41	8.61	59.87
vc7	8.82	40	8.4	68.28
vc2	6.65	34	7.14	75.42
vc1	9.5	33	6.93	82.35
vc9	3.53	23	4.83	87.18
vc13	4.07	20	4.2	91.39
vc3	2.65	13	2.73	94.12
vc12	4.21	13	2.73	96.85
vc5	2.44	8	1.68	98.53
vc8	1.36	7	1.47	100
vc11	0.27	0	0	100
vc15	0.88	0	0	100

앞서 여러 기제들의 경우와 마찬가지로, 위 표에서 둘째 칸에 정리된 'GN-백분율'과 넷째 칸의 '백분율'을 비교해 보면, 의미부류 vc14(변동동사)가 특별히 이 기제를 선호하는 것을 확인할 수 있다. 이 결론은 의미부류 vc14의 경우, 게르마넷의 분포 11.47%로부터 15.55%로 약 4% 상승한 수치에 토대를 둔다. 정반대로 의미부류 2.5% 이상 하락한 vc1(일반동사)는 다의적 의미확장을 위해 기제 Tv9를 기피하는 것을 확인할 수 있다. 일반적으로 타동사의 형태로 많이 쓰이는 변동동사 부류의 동사들이 자동사적 의미로 쓰일 경우에 4격 목적어를 재귀대명사로 대체하여 의미를 표현하는 방법이 독일어에 빈번한 것으로 알려져 있는데, 이 사실이 변동동사 부류가 Tv9 기제를 선호한다는 사실과 맥을 같이 하는 것으로 이해할

수 있다.

다음으로, 다의확장 기제 Tv14를 이용하여 의미를 확장하는 동사들을 일부만 열거하면 다음 (39)와 같다.

(39)
abschließen, anfangen, finden, glauben, greifen, prägen, sehen, verfügen

이 동사들이 속하는 의미부류를 기준으로 통계적 분포를 살펴본 결과 다음과 같은 결과를 얻었다.

[표 7] 기제 Tv14를 사용하는 동사들의 의미부류 분포

의미부류		빈도	백분율(%)	누적백분율(%)
명칭	GN-백분율(%)			
vc6	16.35	14	35.9	35.9
vc12	4.21	7	17.95	53.85
vc14	11.47	5	12.82	66.67
vc2	6.65	3	7.69	74.36
vc4	18.79	3	7.69	82.05
vc9	3.53	3	7.69	89.74
vc7	8.82	2	5.13	94.87
vc10	9.02	2	5.13	100
vc1	9.5	0	0	100
vc13	4.07	0	0	100

앞서 여러 기제의 경우와 마찬가지로, 위 표에서 둘째 칸에 정리된 'GN-백분율'과 넷째 칸의 '백분율'을 비교해 보면, 의미부류 vc6(인지동사)가 특별히 이 기제를 선호하는 것을 확인할 수 있다. 이 결론은 의미부류

vc6의 경우, 게르마넷의 분포 16.35%로부터 35.9%로 약 20% 상승한 수치에 토대를 둔다. 의미부류 vc12(지각동사)도 게르마넷의 분포와 비교하여 13% 이상의 상승률을 보이고 있기 때문에 이 기제를 선호하는 것으로 볼 수 있다. 반면 게르마넷의 분포와 비교하여 11% 이상 하락한 의미부류 vc14(변동동사)와 9.5% 하락한 vc1(일반동사)는 다의적 의미확장을 위해 기제 Tv14를 기피하는 것으로 이해할 수 있다.

이제까지 우리는 활용도가 높은 다섯 가지 다의적 의미확장 기제와 의미부류와의 상관관계에 대해 논의를 했다.[9] 우리가 특정한 의미부류가 특정한 의미확장 기제를 선호하거나 기피하는가라는 문제에 대한 답을 찾고자 했는데, 양자 간에 일정한 정도의 상관관계가 있는 것으로 분석되었다. 이 결론은 동사의 결합가와 의미부류 간의 상관관계에 대한 것이기 때문에 의미론적인 관점에서 매우 중요한 발견이라고 할 수 있다.

이 절에서 마지막으로 다루고자 하는 문제는 다의확장 유형 간의 친소관계에 관한 것이다. 이 친소관계는 개별 동사들의 다의적 의미확장에 관여한 확장기제들의 공기관계를 분석함으로써 포착할 수 있는데, 아래의 [표 8]에 확장기제들의 공기 빈도가 정리되어 있다.

[표 8] 다의 확장기제들의 공기 빈도

확장기제	확장기제	공기 빈도	확장기제	확장기제	공기 빈도
Tv4	Tv12	42	Tv9	Tv12	41
Tv4	Tv9	34	Tv11	Tv12	33
Tv4	Tv11	29	Tv4	Tv14	21
Tv9	Tv11	20	Tv1	Tv12	19
Tv11	Tv14	15	Tv12	Tv14	15

9) 의미확장 기제와 의미부류와의 상관관계를 얻어내기 위해 Perl 스크립트 ["type2-lemma. pl"]을 사용했는데, 이 스크립트와 사용방법에 대해서도 웹사이트에서 안내를 받을 수 있다.

확장기제	확장기제	공기 빈도	확장기제	확장기제	공기 빈도
Tv1	Tv4	13	Tv1	Tv9	12
Tv6	Tv11	12	Tv4	Tv6	11
Tv4	Tv7	11	Tv7	Tv12	10
Tv1	Tv11	9	Tv1	Tv14	9
Tv5	Tv11	9	Tv5	Tv12	9
Tv6	Tv12	9	Tv7	Tv11	9
Tv4	Tv5	8	Tv7	Tv9	8
Tv3	Tv14	8	Tv9	Tv14	8
Tv3	Tv12	7	Tv6	Tv14	7
Tv5	Tv9	5	Tv10	Tv11	5
Tv12	Tv1_Tv4	5	Tv3	Tv11	4
Tv4	Tv10	4	Tv10	Tv14	4
Tv1	Tv7	3	Tv3	Tv7	3
Tv5	Tv6	3	Tv5	Tv7	3
Tv6	Tv9	3	Tv2	Tv12	3
Tv7	Tv14	3	Tv1	Tv5	2
Tv2	Tv4	2	Tv2	Tv9	2
Tv3	Tv4	2	Tv3	Tv9	2
Tv6	Tv7	2	Tv2	Tv13	2
Tv3	Tv10	2	Tv7	Tv10	2
Tv9	Tv13	2	Tv10	Tv12	2
Tv12	Tv13	2	Tv13	Tv2_Tv4	2
Tv14	Tv1_Tv4	2	Tv14	Tv2_Tv4	2
Tv4	Tv4_Tv11	2	Tv11	Tv4_Tv11	2
Tv11	Tv7_Tv14	2	Tv4	Tv12_Tv14	2
Tv9	Tv12_Tv14	2	Tv11	Tv12_Tv14	2
Tv12	Tv12_Tv14	2	Tv14	Tv12_Tv14	2
Tv1	Tv2	1	Tv1	Tv3	1
Tv2	Tv5	1	Tv3	Tv6	1
Tv2	Tv10	1	Tv2	Tv11	1
Tv4	Tv13	1	Tv5	Tv10	1
Tv5	Tv13	1	Tv5	Tv14	1

확장기제	확장기제	공기 빈도	확장기제	확장기제	공기 빈도
Tv6	Tv10	1	Tv11	Tv13	1
Tv2	Tv5_Tv9	1	Tv3	Tv2_Tv4	1
Tv4	Tv1_Tv4	1	Tv4	Tv5_Tv9	1
Tv5	Tv1_Tv4	1	Tv5	Tv7_Tv9	1
Tv9	Tv1_Tv4	1	Tv10	Tv5_Tv9	1
Tv11	Tv2_Tv5	1	Tv11	Tv4_Tv9	1
Tv11	Tv8_Tv9	1	Tv12	Tv1_Tv5	1
Tv12	Tv1_Tv7	1	Tv12	Tv2_Tv4	1
Tv12	Tv2_Tv9	1	Tv12	Tv5_Tv9	1
Tv12	Tv8_Tv9	1	Tv14	Tv9_Tv4	1
Tv1	Tv2_Tv12	1	Tv3	Tv4_Tv11	1
Tv4	Tv7_Tv14	1	Tv5	Tv4_Tv11	1
Tv5	Tv9_Tv14	1	Tv7	Tv1_Tv11	1
Tv7	Tv4_Tv11	1	Tv9	Tv7_Tv14	1
Tv9	Tv9_Tv14	1	Tv10	Tv4_Tv11	1
Tv10	Tv7_Tv14	1	Tv12	Tv2_Tv12	1
Tv12	Tv7_Tv14	1	Tv12	Tv9_Tv14	1
Tv14	Tv4_Tv11	1	Tv14	Tv7_Tv14	1
Tv1	Tv11_Tv14	1	Tv1	Tv12_Tv14	1
Tv4	Tv11_Tv14	1	Tv9	Tv11_Tv12	1
Tv9	Tv11_Tv14	1	Tv11	Tv11_Tv14	1
Tv12	Tv11_Tv12	1	Tv12	Tv11_Tv14	1
Tv14	Tv11_Tv14	1	Tv1_Tv4	Tv1_Tv5	1
Tv1_Tv4	Tv9_Tv14	1			

공기 빈도가 의미하는 바를 설명하자면 이러하다. 예를 들어 기제 Tv4
와 Tv12의 공기 빈도가 42인데, 이는 동사 42개가 다의적으로 의미를 확
장할 때에 확장기제 Tv4와 Tv12를 사용한다는 뜻이다.

아래 (39)에 확장기제 Tv4와 Tv12를 사용하는 동사들을 모두 열거한다.

(39)

abschließen, ansehen, aufnehmen, ausschließen, bauen, beobachten, betrachten, bewegen, beziehen, drehen, einrichten, erhöhen, erkennen, fahren, fassen, führen, geben, gewinnen, halten, kennen, legen, lösen, machen, nehmen, reduzieren, retten, schaffen, schlagen, schließen, setzen, spielen, stoßen, teilen, trennen, untersuchen, verbinden, verstehen, versuchen, vorstellen, wenden, ziehen, übernehmen

이 동사들은 다의적 확장의 출발점이 되는 원형의미의 표현을 위해 기본적으로 4격 보충어를 취하는 동사, 곧 타동사들이다. 이 동사들은 다의적 의미 확장 과정에서 4격 보충어 자리를 의미적인 외연이 상이한 명사들로 채움으로써 다의적 의미확장을 하기도 하고 전치사격 부가어를 추가함으로써 의미를 확장하기도 한다. 예를 동사 trennen의 경우, 모두 네 가지 의미를 가지는데, 원형의미는 다음 예들이 보여주듯이 '-을 분리하다/나누다'이다.

(40)
15595732: An seiner schmalsten Stelle ⟨trennt⟩ eine Sandbank den See in eine westliche Süßwasserhälfte und in einen salzigen , mineralreichen Ostteil .

기제 Tv12의 적용으로, 이러한 원형의미를 표현하는 타동사 구문의 4격 보충어 자리에 외연이 다른 복수명사가 대체될 경우에 의미확장이 일어난다. 다음 예를 보자.

(41)
a. 12266236: Grenzen sind Ausdruck zweier gegensätzlicher Bewegungen : sie ⟨trennen⟩ Menschen je nach Nationalität , Ethnie , Glauben und Klassenzugehörigkeit ; manchmal jedoch schützen sie auch und dienen dazu , die eigene Souveränität zu

behaupten , einer aufgezwungenen fremden Macht gegenüber Unabhängigkeit zu bewahren .
  b. 12322988: Platon war es , der Logik und Leidenschaft 〈trennte〉 .

위의 예문 (41a)에는 4격 보충어 자리에 "Menschen"(사람들)이 나타나고, (41b)에는 등위접속 명사구 "Logik und Leidenschaft"가 출현하는데, 이 예들의 경우 동사 "trennen"는 "(범주적으로) 구별하다"라는 확장된 의미를 갖게 된다. 이 의미는 단순히 분리하는 것을 넘어서 인지적인 작용이 포함된 보다 추상적인 의미가 된다.

원형의미가 기제 Tv4를 통해서 의미확장을 겪기도 하는데, 이 기제는 전치사격 부가어를 추가하는 기제이다. 이를 보여주는 예가 아래 (42)에 제시된다.

(42)
  7728505: Der Bosporus 〈trennt〉 den europäischen Hauptteil von den asiatischen Vorstädten .

위 용례에는 전치사구 "von den asiatischen Vorstädten"가 부가어로 추가된 예를 보여준다. 이처럼 기제 Tv4를 통해 생성된 "trennen"의 확장의미는 "...을 ...과 분리하다"는 의미이다.

외에도 동사 "trennen"은 "헤어지다/갈라서다"는 의미도 확장의미의 하나로 갖게 되는데, 이 의미는 원형의미 구문에서 4격 보충어를 재귀대명사로 대체함으로써 생성된다. 다음 예를 보자.

(43)
  a. 8144072: Und meine Freundin und ihr Verlobter haben sich entgültig 〈getrennt〉 .
  b. 10555909: Die beiden 〈trennen〉 sich in Freundschaft .

위 용례들에는 재귀대명사 sich가 4격 보충어 자리에 나타나 있다.

이와 같이 두 개의 상이한 의미확장 기제가 사용되어 동사 하나의 의미확장에 동시에 관여하는 경우들을 통계적으로 검토함으로써, 우리는 위 [표 8]에 제시된 바 기제 간의 공기 빈도를 추출할 수 있다.

이러한 기제 간의 공기 빈도를 토대로 공기관계를 네트워크 형태로 시각화할 수 있는데 그 결과는 아래의 [그림 5]와 같다.

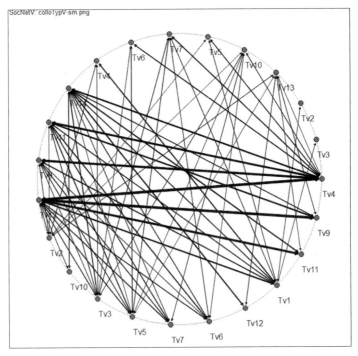

[그림 5] 동사의 의미확장 기제 네트워크

네트워크 내에서 기제 간의 공기 강도는 기제명이 표시된 교점(node) 간의 연결선(link)의 굵기로 표현되는데, 기제 Tv4-Tv12 간의 연결선과 Tv9-Tv12 간의 연결선이 가장 굵게 그려져 있고, 그 다음으로 기제

Tv4-Tv9 간의 연결선과 Tv11-Tv12 간의 연결선이 굵게 그려져 있다. 이 사실은 [표 8]에 제시된 공기 빈도에 대응한다. 다시 말하여 [그림 5]는 [표 8]을 네트워크 형태로 시각화한 결과를 보여주는데, 이를 위해 사회연결망 이론에서 널리 활용되는 프로그램 SocNetV(Social Networks Visualization and Analysis Software)를 사용하였다.10)

이제 마지막으로 다의성 분석을 위해 우리가 다룬 동사 300개가 속한 의미부류의 통계적 분포에 대해 기술하고자 한다. 다의성 동사 300개의 의미부류 분포는 다음 [표 9]와 같다.11)

[표 9] 다의성 동사 300개의 의미부류 분포

의미부류		빈도	백분율(%)	누적백분율(%)
명칭	GN-백분율(%)			
vc4	11.94	277	18.79	18.79
vc6	10.33	241	16.35	35.14
vc14	18.77	169	11.47	46.61
vc1	4.38	140	9.5	56.11
vc10	11.1	133	9.02	65.13
vc7	8.34	130	8.82	73.95
vc2	5.5	98	6.65	80.6
vc12	3.83	62	4.21	84.8
vc13	4.93	60	4.07	88.87
vc9	6.27	52	3.53	92.4
vc3	3.76	39	2.65	95.05
vc5	5.06	36	2.44	97.49
vc8	2.56	20	1.36	98.85
vc15	1.94	13	0.88	99.73
vc11	1.29	4	0.27	100

---

10) 시각화 프로그램은 웹사이트 http://socnetv.sourceforge.net/에서 다운받을 수 있다.
11) 동사 hängen은 두 개의 서로 다른 의미를 갖는 동음이의어이지만 두 동사가 모두 다의성을 가진 다의어이기 때문에 두 개의 동사로 취급했다.

위 표에서 둘째 칸에 정리된 'GN-백분율'과 넷째 칸의 '백분율'을 비교해 보면, 의미부류 vc4(사회관계동사)와 vc6(인지동사)가 다의성을 많이 보이는 것을 확인할 수 있다. 이 결론은 의미부류 vc4의 경우, 게르마넷 동사 전체의 분포 11.94%로부터 18.79%로 7% 가까이 상승하고 의미부류 vc6의 경우, 게르마넷 전체 분포 10.33%로부터 16.35%로 6% 정도 상승한 수치에 토대를 둔다. 정반대로 의미부류 vc14(변동동사)는 게르마넷 전체 분포 18.77%로부터 7% 이상 하락하여 11.47%를 나타내는 것으로 보아 다의성을 기피하는 의미부류로 간주될 수 있다.

이 장에서는 동사의 14가지 의미확장 유형을 토대로 하여 먼저 의미확장 유형 체계를 구축했다. 이어 전체 300개 동사를 대상으로 어떠한 의미확장 유형이 다의성의 생성에 관여하는지를 분석했다. 구체적인 분석과정을 보이기 위해 7가지 의의를 가진 동사 'fliegen'의 의미확장 과정에 대해 기술했다. 분석한 결과를 바탕으로 의미확장 유형들의 통계적 분포를 최종적으로 산출했다. 그 결과, 4격 보충어를 대체하는 의미확장 유형(Tv12), 1격 보충어를 대체하는 의미확장 유형(Tv11) 및 전치사격 부가어를 추가하는 의미확장 유형(Tv4)이 가장 많이 적용되는 유형들로 밝혀졌다. 동사의 다의성과 관련하여 확장기제와 의미부류 간의 상관관계는 아래 표로 정리된다.

[표 10] 확장기제와 의미부류 간의 상관관계

확장기제	선호 의미부류	기피 의미부류
Tv4	vc10	vc6
	vc1	vc7
Tv9	vc14	vc1
Tv11	vc10	vc6
	vc1	vc7
Tv12	vc6	vc10
	vc12	vc1
Tv14	vc6	vc1
	vc12	vc14

제11장 명사의 다의성

11.1 명사 다의성의 유형

이 절에서는 명사를 대상으로 다의성의 여러 유형을 프레임 이론의 틀 안에서 기술하고자 한다.

첫째 유형은 의의 하나가 사건 프레임 역할을 하고 다른 의의는 슬롯 역할을 하는 경우이다. 예를 들어 '설비하기(Anlage-1)'라는 행위와 그 행위의 결과물 '시설(Anlage-2)'이 이러한 유형에 속한다. 이처럼 사건유형의 프레임으로부터 슬롯으로 의미가 확장되는 유형을 'Tn1'으로 명명한다.1) 유형 Tn1을 도식화하면 다음과 같다.

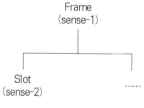

[그림 1] 명사 다의성 유형 Tn1

---

1) 'Tn'은 명사(Nomen)의 다의성 유형(Typ)이라는 의미로 쓴 것이다.

아래 용례가 두 의의 간의 차이를 명료하게 보여준다.

(1)

a. 13538433: ⟨text_id freizeit⟩: Die ⟨Anlage⟩ des Schienengeleises ist noch nicht zu Ende geführt , da die politischen Unruhen die Arbeit jeden Augenblick unterbrachen .

b. 17866237: ⟨text_id gesundheit⟩: Zum einen wollte die FDP-Fraktion wissen , wie es dazu kommen konnte , dass die ⟨Anlage⟩ ausgerechnet in der Nähe der Marienschule , der Hans-Verbeek-Schule und der Franziskusschule errichtet werden soll .

위 (1a)에 쓰인 'Anlage'는 설치를 하는 사건을 표현하는 반면, (1b)의 'Anlage'는 설치물을 의미하기 때문에 두 의의 간에는 프레임-슬롯 관계가 성립한다고 분석할 수 있다.

둘째 유형은, 사건 프레임이 하나 존재한다는 전제에서 다의성을 보이는 두 의의가 공통적으로 하나의 프레임에 속하는 슬롯 역할을 하는 경우이다. 예를 들자면, '이해'하는 행위를 나타내는 하나의 사건 프레임이 존재하는 경우에, 그 과정에 필요한 '이해능력(Aufassung-1)'과 결과로 형성되는 '견해(Aufassung-2)'의 관계가 이 유형에 속한다. 이와 같은 의미확장 유형을 'Tn2'로 명명한다. 이를 도식화하면 다음과 같다.

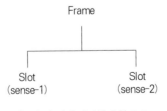

[그림 2] 명사 다의성 유형 Tn2

아래를 용례를 통해 두 의의 간의 차이를 확인할 수 있다.

(2)
   a. 33315428: ⟨text_id natur⟩: Wir respektieren die ⟨Auffassungen⟩
      der anderen und achten ihre Leistungen .
   b. 4520174: ⟨text_id fiktion⟩: Kaum einem Philosophen liegt Kants
      philosophische ⟨Auffassung⟩ über die Natur und die Eigenschaften
      unserer Erkenntnis jedoch ferner als Quine .

문맥으로 미루어 보아, 명사 Auffassung은 위 (2a)에서 타인들의 '이해 능력'을 의미하고, (2b)에서 '견해'를 뜻한다.

명사의 의미확장에 있어서 은유관계가 토대가 되는 경우도 있다. 은유 는 상이한 영역 간의 관계이기 때문에 은유에 의한 의미확장에는 두 개의 프레임이 관련되어 있는 것으로 분석할 수 있다. 명사의 다의적 의미확장 에 있어 포괄적으로 은유관계가 토대가 되는 유형을 'Tn3'이라 지칭한다. 이러한 의미확장 유형을 도식화하면 다음과 같다.

[그림 3] 명사 다의성 유형 Tn3

위 도식에서 Frame1이 '공격(Angriff-1)'를 의미하는 프레임이 되고, Frame2가 '비난(Angriff-2)' 혹은 '비판'을 의미하는 프레임으로 가정한다면, 명사 'Angriff'의 다의적 의미확장이 상이한 프레임 간에 일어나는 것으로 분석된다.[2] 두 프레임 간에는 Lakoff/Johnson(1980)에서 제안된 '논쟁은 전쟁이다(ARGUMENT IS WAR)'라는 은유적 개념도식이 관여한다.

아래에 명사 Angriff의 의미확장이 은유관계를 토대로 일어나는 것을 보여주는 예들이 제시되어 있다.

(3)

a. 2898821: 〈text_id fiktion〉: Die Rebellen hatten für den Fall eines 〈Angriffes〉 extra einen geheimen Fluchtweg angelegt .

b. 37710838: 〈text_id politik〉: Das wurde im Weißen Haus als 〈Angriff〉 auf den Präsidenten aufgefaßt , nicht auf Powell .

예문 (3a)에서 명사 Angriff는 구체적인 의미로 '공격'을 뜻하는 갖는 반면, (3b)에서는 '비판'이라는 의미로 쓰이고 있다.

넷째 유형은 프레임이 자연물이고, 슬롯들이 자연물의 부분들이라는 전제에서, 의의 하나가 프레임을 가리키고, 다른 의의는 슬롯을 지칭하는 경우이다. 예를 들자면, '지구(Erde-1)'와 '대지(Erde-2)' 간의 관계가 이 유형에 속한다. '대지'는 '지구'의 부분으로서 이들 간에는 부분-전체 관계가 성립하며, 이러한 관계를 기반으로 하는 의미확장 유형을 'Tn4'로 명명하고 이를 도식화하면 다음과 같다.

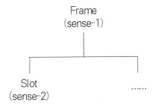

[그림 4] 명사 다의성 유형 Tn4

---

2) Radden/Dirven(2007 : 11)에 따르면, 영역(domain)은 프레임(frame)보다 넓은 개념으로서 프레임들을 서로 연결시키는 기능을 가진다.

다음 용례들을 통해 두 의의 간의 차이를 확인할 수 있다.

(4)

  a. 7597433: ⟨text_id fiktion⟩: Im Weltrraum kommt es zu einem Kampf der Abwehrkräfte der ⟨Erde⟩ und den Angreifern von La Metal .

  b. 21498940: ⟨text_id gesundheit⟩: Mir hat dieses Beispiel gezeigt , dass es zwischen Himmel und ⟨Erde⟩ Dinge geben muß , von denen wir allenfalls den Hauch einer Ahnung haben .

위의 (4a)에서 'Erde'는 지구를 뜻하는 반면, (4b)에서 'Erde'는 대지를 의미한다.

다섯째 유형은 프레임이 인공물이고, 슬롯들이 인공물의 부분들이라는 전제에서, 의의 하나가 프레임을 가리키고, 다른 의의는 슬롯을 지칭하는 경우이다. 예를 들자면, '시간'(Stunde-1)와 '순간'(Stunde-2) 간의 관계는 부분-전체 관계를 이루는데, 이 환유관계가 토대가 되어 의미확장이 일어나는 경우, 이 유형을 'Tn5'로 지칭하고 이를 도식화하면 다음과 같다.

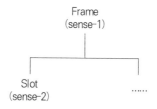

[그림 5] 명사 다의성 유형 Tn5

아래의 용례들을 통해 두 의의 간의 차이를 확인할 수 있다.

(5)

  a. 56422: ⟨text_id fiktion⟩: In weniger als einer ⟨Stunde⟩ würden wir auf der Bühne stehen und westafrikanische Trommelrhythmen vorführen und ich hätte das fast verschlafen .

  b. 5123822: ⟨text_id fiktion⟩: Meine Mutter Lina wurde in derselben ⟨Stunde⟩ beerdigt , in der du zur Welt kamst .

첫 예문에서 'Stunde'는 '시간'을 뜻하고, 둘째 예에서 'Stunde'는 '순간'을 의미한다. 당연히 여기에서는 '시간'을 인간이 만든 개념으로서 인공물로 간주한다.

여섯째 유형은 프레임의 개체유형이 조직체이고, 슬롯들이 이 조직체에 속하는 구성원들이라는 전제에서, 의의 하나가 프레임을 가리키고, 다른 의의는 슬롯을 지칭하는 경우이다. 예를 들자면, '학교'(Schule-1)와 '수업'(Schule-2) 간의 관계가 이 유형에 속한다. 이와 같은 유형을 'Tn6'로 명명하고 이를 도식화하면 다음과 같다.

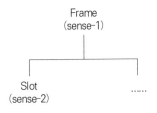

[그림 6] 명사 다의성 유형 Tn6

여기서 슬롯이 될 수 있는 것은 수업 외에도 학교건물이나 학교의 교사 등이 있다.

다음 용례를 보자.

(6)

a. 36096750: ⟨text_id politik⟩: Wir wollen die ⟨Schule⟩ als Instrument zur Aufhebung von Chancenungleichheit , ohne sie zu überfordern .

b. 26540032: ⟨text_id kultur⟩: Weil Bibi Blocksberg (Sidonie von Krosigk) die ⟨Schule⟩ vernachlässigt hat , muss sie das Versäumte während der Ferien im Internat Schloss Altenberg nachholen .

위 (6a)에서 'Schule'는 문맥상으로 보아 '학교'를 의미하는 반면, (6b)에서 'Schule'는 '수업'을 뜻한다.

일반적으로 프레임이 조직체일 경우, 다양한 요소가 슬롯이 될 수 있는데, 프레임이 은행일 경우에 은행 계좌도 슬롯이 될 수 있으며, 프레임이 주식회사라면, 슬롯이 해당 조직체의 주식을 가리킬 수도 있다. 더 나아가 슬롯이 기호 그 자체를 뜻할 수도 있는데, 다음 예에서 그러한 관계를 확인할 수 있다(Markert/Nissim 2009 : 126-127). 로만 야곱슨의 개념으로 소위 "메타언어적 기능"을 수행하는 경우이다.

(7)

Chevrolet is feminine because of its sound (it's a longer word than Ford, has an open vowel at the end [...]

특수한 문맥에서는 일반명사나 고유명사가 사진이나 스케치와 같은 해당 기호의 표상체(representation)을 지칭할 수도 있다. 일종의 직시적 용법으로 간주되는 경우라고 여겨진다.

일곱째 유형은 프레임이 개념의 집합이고, 슬롯들이 이 집합에 속하는 구성체들이라는 전제에서, 의의 하나가 프레임을 가리키고, 다른 의의는 슬롯을 지칭하는 경우이다. 일종의 어휘의미망 내에서 동일한 어휘의 의의들이 상/하위 관계에 놓이게 되는 경우이다. 영어의 예를 들자면, '신청

(Antrag-1)'과 '청혼(Antrag-2)'간의 관계가 이 유형에 속한다. 이러한 유형을 'Tn7'로 지칭하고 이를 도식화하면 다음과 같다.

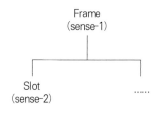

[그림 7] 명사 다의성 유형 Tn7

다음 용례를 통해 의의들의 차이를 확인할 수 있다.

(8)

a. 30446225: ⟨text_id kultur⟩: Bei einem ⟨Antrag⟩ auf Sozialhilfe , sollten Heimbewohner beachten , dass das Sozialamt auch das Vermögen selbst angreifen darf .

b. 10814035: ⟨text_id freizeit⟩: Seine Freundin hat einen Neuen und seinen ⟨Antrag⟩ abgelehnt .

명사 'Antrag'은 위의 용례 (8a)에서 '신청'을 의미하고, 용례 (8b)에서 맥락상 '청혼'을 뜻하는 것으로 분석가능하다. 후자의 경우, 'Freundin'이 이러한 해석을 여는 단초로 기능한다.

이제까지 명사의 다의성과 관련하여 의의 간의 관계를 프레임 이론의 틀 안에서 7가지 유형으로 나누어 정리했다. Tn1부터 Tn7까지 일곱 가지 유형 가운데서 유형 Tn2, 유형 Tn3 둘만 슬롯과 슬롯 간에 다의관계가 성립하고, 나머지 다섯 유형은 프레임과 슬롯 간에 다의관계가 이루어진다는 공통점을 가진다. 이 다섯 유형 간에는 프레임의 속성에서 차이가 난

다. 이상에서 예를 들어 기술한 바, 명사의 다의성에 관여하는 의미확장
유형 7가지를 하나의 수형도로 나타내면 다음과 같다.

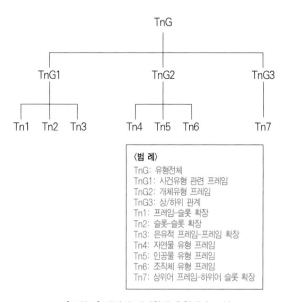

[그림 8] 명사의 의미확장 유형체계 도식

프레임이론적인 관점에서 서술하자면, 위 수형도에서 TnG1 그룹에 속
하는 의미확장 유형들은 사건유형에 속하는 프레임이 연관된다는 공통점
이 있는 반면, TnG2 그룹에 속하는 의미확장 유형들은 프레임을 개체유
형으로 가진다는 공통점이 있다. TnG1 그룹과 TnG2 그룹은 부분 - 전체
관계를 기반으로 한다는 점에서 그룹 간 공통점도 갖는다. 이 두 그룹과
달리 TnG3 그룹은 상위어-하위어 관계를 토대로 한 의미확장 유형이다.
동사의 경우와 마찬가지로 유보적인 결론을 내리자면, 이러한 7가지 의미
확장 유형이 모든 명사의 다의성을 기술하기에 결코 충분하지 않으며, 유
형 확대의 가능성은 여전히 열려 있는 것으로 본다.

11.2 명사의 다의성에 관한 통계적 사실

앞 절에서 논의한 명사의 의미확장 유형 체계를 기반으로 하여 의미확장의 유형들이 어떠한 분포를 보이는지를 이제 구체적인 분석을 통해 밝혀내고자 한다. 앞서 제 4장 3절에서 기술한 바와 같이 코퍼스 GLOW에서 출현빈도가 높은 명사들 가운데 게르마넷에서 다의성을 가진 것으로 분석된 명사 300개를 분석대상으로 삼는다. 이 명사들이 보여주는 의미확장 유형을 면밀하게 검토한 결과를 이 절에서 보고한다.

이제 명사 Aufnahme를 예로 들어 의미확장이 어떻게 이루어지는지를 구체적으로 분석하기로 하자. 이 명사는 DWDS에서 9가지 비숙어적인 의의(sense)를 갖는 것으로 항목기술이 되어 있다. 다음은 DWDS에서의 9가지 의의에 대한 서술을 보여준다.

(9)
1. Empfang, Beherbergung
2. Empfangsraum
3. Übernahme, Zulassung zum Beitritt in eine Gemeinschaft
4. Einverleibung, innere Verarbeitung
5. Reaktion
6. das Leihen von Geld
7. Inangriffnahme, Beginn
8. das Aufnehmen, die Fixierung (*Niederschrift, Registrierung*)
9. das Aufgenommene

위에 제시된 9가지 의의 간의 의미확장 패턴에 대해 논의를 하자면, 첫 번째 의의('수용')가 명백히 의미확장의 근원이 되는 원형적인 의의라고 가정할 수 있다. 이 의의를 잘 보여주는 용례가 다음 (10)에 제시되어 있다.

(10)

16828742: 〈text_id freizeit〉: In Hamburg erlaubte die legendäre Bruderschaft der Freimaurer erstmals 〈Aufnahmen〉 in ihren heiligen Hallen , um das Geheimnis zu enthüllen .

이 용례에서 명사 Aufnahme의 원형적인 의미를 확인할 수 있는데, 이 의의는 '누구를 수용하다'라는 동사의미로부터 파생된 사건 프레임 '수용'을 활성화시킨다. 이 원형의미로부터 두 번째 의의('수용장소')가 확장된 것이고, 이 과정에 관여하는 의미확장 기제가 Tn1로 분석될 수 있다. Tn1은 프레임과 슬롯 간의 관계가 의미확장에 기여하는 유형이다. 여기서 '수용장소'는 '수용'이라는 사건 프레임에 속하는 하나의 슬롯으로 기능하기 때문이다. 두 번째 의의를 잘 보여주는 예는 다음 (11)과 같다.3)

(11)

47022549: 〈text_id religion〉: In den Häusern der Seemannsmission finden sie 〈Aufnahme〉 , Möglichkeiten zum Telefonieren mit den Verwandten und ein offenes Ohr beim Seemanns-Pastor .

셋째 의의('수용승인/수용허가')도 마찬가지로 원형의미로부터 의미확장 기제 Tn1에 의해 생성된 것으로 분석가능하다. 왜냐하면 누군가가 어떤 시설로 수용되거나 단체에 가입하기 위해서는 그 절차의 하나로 '승인과정'이 필요하기 때문이다. 아래 (12)에 제시된, 코퍼스 GLOW의 용례가 세 번째 의의를 명료하게 보여준다.

(12)

9130438: 〈text_id freizeit〉: Über den schriftlichen Antrag auf

---

3) 명사 Aufnahme가 '수용장소/영접장소'라는 두 번째 의의로는 매우 드물게 사용된 것으로 분석된다. 왜냐하면 코퍼스 GLOW에 출현하는 7,135 용례 가운데 단 하나가 이 의의를 나타냈기 때문이다.

⟨Aufnahme⟩ entscheidet der Vorstand , nach der Satzung 1990 die Mitgliederversammlung mit einer Mehrheit von mindestens 3 / 4 aller Mitglieder .

넷째 의의('섭취')는 원형의미로부터 의미확장 기제 Tn3이 작용하여 생성된 것으로 분석될 수 있다. Tn3은 은유관계에 있는 프레임 간의 관계에서 비롯된 의미확장에 관여하는 유형이다. 여기서는 '수용'이라는 사건 프레임과 '몸속으로 받아들이는' 사건 프레임과의 관계가 문제가 된다. 이 네 번째 의의를 잘 보여주는 용례가 다음 (13)에 제시되어 있다.

(13)
12456313: ⟨text_id freizeit⟩: Eine große Studie an über 2000 herzkranken Patienten belegte , dass die regelmäßige ⟨Aufnahme⟩ von Vitamin E in höheren Dosen einem Fortschreiten der Arteriosklerose entgegenwirkt und ihrer Folge , dem Herzinfarkt , vorbeugt .

마찬가지로 의미확장 기제 Tn3가 원형의미에 작용하여 다섯째 의의('반응')이 생성된 것으로 분석가능하다. 은유관계에 있는 프레임들을 토대로 하여 의미를 확장하는 유형 Tn3이 이 경우에는 '수용'-프레임과 '(청중의) 반응'-프레임을 대상으로 한 것이다. '반응'-프레임은 일종의 정서적인 차원에서 '수용'으로 해석할 수 있기 때문에, 두 프레임 간에 은유관계가 성립하는 것으로 볼 수 있다. 아래의 (14)에 제시된 용례가 다섯 번째 의의를 잘 드러낸다.

(14)
1457283: ⟨text_id fiktion⟩: Es folgten in kurzen Abständen mehrere Neudrucke dieser Auflage , die ebenfalls gute ⟨Aufnahme⟩ beim Publikum fanden .

여섯째 의의('차입')도 또한 원형의미로부터 의미확장 기제 Tn3이 작용하여 생성된 것으로 분석될 수 있다. Tn3은 은유관계에 있는 '수용'이라는 사건 프레임과 '(돈의) 차입' 프레임 간의 관계에서 비롯된 의미확장에 관여한다. 이 여섯째 의의를 잘 보여주는 용례가 다음 (15)에 제시되어 있다.

(15)

56378201: 〈text_id staat〉: Vielmehr liegt es in der Natur der Sache , dass die 〈Aufnahme〉 weiterer Kredite die künftigen Erträge des zu finanzierenden Projekts mindert , während dies bei eigenen liquiden Mitteln ausgeschlossen ist .

의미확장 기제 Tn1이 원형의미에 작용하여 일곱 번째 의의('개시/시작')이 생성된 것으로 분석가능하다. 과정적인 사건의 경우, 시작국면, 진행국면, 종결국면 등 여러 단계로 구성될 수 있기 때문에 '개시' 국면은 사건의 구성요소로서 해당 프레임의 슬롯으로 간주될 수 있다. 따라서 이 유형의 의미확장은 프레임-슬롯 관계에서 비롯된다. 아래의 (16)에 제시된 용례가 일곱 번째 의의를 잘 드러낸다.

(16)

18114022: 〈text_id gesundheit〉: Schon bald nach 〈Aufnahme〉 seiner Tätigkeit als niedergelassener Arzt engagierte sich Hans Hege in der ärztlichen Berufs- und Gesundheitspolitik .

여덟째 의의('녹화, 녹음, 촬영')은 원형의미로부터 의미확장 기제 Tn3이 작용하여 생성된 것으로 분석될 수 있다. 이 경우 Tn3은 은유관계에 있는 '수용'이라는 사건프레임과 '녹화', '녹음' 혹은 '촬영' 프레임 간의 관계에서 비롯된 의미확장에 관여한다. 이 여덟 번째 의의를 잘 보여주는 용례가 다음 (17)에 제시되어 있다.

(17)

2693901: ⟨text_id fiktion⟩: Mit großen Brennweiten und hoch technologischen Optiken können Spionagesatelliten aus ihrem Orbit ⟨Aufnahmen⟩ mit einer Auflösung von weniger als 30 Zentimetern aus einer Entfernung von 250 Kilometern machen und so wahrscheinlich Autokennzeichen entziffern .

의미확장 기제 Tn1이 여덟 번째 의의에 작용하여 아홉째 의의('녹화물') 이 생성된 것으로 분석가능하다. '녹화물'이나 '녹음물' 등은 '녹화'나 '녹음' 사건의 결과물이고, 결과물은 사건의 구성요소로서 해당 프레임의 슬롯으로 간주될 수 있다. 따라서 이 유형의 의미확장은 프레임-슬롯 관계에서 비롯된다. 아래의 (18)에 제시된 용례가 아홉 번째 의의를 잘 드러낸다.

(18)

4454856: ⟨text_id fiktion⟩: Im hinteren Teil des Bandes finden sich ⟨Aufnahmen⟩ von Trauernden einige Tage nach dem 11. September , von Menschen , die verzweifelt nach Angehörigen Ausschau halten , die in einer Versammlung um ein Kerzenmeer Trost suchen und sich mit Stars and Stripes eindecken .

지금까지 논의한 바 명사 'Aufnahme'에 부여된 9가지 의의 간의 의미확장 관계를 네트워크 형식으로 표현하면 다음과 같은 도식을 얻을 수 있다.

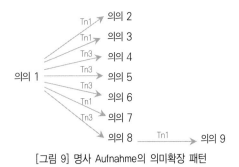

[그림 9] 명사 Aufnahme의 의미확장 패턴

명사 Aufnahme의 다의성과 관련하여 어떤 의미확장 유형이 적용될 수 있는지를 조사한 방법론을 300개 명사 전체에 대해 적용하면 명사별로 의미확장 패턴을 정리할 수 있다. 분석결과를 예시하기 위해 다음 [표 1]을 통해 10개 명사의 의미확장 유형들을 제시한다.[4]

[표 1] 명사의 의미확장 유형 목록

명사	유형1	유형2	유형3	유형4	유형5	유형6
Ebene	Tn3	Tn3				
Einfluß	Tn3	Tn1				
Einführung	Tn3	Tn3	Tn3	Tn1		
Einheit	Tn3	Tn3				
Einrichtung	Tn1	Tn3	Tn1	Tn1	Tn3	
Einsatz	Tn3	Tn1	Tn3	Tn7		
Element	Tn3	Tn4	Tn3	Tn3	Tn5	Tn7
Ende	Tn1	Tn3	Tn3			
Energie	Tn3					
Engagement	Tn3					

위 표에서 명사 Ebene의 경우, 의미확장이 두 번 일어나는데, 모두 동일한 의미확장 유형, 곧 Tn3이 적용되는 것으로 분석된다. 반면, 모두 7가지 의의가 부여되는 명사 Element의 경우 의미확장이 여섯 차례 일어나는데, 그 가운데 세 번은 동일한 의미확장 유형, 곧 Tn3이 적용되는 것으로 분석된다.

이와 같이 명사 300개 각각에 대해 의미확장 유형을 분석한 다음에, 유형별로 어떠한 분포를 보이는지를 통계적으로 산출한 결과는 다음의 [표 2]로 정리된다.

---

4) 지면상의 제약으로 인해 [부록 9]에 명사 30개의 의미확장 목록을 제시하고, 전체 목록은 웹사이트(http://www.smart21.kr/glow/)에 제공한다.

[표 2] 명사의 의미확장 유형별 분포

유형	빈도	백분율(%)	누적백분율(%)
Tn3	322	53.05	53.05
Tn1	118	19.44	72.49
Tn7	45	7.41	79.9
Tn2	39	6.43	86.33
Tn5	36	5.93	92.26
Tn6	27	4.45	96.71
Tn4	20	3.29	100
합계	607	100	

위의 통계를 살펴보면, 명사 300개는 모두 907개(원형의미 300개+확장의
미 607개)의 의의를 갖는데 이 숫자가 의미하는 바는 명사 하나당 평균
3.02개의 의의를 갖는다는 뜻이다. 확장유형을 세밀하게 검토해 보면, 명
사의 다의적 의미확장에 있어 Tn3 유형과 Tn1 유형이 압도적으로 적용빈
도가 높은 것을 확인할 수 있다. 가장 많이 활용되는 유형 Tn3은 은유관
계에 있는 프레임들 간의 의미확장을 유발하기 때문에, 이는 명사의 경우
은유적 의미확장이 많다고 주장하는 인지의미론자들의 입장을 지지하는
근거가 될 수 있는 연구성과이다. 두 번째로 많이 활용되는 Tn1은 프레임
과 슬롯 간의 환유관계를 토대로 하는 유형이기 때문에, 이 또한 명사의
경우 환유적 의미확장이 많다는 인지의미론자들의 주장을 뒷받침한다. 여
기서 제시하는 통계데이터에 따르면, 은유관계를 토대로 하는 유형 Tn3이
절대 다수를 차지하고 있다. 때문에 이 유형을 더 세분화할 수 있는 가능
성이 있는지에 대해 적용된 사례들을 세밀하게 검토한 다음에, 명사의 의
미확장 유형론을 수정할 필요가 있다고 생각된다.

이제 활용도가 높은 다의확장 유형 Tn3과 Tn1의 구체적인 사용 예들에
대해 논의해 보자.

다의확장 유형 Tn3을 이용하여 의미확장을 하는 명사들을 일부만 열거하면 다음 (19)와 같다.

(19)

Abschluss, Aktivität, Analyse, Anfang, Angebot, Angriff, Anlage, Anlass, Ansatz, Ansicht, Antwort, Arbeit, Art, Artikel, Aufbau, Aufgabe, Aufnahme, Auftrag, Ausdruck, Auseinandersetzung, Ausgabe, Bank, Basis, Bau, Bedeutung, Bedingung, Beginn, Behandlung, Beispiel, Belastung, Bereich, Beschwerde, Bewegung, Bezug, Bild, Bildung, Boden, Bruder, Bund, Charakter, Darstellung, Druck

이 명사들이 속하는 의미부류를 기준으로 통계적 분포를 추출한 결과는 다음과 같다.

[표 3] 기제 Tn3을 사용하는 명사들의 의미부류 분포

의미부류		빈도	백분율(%)	누적백분율(%)
명칭	GN-백분율(%)			
nc6	14.72	99	15.35	15.35
nc1	11.66	86	13.33	28.68
nc10	11.1	72	11.16	39.84
nc17	9.85	66	10.23	50.08
nc7	9.17	57	8.84	58.91
nc9	9.4	54	8.37	67.29
nc12	5.89	42	6.51	73.8
nc11	4.08	34	5.27	79.07
nc2	5.78	31	4.81	83.88
nc19	3.74	24	3.72	87.6
nc20	1.81	15	2.33	89.92
nc4	1.7	11	1.71	91.63
nc8	1.36	10	1.55	93.18
nc3	2.38	9	1.4	94.57

의미부류		빈도	백분율(%)	누적백분율(%)
명칭	GN-백분율(%)			
nc23	2.49	7	1.09	95.66
nc16	1.02	7	1.09	96.74
nc5	1.13	6	0.93	97.67
nc13	1.02	6	0.93	98.6
nc15	0.68	4	0.62	99.22
nc14	0.79	3	0.47	99.69
nc22	0.23	2	0.31	100

위 표에서 둘째 칸에 정리된 'GN-백분율'과 넷째 칸의 '백분율'을 비교해 보면, 의미부류 nc1(인공명사)과 nc11(집합명사)만이 게르마넷의 분포와 비교하여 1%가 넘게 상승한 것을 확인할 수 있다. 반대로 의미부류 nc23(시간)은 게르마넷의 분포와 비교하여 1%가 넘게 하락한 것을 확인할 수 있다. 그러나 1% 조금 넘는 이 수치를 가지고 확장기제와 의미부류 간의 상관관계에 대한 어떤 결론을 끌어내기는 난망하다. 다시 말하여, 거의 모든 명사부류가 이 기제를 동일한 정도로 선호한다고 할 수 있다. 이는 은유적인 기제 Tn3이 차지하는 비중이 50%를 넘은데 기인한 것으로 풀이할 수 있다.

이어 다음 (20)에는 다의 확장 기제 Tn1을 이용하여 의미확장을 하는 명사들이 일부분만 열거되어 있다.

(20)

Angebot, Anlage, Anteil, Antrag, Arbeit, Arbeitsplatz, Aufbau, Aufnahme, Ausgabe, Aussage, Bau, Beitrag, Beschluß, Bestimmung, Besuch, Bevölkerung, Bezug, Bildung, Blick, Druck, Einfluss, Einführung, Einrichtung, Einsatz, Ende, Entwicklung, Ergebnis, Essen, Folge, Forschung, Frage, Frau, Freiheit, Gewalt

이 명사들이 속하는 의미부류를 기준으로 통계적 분포를 추출하여 아래의 [표 4]와 같은 결과를 얻었다.

[표 4] 기제 Tn1을 사용하는 명사들의 의미부류 분포

의미부류		빈도	백분율(%)	누적백분율(%)
명칭	GN-백분율(%)			
nc6	14.72	56	20.66	20.66
nc1	11.66	35	12.92	33.58
nc10	11.1	29	10.7	44.28
nc9	9.4	28	10.33	54.61
nc7	9.17	25	9.23	63.84
nc17	9.85	22	8.12	71.96
nc2	5.78	21	7.75	79.7
nc19	3.74	14	5.17	84.87
nc11	4.08	8	2.95	87.82
nc3	2.38	7	2.58	90.41
nc16	1.02	6	2.21	92.62
nc20	1.81	3	1.11	93.73
nc14	0.79	3	1.11	94.83
nc12	5.89	3	1.11	95.94
nc5	1.13	2	0.74	96.68
nc23	2.49	2	0.74	97.42
nc8	1.36	2	0.74	98.15
nc13	1.02	2	0.74	98.89
nc15	0.68	1	0.37	99.26
nc4	1.7	1	0.37	99.63
nc22	0.23	1	0.37	100

위 표에서 둘째 칸에 정리된 'GN-백분율'과 넷째 칸의 '백분율'을 비교해 보면, 의미부류 nc6(사건)가 다의성을 많이 보이는 것을 확인할 수 있다. 이 결론은 의미부류 nc6의 경우, 게르마넷 명사 전체의 분포 14.72%로부

터 20.66%로 6% 가까이 상승한 수치에 토대를 둔다. 사건 명사 부류와 이 기제를 선호하는 것은 직관과 일치하는 측면이 있다. 왜냐하면 기제 Tn1은 사건프레임과 슬롯의 관계에 기반한 확장기제이기 때문이다. 한편, 의미부류 nc12(사람)는 게르마넷 전체 분포 5.89%로부터 4.7% 이상 하락하여 1.11%를 나타내는 것으로 보아 이 기제를 기피하는 의미부류로 간주할 수 있다.

이제, 다의확장 기제 Tn7을 이용하여 의미를 확장하는 명사를 모두 열거하면 다음 (21)과 같다.

(21)
Alternative, Angebot, Antrag, Anwendung, Art, Ausdruck, Band, Dienst, Einsatz, Element, Feld, Film, Form, Frau, Freund, Fähigkeit, Gebiet, Größe, Interesse, Kampf, Mann, Markt, Name, Platz, Prozeß, Qualität, Rede, Schüler, Spiel, Studie, Umfang, Verhältnis, Verlust, Wirtschaft, Zeichen

이 명사들이 속하는 의미부류를 기준으로 통계적 분포를 살펴본 결과 다음과 같은 결과를 얻었다.

[표 5] 기제 Tn7을 사용하는 명사들의 의미부류 분포

의미부류		빈도	백분율(%)	누적백분율(%)
명칭	GN-백분율(%)			
nc6	14.72	16	15.24	15.24
nc1	11.66	14	13.33	28.57
nc17	9.85	13	12.38	40.95
nc2	5.78	11	10.48	51.43
nc10	11.1	11	10.48	61.9
nc12	5.89	10	9.52	71.43
nc9	9.4	9	8.57	80
nc19	3.74	6	5.71	85.71

의미부류		빈도	백분율(%)	누적백분율(%)
명칭	GN-백분율(%)			
nc7	9.17	4	3.81	89.52
nc4	1.7	3	2.86	92.38
nc3	2.38	3	2.86	95.24
nc20	1.81	2	1.9	97.14
nc8	1.36	2	1.9	99.05
nc11	4.08	1	0.95	100

위 표에서 둘째 칸에 정리된 'GN-백분율'과 넷째 칸의 '백분율'을 비교해 보면, 의미부류 nc2(속성)과 nc12(사람)이 이 기제를 선호하는 것을 확인할 수 있다. 이 결론은 의미부류 nc2의 경우, 게르마넷 명사 전체의 분포 5.78%로부터 10.48%로 4.7% 상승하고, nc12의 경우, 5.89%로부터 9.52%로 3.6% 상승한 변동률에 토대를 둔다. 한편, 의미부류 nc7(집단)는 게르마넷 전체 분포 9.17%로부터 5% 이상 하락하여 3.81%를 나타내는 것으로 보아 이 기제를 기피하는 의미부류로 간주할 수 있다. 외에도 의미부류 nc13(동기), nc14(식품), nc15(자연물), nc16(자연현상) 및 nc22(최상위개념)은 이 기제를 전혀 사용하지 않는 것으로 나타나 있는데, 이 의미부류들은 일반적으로 다의 확장을 기피하는 의미부류들이기 때문에 특정 기제의 기피여부와 무관하다.

다음으로, 다의확장 기제 Tn2를 이용하여 의미를 확장하는 명사를 모두 열거하면 다음 (22)와 같다.

(22)

Stimme, Wahrheit, Herr, Möglichkeit, Ansatz, Plan, Realität, Anfang, Gesellschaft, Gemeinschaft, Glaube, Phase, Stelle, Professor, Gelegenheit, Verhältnis, Tisch, Form, Beteiligung, Grüne, Maß, Anforderung, Datum, Glück, Welt, Ausdruck, Auseinandersetzung, Auffassung, Art, Modell

　이 명사들이 속하는 의미부류를 기준으로 통계적 분포를 살펴본 결과 다음과 같은 결과를 얻었다.

[표 6] 기제 Tn2를 사용하는 명사들의 의미부류 분포

의미부류		빈도	백분율(%)	누적백분율(%)
명칭	GN-백분율(%)			
nc9	9.4	12	14.81	14.81
nc10	11.1	11	13.58	28.4
nc7	9.17	9	11.11	39.51
nc2	5.78	8	9.88	49.38
nc17	9.85	8	9.88	59.26
nc12	5.89	7	8.64	67.9
nc6	14.72	6	7.41	75.31
nc1	11.66	5	6.17	81.48
nc11	4.08	3	3.7	85.19
nc19	3.74	3	3.7	88.89
nc23	2.49	3	3.7	92.59
nc5	1.13	2	2.47	95.06
nc4	1.7	2	2.47	97.53
nc20	1.81	1	1.23	98.77
nc8	1.36	1	1.23	100

　위 표에서 둘째 칸에 정리된 'GN-백분율'과 넷째 칸의 '백분율'을 비교해 보면, 의미부류 nc9(인지)과 nc2(속성)이 이 기제를 선호하는 것을 확인할 수 있다. 이 결론은 의미부류 nc9의 경우, 게르마넷 명사 전체의 분포 9.4%로부터 14.81%로 5.4% 상승하고 nc2의 경우, 게르마넷의 분포 5.78%로부터 9.88%로 4.2% 상승한 수치를 근거로 한다. 한편, 의미부류 nc6(사건)는 게르마넷 전체 분포 14.72%로부터 7% 이상 하락하여 7.41% 를 나타내고, 의미부류 nc1(인공물)은 게르마넷 분포 11.66%로부터 5%

이상 하락하여 6.17%를 나타내는 것으로 보아 이 기제를 기피하는 의미 부류로 간주할 수 있다.

이어서, 다의확장 기제 Tn5를 이용하여 의미를 확장하는 명사를 모두 열거하면 다음 (23)와 같다.

(23)

Ausgabe, Element, Film, Geld, Geschichte, Initiative, Internet, Ordnung, Programm, Punkt, Satz, Sohn, Spaß, Spiel, Stoff, Straße, Stunde, Stück, System, Tag, Text, Uhr, Wert, Wissen, Wort, Zahl, Zeit, Zeitung

이 명사들이 속하는 의미부류를 기준으로 통계적 분포를 살펴본 결과 다음과 같은 결과를 얻었다.

[표 7] 기제 Tn5를 사용하는 명사들의 의미부류 분포

의미부류		빈도	백분율(%)	누적백분율(%)
명칭	GN-백분율(%)			
nc1	11.66	26	23.01	23.01
nc10	11.1	19	16.81	39.82
nc23	2.49	13	11.5	51.33
nc6	14.72	12	10.62	61.95
nc3	2.38	7	6.19	68.14
nc7	9.17	6	5.31	73.45
nc11	4.08	5	4.42	77.88
nc20	1.81	5	4.42	82.3
nc19	3.74	4	3.54	85.84
nc17	9.85	4	3.54	89.38
nc9	9.4	3	2.65	92.04
nc4	1.7	2	1.77	93.81
nc12	5.89	2	1.77	95.58

| 의미부류 | | 빈도 | 백분율(%) | 누적백분율(%) |
명칭	GN-백분율(%)			
nc5	1.13	1	0.88	96.46
nc2	5.78	1	0.88	97.35
nc14	0.79	1	0.88	98.23
nc8	1.36	1	0.88	99.12
nc13	1.02	1	0.88	100

위 표에서 둘째 칸에 정리된 'GN-백분율'과 넷째 칸의 '백분율'을 비교해 보면, 의미부류 nc1(인공물)과 nc23(시간)이 이 기제를 선호하는 것을 확인할 수 있다. 이 결론은 의미부류 nc1의 경우, 게르마넷 명사 전체의 분포 11.66%로부터 23.01로 11.4% 상승하고 nc23의 경우, 게르마넷의 분포 2.49%로부터 11.5%로 9% 상승한 수치를 근거로 한다. 한편, 의미부류 nc9(인지)는 게르마넷 전체 분포 9.4%로부터 7% 가까이 하락하여 2.65%를 나타내고, 의미부류 nc6(사건)은 게르마넷 분포 14.72%로부터 4% 이상 하락한 것으로 보아 이 기제를 기피하는 의미부류로 간주할 수 있다.

다음으로, 다의확장 기제 Tn6를 이용하여 의미를 확장하는 명사를 모두 열거하면 다음 (24)와 같다.

(24)

Amt, Betrieb, Bundesland, Dienst, Dorf, Gemeinde, Gemeinschaft, Gericht, Geschäft, Gesellschaft, Haus, Kirche, Kommission, Parlament, Partei, Schule, Staat, Unternehmen, Verwaltung, Volk, Öffentlichkeit

이 명사들이 속하는 의미부류를 기준으로 통계적 분포를 살펴본 결과 다음과 같은 결과를 얻었다.

[표 8] 기제 Tn6를 사용하는 명사들의 의미부류 분포

의미부류		빈도	백분율(%)	누적백분율(%)
명칭	GN-백분율(%)			
nc7	9.17	36	62.07	62.07
nc6	14.72	7	12.07	74.14
nc17	9.85	5	8.62	82.76
nc1	11.66	4	6.9	89.66
nc3	2.38	2	3.45	93.1
nc2	5.78	1	1.72	94.83
nc19	3.74	1	1.72	96.55
nc13	1.02	1	1.72	98.28
nc14	0.79	1	1.72	100

위 표에서 둘째 칸에 정리된 'GN-백분율'과 넷째 칸의 '백분율'을 비교해 보면, 의미부류 nc7(집단)이 이 기제를 매우 선호하는 것을 확인할 수 있다. 이 결론은 의미부류 nc7의 경우, 게르마넷 명사 전체의 분포 9.17%로부터 62.07%로 50% 상승한 수치를 근거로 한다. '집단' 의미부류 명사와 의미확장 기제 Tn6간의 높은 상관성은 직관에 아주 부합한다. 왜냐하면, 기제 Tn이 어떤 조직체와 구성원 간의 관계를 토대로 의미가 확장되는 양상을 포착하는 수단이기 때문이다. 한편, 의미부류 nc1(인공물)는 게르마넷 전체 분포 11.66%로부터 5% 가까이 하락하여 6.9%를 나타내는 것으로 보아 이 기제를 기피하는 의미부류로 간주할 수 있다.

마지막으로, 다의확장 기제 Tn4를 이용하여 의미를 확장하는 명사를 모두 열거하면 다음 (25)와 같다.

(25)
Land, Erde, Wasser, Natur, Weg, Charakter, Stern, Sonne, Herz, Höhe, Element, Boden

이 명사들이 속하는 의미부류를 기준으로 통계적 분포를 살펴본 결과는 다음과 같다.

[표 9] 기제 Tn4를 사용하는 명사들의 의미부류 분포

| 의미부류 | | 빈도 | 백분율(%) | 누적백분율(%) |
명칭	GN-백분율(%)			
nc17	9.85	9	23.08	23.08
nc1	11.66	6	15.38	38.46
nc15	0.68	4	10.26	48.72
nc2	5.78	4	10.26	58.97
nc20	1.81	3	7.69	66.67
nc4	1.7	3	7.69	74.36
nc14	0.79	2	5.13	79.49
nc7	9.17	1	2.56	82.05
nc12	5.89	1	2.56	84.62
nc19	3.74	1	2.56	87.18
nc10	11.1	1	2.56	89.74
nc8	1.36	1	2.56	92.31
nc3	2.38	1	2.56	94.87
nc9	9.4	1	2.56	97.44
nc6	14.72	1	2.56	100

위 표에서 둘째 칸에 정리된 'GN-백분율'과 넷째 칸의 '백분율'을 비교해 보면, 의미부류 nc17(장소)와 nc15(자연물)이 이 기제를 선호하는 것을 확인할 수 있다. 이 결론은 두 의미부류 모두 10% 내외 상승한 수치를 근거로 한다. 한편, 의미부류 nc6(사건)은 게르마넷 전체 분포와 비교하여 12% 이상 하락하고, nc10(소통)은 8% 이상 하락한 것으로 보아 이 기제를 기피하는 의미부류들로 간주할 수 있다. 사실 기제 Tn4는 명사의 다의적 의미확장에 활용되는 빈도가 가장 낮기 때문에 기제와 의미부류 간의 상관관계를 논의하는 것이 과연 유의미한 일인지 면밀히 검토할 필요가 있다

고 생각된다.

이제까지 우리는 7가지 명사의 의미확장 기제와 의미부류 간의 상관관계에 대해 논의를 했다. 동사의 경우와 마찬가지로, 특정한 의미부류에 속하는 명사들이 특정한 확장 기제를 선호하거나 기피하는 것으로 관찰되었다.

이 절에서 이어 다루고자 하는 문제는 다의확장 유형 간의 친소관계에 관한 것이다. 이 친소관계는 개별 명사들의 다의적 의미확장에 관여한 기제들의 공기관계를 분석함으로써 파악할 수 있다. 명사의 확장기제들의 공기관계를 아래에 [표 10]으로 정리했다.

[표 10] 명사 다의 확장기제들의 공기관계

확장기제	확장기제	공기 빈도
Tn1	Tn3	42
Tn3	Tn7	15
Tn3	Tn5	14
Tn2	Tn3	13
Tn1	Tn7	9
Tn3	Tn4	8
Tn3	Tn6	7
Tn2	Tn7	4
Tn1	Tn2	3
Tn1	Tn5	3
Tn5	Tn7	3
Tn2	Tn6	2
Tn1	Tn4	1
Tn4	Tn5	1
Tn4	Tn7	1
Tn6	Tn7	1

위의 표를 살펴보면, 기제 Tn1과 Tn3이 가장 자주, 곧 42번 공기하는 것을 확인할 수 있다. 이 빈도가 의미하는 바는 명사 42개가 다의적으로

의미를 확장할 때에 확장기제 Tn1과 Tn3을 사용한다는 뜻이다. 확장기제 Tv4와 Tv12를 사용하는 동사 42개를 모두 아래 (26)에 나열한다.

(26)

  Angebot, Anlage, Arbeit, Aufbau, Aufnahme, Ausgabe, Bau, Bezug, Bildung, Druck, Einfluss, Einführung, Einrichtung, Einsatz, Ende, Entwicklung, Frau, Freiheit, Kultur, Leistung, Lösung, Macht, Ordnung, Rat, Raum, Reaktion, Recht, Regel, Reihe, Sache, Schritt, Seite, Sicherheit, Spiel, Stand, Szene, Verbindung, Veränderung, Wahl, Welt, Werk, Widerstand

위 [표 10]에 정리된 기제들 간의 공기빈도를 토대로 하여 공기관계를 네트워크 형태로 시각화할 수 있는데 그 결과는 아래의 [그림 9]와 같다.

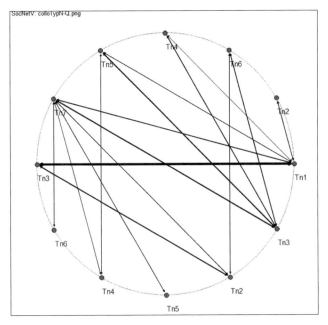

[그림 9] 명사 의미확장 기제들 간의 공기관계

네트워크상에서도 우리는 기제 Tn1과 T3이 가장 강하게 연결되어 있음을 확인할 수 있다. 교점 간의 연결강도는 연결선의 굵기로 표상이 되는데, Tn1과 Tn3 간의 연결선의 굵기와 2위인 Tn3과 Tn7 간의 연결선 굵기와 확연히 구분이 된다. 다시 말하여 [그림 9]는 [표 10]을 시각적으로 표상한 것으로서 전달하는 정보의 내용에 있어서는 양자가 동일하다.

이 절을 마무리 하면서 다의성 명사 300개가 속한 의미부류의 통계적 분포에 대해 기술하고자 한다. 명사 300개의 의미부류 분포는 다음 [표 11]과 같다.

[표 11] 다의성 명사 300개의 의미부류 분포

의미부류		빈도	백분율(%)	누적백분율(%)
명칭	GN-백분율(%)			
nc6	13.01	130	14.72	14.72
nc1	15.51	103	11.66	26.39
nc10	8.59	98	11.1	37.49
nc17	7.62	87	9.85	47.34
nc9	4.73	83	9.4	56.74
nc7	7.05	81	9.17	65.91
nc12	14.38	52	5.89	71.8
nc2	2.92	51	5.78	77.58
nc11	2.09	36	4.08	81.65
nc19	1.56	33	3.74	85.39
nc23	1.78	22	2.49	87.88
nc3	2.39	21	2.38	90.26
nc20	2.52	16	1.81	92.07
nc4	1.03	15	1.7	93.77
nc8	2.52	12	1.36	95.13
nc5	0.91	10	1.13	96.26
nc16	1.31	9	1.02	97.28
nc13	0.29	9	1.02	98.3

의미부류		빈도	백분율(%)	누적백분율(%)
명칭	GN-백분율(%)			
nc14	2.36	7	0.79	99.09
nc15	0.84	6	0.68	99.77
nc22	0.06	2	0.23	100

위 표에서 둘째 칸에 정리된 'GN-백분율'과 넷째 칸의 '백분율'을 비교해 보면, 의미부류 nc9(인지)는 게르마넷 전체 분포 4.73%로부터 4% 가까이 상승하여 9.4%를 나타내는 것으로 보아 이 다의적 의미확장을 가장 많이 하는 의미부류로 간주할 수 있다. 반면, 의미부류 nc12(사람)와 nc1(인공물)이 다의적 의미확장을 상대적으로 덜 하는 것을 확인할 수 있다. 이 결론은 의미부류 nc12의 경우, 게르마넷 명사 전체의 분포 14.38%로부터 8% 이상 하락하고, nc1의 경우, 게르마넷의 전체분포 15.51%로부터 4% 가량 하락한 수치를 근거로 한다. 게르마넷 명사 전체분포상 3.09%를 차지하는 의미부류 nc18(식물)에 속하는 명사들과 게르마넷의 분포상 1.78%를 차지하는 의미부류 nc21(동물)에 속하는 명사들이 다의성 명사 300개 안에 하나도 포함되어 있지 않다는 점도 특기할 만하다.

이 장에서는 명사의 7가지 의미확장 유형을 토대로 하여 먼저 의미확장 유형 체계를 구축했다. 이어 전체 300개 명사를 대상으로 어떠한 의미확장 유형이 다의성의 생성에 관여하는지를 분석했다. 구체적인 분석과정을 보이기 위해 9가지 의의를 가진 명사 'Aufnahme'의 의미확장 과정에 대해 기술했다. 다의명사 300개를 분석한 결과를 바탕으로 의미확장 유형들의 통계적 분포를 최종적으로 산출했다. 그 결과, 은유관계를 토대로 하는 의미확장 유형(Tn3)과 사건유형의 프레임과 슬롯관계를 기반으로 하는 의미확장 기제(Tn1)이 가장 많이 적용되는 유형들로 밝혀졌다. 명사의 다의성 관련하여 확장기제와 의미부류 간의 상관관계는 아래 표로 정리된다.

[표 12] 확장기제와 의미부류 간의 상관관계

확장기제	선호 의미부류	기피 의미부류
Tn1	nc6	nc12
Tn2	nc9 nc2	nc6 nc1
Tn3	nc1 nc11	nc23
Tn4	nc17 nc15	nc6 nc10
Tn5	nc1 nc23	nc9 nc6
Tn6	nc7	nc1
Tn7	nc2 nc12	nc7

제12장 형용사의 다의성

12.1 형용사 다의성의 유형

형용사의 다의성에 대한 선행연구로는 Fritz(1995), Bons(2009, 2010), Boleda/Schulte/Badia(2012)을 들 수 있다. Fritz의 경우, 독일어 형용사 scharf를 분석대상으로 하여 환유와 은유적 분석방법을 제안하고, Bons (2009)에서는 hart, weich, sanft 및 grob의 다의적 쓰임에 대해 코퍼스에 기반한 연구성과를 보인다. 반면, Boleda et al.(2012)은 Catalan어 형용사를 분석한 결과를 토대로 삼아, 체계적 다의성의 기술에 형용사의 분류체계를 활용할 필요가 있음을 주장한다. 여기서는 독일어 형용사의 다의성 유형에 대해 기술하는 것을 목적으로 하기 때문에, Boleda et al.의 논의에서 출발하고자 한다. 이들은 WordNet의 형용사 분류체계를 수정하여, 형용사를 속성 형용사/질적 형용사(qualitative adjectives), 사건 형용사(event-based adjectives), 관계 형용사(relational adjectives) 등 3가지 기본 유형으로 분류한다. 먼저, 사건 부류에는 동사로부터 파생한 형용사들, 곧 동사의 현재분사형이나 과거분사형이 이 부류에 속한다. 독일어의 예를 들자면, ansprechend나 bekannt 등이 이 부류로 분류된다. 관계 형용사는 명사로부터 파생한 형용사들, 곧 명사나 고유명사에 파생접미사가 붙어 형성된 형용사들이 이 부류에 속한다. 예를 들자면, natürlich나 preußisch 같은 형용사들이 이 부류로 분류된다. 이 두 부류에 속하지 않는 형용사들이 모두 속성 형용사 부류에 속하는데, hart나 flach와 같은 형용사를 예로 들 수가 있는데, 이 부류에 속하는 형용사들은 일반적으로 반의적인 형용사를 가지는 것이 특성이다. 이를 테면 형용사 hart의 반의어로는 weich가 있고 flach의 반의어로는 tief가 있다. 형용사의 다의성을 기술할 때도 이와 같은 형용사 분류체계를 토대로 하는 것이 설명력을 가질 수 있는데, 개별 형용사의 소속 부류에 따라 그 형용사가 보이는 다의성의 유형도 달라지기 때문이다. 앞서 예로 든, 관계 형용사 preußisch는 고유명사 Preußen으로부터 파생된 형용사로서 두 가지 의의를 가지는데, 그중 하나는 '프러시아의'라는 뜻이고 다른 하나는 '정확한(korrekt)'이라는 뜻이다. 여기서 우리가 주목하는 것은 두 번째 의미인데, 이 의미는 고유명사 Preußen이 지시하는 대상의 전형적 속성을 나타내기 때문이다. 형용사 preußisch의 두 가지 의미 사이의 의미확장 유형을 'Ta1'로 명명한다. 이를 도식화하면 다음과 같다.

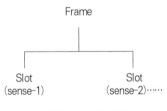

[그림 1] 형용사 다의성 유형 Ta1

여기서 프레임(Frame)은 국가 Preußen에 대한 정보를 담고 있는 프레임이고 이 프레임 아래에 'preußisch sein'이라는 의미를 가진 슬롯과 국

가 Preußen의 전형적인 특성 — 정확한(korrekt)과 같은 — 이 채워져 있는
슬롯이 속한다. 이러한 절차를 통해 관계 형용사 preußisch의 의미확장이
일어나는 것으로 분석할 수 있다. 이와 같은 유형에 속하는 다른 예는 형
용사 ästhetisch이다. 다음 용례를 보자.

(1)

   a. 72778608: ⟨text_id wissenschaft⟩: Doch je überzeugender
      Architektur , desto entschiedener stellt sie jede nur ⟨ästhetische⟩
      Auffassung von Schönheit , Kunst , und Architektur in Frage .
   b. 25938036: ⟨text_id kultur⟩: Es sind dies sinnbildhafte Fotografien
      von großartigem formalen and ⟨ästhetischen⟩ Reiz .

용례 (1a)에서 형용사 ästhetisch는 '미학적'이라는 의미로 쓰인 반면,
(1b)에서는 '미적/아름다운'이라는 의미로 쓰인다. 이 두 가지 의의(사용의
미) 사이에 다의적 의미확장이 관여되어 있는 것으로 풀이할 수 있다.

한편, 사건 형용사의 경우, 예를 들어 'passend'는 'passend sein'이라
는 상위 프레임이 첫 번째 의의가 되고, 동사 passen이 지시하는 사건의
프레임을 슬롯으로 갖게 되는데, 이 프레임이 바로 이 형용사의 두 번째
의의가 된다. 형용사 passend의 두 가지 의미 사이의 의미확장 유형을
'Ta2'로 지칭하고 이를 도식화하면 다음과 같다.

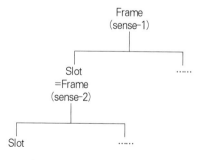

[그림 2] 형용사 다의성 유형 Ta2

형용사 bestimmt도 이 유형에 속하는 것으로 간주된다. 아래 용례를
보자.

(2)
a. 23705283: ⟨text_id kultur⟩: Aber es wird ihm schwer , in
Schlachten die ganze Handlung auf ein so ⟨bestimmtes⟩ Ziel hin
zu führen , wie es in der Historie geschieht .
b. 72856864: ⟨text_id wissenschaft⟩: Jedes mechanische Geschehen
hat zugleich seinen ⟨bestimmten⟩ Charakter oder seine bestimmte
Weise des Vollzuges .

첫 번째 용례는 동사 bestimmen으로부터 파생된 원형의미로서 '정해진'
이라는 의미를 가지는 반면, 두 번째 예는 다의적인 확장이 일어난 의미로
서 '단호한'이라는 뜻을 가진다.

다른 한편, 속성 형용사의 의미확장은 동사나 명사의 경우와 같이 여러
가지 방식으로 일어난다. 형용사 'scharf'의 다의성을 연구한 Fritz(1995)
와 'hart'의 다의적 쓰임에 대한 구체적인 분석을 제시하고 있는 Bons
(2010)는 형용사의 의미확장을 환유관계와 은유관계로서 설명할 수 있음을
설득력 있게 보여주는데, 여기서는 Bons의 연구성과를 중심으로 논의를
하고자 한다. Bons는 'hart'가 물리적인 측면에서 세 가지 의의, 곧 '단단
한', '견고한', '가공하기 어려운'을 가지며, 이들 간의 의미확장이 '단단한'
이라는 의의에서 출발하여 '견고한'이라는 의의를 거쳐 '가공하기 어려운'이
라는 의미로 일어나는 것으로 분석한다. 이 세 의의 간의 의미확장에 있어
토대가 되는 것은 환유관계인데, 이 환유관계는 조건-결과 도식에 속하는
것으로 간주할 수 있다는 주장이다. Bons가 주장하는 조건-결과 관계는
다음과 같이 정의된다(Bons 2010 : 8).

(3)

Die Zusammenhänge zwischen den Verwendungsweisen kann man in Form von Wenn-dann-Beziehungen folgendermaßen darstellen:

Wenn (i) ein Gegenstand eine harte Konsistenz hat,

dann (ii) ist er normalerweise widerstandsfähig, strapazierfähig und haltbar,

dann (iii) ist er normalerweise schwer zu bearbeiten.

(z.B. *ein harter Stein* vgl. *ein weicher Stein*)

어떤 물체가 단단한 성질을 가지고 있으면, 이 물체는 일반적으로 외부 자극에 대항하는 힘이 강하고, 그 결과 보통은 가공하기가 힘들다는 경험적인 지식이 이 조건-결과 관계에 포함되어 있는 것으로 생각된다.

Bons에 따르면, 우리가 인지적인 관점에서 '환유' 관계로 파악하는 경우는 이처럼 '조건-결과' 외에도 행위-행위자-관련대상 관계(Handlung/Handelnder/relevanter Gegenstand), 상태-표지 관계(Zustand/Zeichen für den Zustand), 결과상태-원인요소 관계(Zustand/etwas, das zu dem Zustand beiträgt) 및 부분-전체 관계(Teil/Ganzes)가 있다(Bons 2010 : 10). 이처럼 환유관계가 형용사의 다의적 의미확장의 근간이 되는 유형을 'Ta3'이라 명명하고, 이를 프레임 이론의 틀 안에서 다음과 같이 도식화할 수 있다.

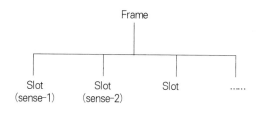

[그림 3] 형용사 다의성 유형 Ta3

이 도식에서 Frame은 형용사의 수식을 받는 명사에 대한 프레임이고,

이 명사가 여러 가지 속성을 가질 경우, 속성들이 슬롯으로 표현된다고 볼수 있다. Bons의 예인 'harter Stein'의 경우에 Stein 프레임의 구성요소로서 '단단함', '견고함', '가공하기 어려움' 등과 같은 슬롯들이 존재한다고분석할 수 있다. 그리고 슬롯 상호 간에는 'hart'의 경우에 조건-결과 관계가 성립하는 것으로 풀이된다. 아래 용례들은 형용사 hart의 의미확장이환유관계를 기반으로 일어나는 것을 보여준다.

(4)
a. 72781442: ⟨text_id wissenschaft⟩: Eben diese schwer zu ertragende Freiheit führt zu Träumen von einer Architektur von ⟨härtestem⟩ Stein , schwer genug , um alle Freiheit zu erdrücken .
b. 72571862: ⟨text_id wissenschaft⟩: Ähnlich ist es beim ⟨härtesten⟩ Stoff der Welt , den Diamanten .

위의 첫째 용례에서 형용사 hart는 '단단한'이라는 의미로 쓰이고 있고,둘째 용례에서 이 형용사는 '가공하기 어려운'이라는 의미로 쓰인다.

그런데 'harte Aufgabe'이나 'harte Kritik'에서처럼 구체물이 아닌 영역에 적용될 경우에 다른 차원의 의미확장이 일어나게 되는데, 대상영역의 변화로 인해 야기되는 의미확장은 인지언어학에서는 은유관계를 토대로 한다고 분석하고, Bons도 이 입장을 따른다(Kövecses 2003). 반면, 환유는 동일한 영역(domain) 내에서 성립하는 관계로 간주한다(Croft 1993, Kövecses 2003).

이제 은유관계가 기반이 되어 일어나는 다의적 의미확장을 프레임 이론의 관점에서 기술해 보자. 앞서 논의한 바와 같이 은유는 상이한 영역 간의 관계이기 때문에 은유에 의한 의미확장에는 두 개의 프레임이 관련되어 있는 것으로 분석할 수 있다. 형용사의 다의적 의미확장에 있어 은유관계가 토대가 되는 유형을 'Ta4'라 지칭한다. 이러한 의미확장 유형을 도식화하면 다음과 같다.

[그림 4] 형용사 다의성 유형 Ta4

위 도식에서 Frame1이 예를 들어 Stein과 같은 구체물 영역을 표현하는 프레임이라고 하고, Frame2가 Aufgabe와 같은 추상적 개체 영역을 나타내는 프레임이라고 할 때, 의미확장은 영역이 상이한 프레임들의 각 슬롯 간에 일어나는 것으로 분석된다.1)

아래에 형용사 hart의 의미확장이 은유관계를 토대로 일어나는 것을 보여주는 예들이 제시되어 있다.

(5)

a. 21318286: 〈text_id gesundheit〉: Unter Umständen genügt ein Umstieg von weichen zu 〈harten〉 Kontaktlinsen oder ein spezielles Benetzungsmittel , um die Beschwerden zu lindern .

b. 36060185: 〈text_id politik〉: Wir haben uns im Dezember 1989 auf dem außerordentlichen Parteitag in die Hand versprochen , selbst die 〈härtesten〉 und konsequentesten Kritiker unserer parteipolitischen Vergangenheit zu sein .

예문 (5a)에서 형용사 hart는 구체물을 수식하므로 '단단한'이라는 의

---

1) Radden/Dirven(2007 : 11)에 따르면, 영역(domain)은 프레임(frame)보다 넓은 개념으로서 프레임들을 서로 연결시키는 기능을 가진다.

미를 갖는 반면, (5b)에서는 hart가 '가혹한/엄한'이라는 의미로 쓰이고 있다.

이처럼 은유관계를 기반으로 하는 의미확장이 가능한 것은 '유사성 (resemblance/similarity)'을 언어사용자들이 인지할 수 있기 때문인데, 이런 맥락에서 유사성이 상관성(correlation), 완화(mitigation) 등과 함께 인지적 연산(cognitive operation)의 하나로 간주되기도 한다(Ruiz de Mendoza 2011 : 112). 유사성 연산에 의해 의미확장이 일어나는 예로는 'Achilles is a lion' 을 들 수 있는데, 전사로서 아킬레스의 용맹성이 사자의 용맹함과 유사하기 때문에 이러한 은유가 가능하다고 본다(Ruiz de Mendoza 2011 : 112).

지금까지 논의한 형용사의 다의성에 관여하는 의미확장 유형 4가지를 하나의 수형도로 구조화하면 다음과 같다.

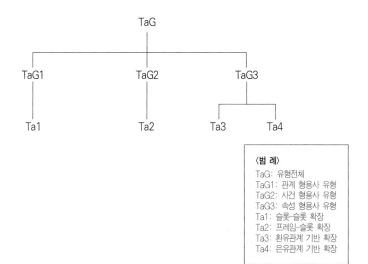

〈범 례〉
TaG: 유형전체
TaG1: 관계 형용사 유형
TaG2: 사건 형용사 유형
TaG3: 속성 형용사 유형
Ta1: 슬롯-슬롯 확장
Ta2: 프레임-슬롯 확장
Ta3: 환유관계 기반 확장
Ta4: 은유관계 기반 확장

[그림 5] 형용사의 의미확장 유형론 도식

프레임이론적인 관점에서 서술하자면, 위 수형도에서 TaG1 그룹에 속

하는 의미확장 유형은 하나뿐인데, 관계되는 개체 명사에 대한 프레임을
구성하는 슬롯 간의 관계가 의미확장으로 나타난 경우이다. 반면, TaG2
그룹에 속하는 의미확장 유형은 사건을 기반으로 하며, 의미확장은 사건
유형인 프레임과 사건 참여요소들인 슬롯 간에 일어난다. TaG3 그룹에
속한 의미확장은 환유관계를 토대로 하느냐, 은유관계를 토대로 하느냐에
따라 서로 구분된다. 동사나 명사의 경우와 마찬가지로 조심스러운 결론
을 내리자면, 이러한 4가지 의미확장 유형이 모든 형용사의 다의성을 기술
하기에 결코 충분하지 않을 것이고, 다른 품사들의 경우에서처럼 유형 확
대의 가능성이 남아 있는 것으로 본다.

12.2 형용사 다의성에 대한 통계적 사실

이 절에서는 바로 앞 절에서 논의한 형용사의 의미확장 유형 체계를 기
반으로 하여 의미확장의 유형들이 어떠한 분포를 보이는지를 구체적인 분
석을 통해 밝혀내고자 한다. 앞서 제 4장 3절에서 기술한 바와 같이 코퍼
스 GLOW에서 출현빈도가 높은 형용사들 가운데 게르마넷에서 다의성을
가진 것으로 분석된 형용사 300개를 분석대상으로 삼는다. 이 형용사들이
보여주는 의미확장 유형을 면밀하게 검토한 결과를 이 절에서 보고한다.

이제 형용사 fest를 예로 들어 의미확장이 어떻게 이루어지는지를 구체
적으로 분석하기로 하자. 이 형용사는 DWDS에서 7가지 비숙어적인 의의
(sense)를 갖는 것으로 항목기술이 되어 있는데, 그중 하나는 부사적으로
사용되기 때문에 분석에서 제외시켰다.[2] 다음은 DWDS에서 기술된 형용

---

2) 사전 DWDS에서 fest의 부사적 용법의 예로 제시된 어구는 "die Tür fest schließen
(die Tür völlig schließen)"인데, 여기서 fest는 "in starkem Maße"라는 의미를 지니는
것으로 서술되어 있다.

사적 용법의 6가지 의의를 보여준다.

(6)
1. erster Aggregatzustand vor flüssig und gasförmig
2. widerstandsfähig, haltbar
3. unverrückbar, straff sitzend oder haltend
4. bestimmt, energisch
5. sicher, stark
6. ständig, dauernd

위에 제시된 6가지 의의 간의 의미확장 패턴에 대해 논의를 하자면, 첫 번째 의의('고체상태의')를 의미확장의 근원이 되는 원형적인 의의라고 가정해 볼 수 있다. 이 의의를 잘 보여주는 용례가 다음 (7)에 제시되어 있다.

(7)
3192452: ⟨text_id fiktion⟩: Sie mögen ⟨feste⟩ Stoffe viel lieber als flüssige , da sie ‐ zu ihrem eigenen Bedauern ‐ nicht in der Lage sind , letztere magisch zu behandeln .

이 용례에서 형용사 fest의 원형적인 의미를 확인할 수 있는데, 이 의의는 '고체상태의'라는 뜻을 지니며, 용례 속에서 다른 형용사 'flüssig(액체상태의)'와 대조되어 있다. 이 원형의미로부터 두 번째 의의('단단한')가 확장된 것이고, 이 과정에 관여하는 의미확장 기제가 Ta3로 분석될 수 있다. 유형 Ta3은 환유관계에 기반한 의미확장에 관여하는데, '고체상태'는 고체상태를 가진 사물과 연결이 되고, 이 사물 프레임은 다시 '단단함'이라는 속성을 슬롯으로 가지기 때문이다. 두 번째 의의를 잘 보여주는 예는 다음 (8)과 같다.

(8)

488807: 〈text_id fiktion〉: Er zieht sie hoch und drückt sie an
seinen 〈festen〉 Körper .

셋째 의의('고정된')는 두 번째 의의로부터 의미확장 기제 Ta3에 의해 생
성된 것으로 분석가능하다. 왜냐하면 무엇과 무엇 간의 연결이 고정적이
면, 그것은 단단하기도 하기 때문이다. 여기에는 앞서 논의한 바 있는 인
과관계를 토대로 한 환유관계가 성립한다. 아래 (9)에 제시된, 코퍼스
GLOW의 용례가 세 번째 의의를 명료하게 보여준다.

(9)

88380225: 〈text_id universum〉: Nach dem Eingriff müssen die
Patienten einen 〈festen〉 Kopfverband tragen .

넷째 의의('강한')는 두 번째 의의에 의미확장 기제 Ta4가 작용하여 생성
된 것으로 분석될 수 있다. Ta4는 은유관계에 있는 프레임 간의 관계에서
비롯된 의미확장을 수행하는 유형이다. 여기서는 '단단함'이라는 속성을 가
진 사물 프레임과 '강하게 행동하는'이라는 속성을 가진 사람 프레임이 은
유관계를 이룬다. 이 네 번째 의의를 잘 보여주는 용례가 다음 (10)에 제
시되어 있다.

(10)

2036517: 〈text_id fiktion〉: Mit 〈festem〉 Druck erwiderte er wortlos
ihren Handschlag . ohne dabei mit seinem bohrenden Blick von
ihrem Gesicht abzulassen .

의미확장 기제 Ta3이 넷째 의의에 작용하여 다섯째 의의('확고한')이 생
성된 것으로 분석가능하다. 넷째 의의와 다섯째 의의는 사람 프레임에 속

하는 슬롯들이기 때문에, 두 슬롯 간에 환유관계가 성립하는 것으로 볼 수 있다. 네 번째 의의가 사람의 '물리적 상태'를 표현한 것이라면, 다섯 번째 의의는 사람의 심리적 상태를 나타내는 것이라 할 수 있다. 아래의 (11)에 제시된 용례가 다섯 번째 의의를 잘 드러낸다.

(11)
1888075: ⟨text_id fiktion⟩: Beide fuhren zu den überaus glücklichen Eltern , die in der ⟨festen⟩ Hoffnung lebten , ihr Kind wenige Stunden später sicher und geborgen in den Armen halten zu können .

여섯째 의의('지속적인')는 둘째 의의에 의미확장 기제 Ta4가 작용하여 생성된 것으로 분석될 수 있다. 앞서 논의한 바와 같이 Ta4은 은유관계에 있는 프레임들 간의 의미확장에 관여하는데, 여섯째 의의의 경우, 사물 프레임이 관계 프레임으로 은유적으로 확장된 것으로 해석할 수 있다. 어떠한 관계가 지속적이거나 규칙적일 경우, 우리는 일반적으로 그 관계가 '탄탄하다'고 얘기할 수 있다. 이 여섯째 의의를 잘 보여주는 용례가 다음 (12)에 제시되어 있다.

(12)
708781: ⟨text_id fiktion⟩: Gleich gegenüber dem Haus ist eine Telefonzelle , und vielleicht hat Gaby Zeit , obwohl sie mal was von einem ⟨festen⟩ Freund erzählte .

지금까지 논의한 바 형용사 'fest'에 부여된 6가지 의의 간의 의미확장 관계를 네트워크 형식으로 표현하면 다음과 같은 도식을 얻을 수 있다.

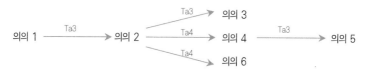

[그림 6] 형용사 fest의 의미확장 패턴

　형용사 fest의 다의성과 관련하여 어떤 의미확장 유형이 적용될 수 있는 지를 조사한 방법론을 300개 형용사 전체에 대해 적용하면 형용사별로 의미확장 패턴을 정리할 수 있다. 분석결과를 예시하기 위해 다음 [표 1]을 통해 10개 형용사의 의미확장 유형들을 제시한다.3)

[표 1] 형용사의 의미확장 유형 목록

형용사	의의1	의의2	의의3	의의4	의의5
nah	Ta4	Ta3			
naß	Ta3				
natürlich	Ta1	Ta3	Ta3	Ta4	
neu	Ta3	Ta4	Ta3		
niedrig	Ta4	Ta4	Ta3		
normal	Ta1				
nüchtern	Ta3	Ta4	Ta4		
rational	Ta1				
rauh	Ta3	Ta3	Ta4		
recht	Ta4	Ta4	Ta4	Ta4	Ta3

　위 표에서 형용사 niedrig의 경우, 의미확장이 세 번 일어나는데, 그 가운데 두 번은 동일한 의미확장 유형, 곧 Ta4가 적용되는 것으로 분석된다. 반면, 모두 6가지 의의가 부여되는 형용사 recht의 경우 의미확장이 다섯

---

3) 지면상의 제약으로 인해 [부록 10]에 형용사 30개의 의미확장 목록을 제시하고, 전체 목록은 웹사이트(http://www.smart21.kr/glow/)에 제공된다.

번 일어나는데, 그 가운데 네 번은 동일한 의미확장 유형, 곧 Ta4가 적용되는 것으로 분석된다.

이처럼 형용사 300개 각각에 대해 의미확장 유형을 분석한 다음에, 유형별로 어떠한 분포를 보이는지를 통계적으로 산출한 결과는 다음의 [표 2]로 정리된다.

[표 2] 형용사의 의미확장 유형별 분포

유형	빈도	백분율(%)	누적백분율(%)
Ta3	205	40.84	40.84
Ta4	204	40.64	81.47
Ta1	69	13.75	95.22
Ta2	24	4.78	100
합계	502	100	

위의 통계를 살펴보면, 용사 300개는 모두 802(원형의미 300 + 확장의미 502)개의 의의를 갖는데 이 숫자가 의미하는 바는 형용사 하나당 평균 2.67개의 의의를 갖는다는 뜻이다. 확장유형을 세밀하게 살펴보면, 형용사의 다의적 의미확장에 있어 Ta3 유형과 Ta4 유형이 압도적으로 적용빈도가 높은 것을 확인할 수 있다. 가장 많이 활용되는 유형 Ta3은 프레임과 슬롯 간의 환유관계 혹은 슬롯과 슬롯 간의 환유관계를 기반으로 하여 의미확장을 실행하고, 두 번째로 많이 활용되는 Ta4는 프레임 간의 은유관계를 토대로 하는 유형이다. 이 사실은 형용사의 경우, 은유와 환유가 의미확장의 기제라고 주장하는 인지의미론자들의 입장을 지지하는 근거가 될 수 있는 연구성과이다. 여기서 제시하는 통계데이터에 따르면, 환유관계와 은유관계를 토대로 하는 유형들 80% 이상을 차지한다. 때문에 이 두 유형을 더 세분화하여 하위유형들을 설정할 수 있는 가능성이 있는지를 살펴보기 위해 적용된 사례들을 세밀하게 검토할 필요가 있다. 이 후속연구를 바탕으

로 형용사의 의미확장 유형론을 수정할 필요가 있다고 생각된다.

이제 4가지 다의확장 유형의 구체적인 사용 예들에 대해 논의해 보자.
먼저, 다의확장 유형 Ta3을 이용하여 의미확장을 하는 형용사들을 일부
만 나열하면 다음 (13)과 같다.

(13)

absolut, alt, angenehm, anständig, arm, aufmerksam, beachtlich,
berühmt, beschränkt, billig, bitter, blau, blühend, brutal, bunt, böse,
cool, dicht, dick, direkt, dunkel, dünn, edel, effektiv, ehrlich, eigen,
eigenwillig, einfach, einmalig, elektrisch, entfernt, entschieden, ernst,
erstaunlich, falsch, fein, fertig, fest, fett, flach, fleißig, formell,
fragwürdig, frei, frisch, froh, fröhlich

이 형용사들을 포함하여 기제 Ta를 사용하여 의미확장을 하는 형용사들
전체가 속한 의미부류를 기준으로 통계적 분포를 추출하여 표로 정리한
것이 아래에 제시된다.

[표 3] 기제 Ta3을 사용하는 형용사들의 의미부류 분포

의미부류		빈도	백분율(%)	누적백분율(%)
명칭	GN-백분율(%)			
ac15	17.63	156	21.73	21.73
ac13	11.26	84	11.7	33.43
ac3	9.93	72	10.03	43.45
ac6	7.85	64	8.91	52.37
ac1	9.33	64	8.91	61.28
ac14	6.07	56	7.8	69.08
ac5	6.96	46	6.41	75.49
ac11	5.19	44	6.13	81.62
ac9	5.48	38	5.29	86.91
ac16	6.37	28	3.9	90.81

의미부류		빈도	백분율(%)	누적백분율(%)
명칭	GN-백분율(%)			
ac7	2.22	18	2.51	93.31
ac8	2.07	12	1.67	94.99
ac4	1.63	10	1.39	96.38
ac10	5.48	10	1.39	97.77
ac2	1.63	10	1.39	99.16
ac12	0.89	6	0.84	100

위 표에서 둘째 칸에 정리된 'GN-백분율'과 넷째 칸의 '백분율'을 비교해 보면, 의미부류 ac15(태도)가 이 기제를 선호하는 것을 확인할 수 있다. 이 결론은 의미부류 ac15의 경우, 게르마넷의 다의성 형용사들의 분포 17.63%로부터 21.73%로 4% 이상 상승한 수치를 근거로 한다. 반대로, 의미부류 ac6(파생)는 게르마넷 분포 5.48%로부터 4% 이상 하락하여 1.39%를 나타내는 것으로 보아 이 기제를 기피하는 의미부류로 간주할 수 있다. 외에 2% 이상 하락한 의미부류 ac16(시간)도 상대적으로 이 기제를 선호하지 않는 의미부류의 하나로 분석된다.

이어 다음 (14)에는 다의확장 기제 Ta4를 이용하여 의미확장하는 형용사들의 일부가 제시되어 있다.

(14)
abhängig, absolut, aktiv, alt, analog, attraktiv, außergewöhnlich, beachtlich, bemerkenswert, bestimmt, beweglich, bitter, blutig, braun, breit, bunt, böse, cool, dick, diffus, direkt, dominant, dunkel, dynamisch, dünn, edel, eigen, einsam, einseitig, eisig, endlos, eng, ernst, ernsthaft, farbig, faul, fein, fest, fett, flach, fleißig, flexibel, frei, freundlich, frisch, fruchtbar, funktional

이 형용사들을 포함하여 기제 Ta4를 사용하여 의미확장하는 형용사들

전체가 속한 의미부류를 기준으로 통계적 분포를 추출하여 표로 정리한
것이 아래에 제시된다.

[표 4] 기제 Ta4을 사용하는 형용사들의 의미부류 분포

의미부류		빈도	백분율(%)	누적백분율(%)
명칭	GN-백분율(%)			
ac15	17.63	138	18.3	18.3
ac13	11.26	90	11.94	30.24
ac6	7.85	76	10.08	40.32
ac3	9.93	66	8.75	49.07
ac14	6.07	64	8.49	57.56
ac9	5.48	64	8.49	66.05
ac1	9.33	50	6.63	72.68
ac11	5.19	50	6.63	79.31
ac16	6.37	38	5.04	84.35
ac5	6.96	36	4.77	89.12
ac8	2.07	22	2.92	92.04
ac7	2.22	20	2.65	94.69
ac2	1.63	18	2.39	97.08
ac10	5.48	10	1.33	98.41
ac4	1.63	8	1.06	99.47
ac12	0.89	4	0.53	100

위 표에서 둘째 칸에 정리된 'GN-백분율'과 넷째 칸의 '백분율'을 비교해
보면, 의미부류 ac14(물질)과 ac6(신체)이 이 기제를 선호하는 것을 확인할
수 있다. 이 결론은 두 의미부류 모두 게르마넷 분포와 비교하여 2% 이상
의 상승률을 근거로 한다. 한편, 의미부류 ac10(파생)은 게르마넷 분포로
부터 4% 이상 하락한 것으로 보아 이 기제를 기피하는 의미부류로 간주할
수 있다.

이어 다음 (15)에는 다의확장 기제 Ta1을 이용하여 의미확장하는 형용

사들의 일부가 제시되어 있다.

(15)

alltäglich, arbeitslos, astronomisch, barock, begrifflich, beruflich, beständig, düster, elektrisch, endlich, fantastisch, fiktiv, filmisch, formell, funktional, ganzheitlich, gefährlich, geographisch, glücklich, historisch, hochkarätig, hygienisch, ideologisch, klinisch, konventionell, liberal, lyrisch

이 형용사들을 포함하여 기제 Ta1을 활용하여 의미확장하는 형용사들 전체가 속한 의미부류를 기준으로 통계적 분포를 추출하여 표로 정리한 것이 아래에 제시된다.

[표 5] 기제 Ta1을 사용하는 형용사들의 의미부류 분포

의미부류		빈도	백분율(%)	누적백분율(%)
명칭	GN-백분율(%)			
ac10	5.48	70	26.92	26.92
ac15	17.63	32	12.31	39.23
ac16	6.37	28	10.77	50
ac1	9.33	28	10.77	60.77
ac5	6.96	28	10.77	71.54
ac3	9.93	20	7.69	79.23
ac13	11.26	18	6.92	86.15
ac4	1.63	10	3.85	90
ac14	6.07	8	3.08	93.08
ac6	7.85	8	3.08	96.15
ac7	2.22	2	0.77	96.92
ac9	5.48	2	0.77	97.69
ac12	0.89	2	0.77	98.46
ac8	2.07	2	0.77	99.23
ac11	5.19	2	0.77	100

위 표에서 둘째 칸에 정리된 'GN-백분율'과 넷째 칸의 '백분율'을 비교해 보면, 의미부류 ac10(파생)가 이 기제를 매우 강하게 선호하는 것을 확인할 수 있다. 이 결론은 의미부류 ac15의 경우, 게르마넷 전체의 분포 5.48%로부터 26.92%로 20% 이상 상승한 수치를 근거로 한다. 반면, 의미부류 ac15(태도)는 게르마넷 전체 분포 17.63%로부터 5% 이상 하락하여 12.31%를 나타낸 것으로 보아 이 기제를 기피하는 의미부류로 간주할 수 있다.

이어 다음 (16)에는 다의확장 기제 Ta2를 이용하여 의미확장하는 형용사들이 제시되어 있다.

(16)

abschließend, anerkannt, anregend, ansprechend, anstehend, bekannt, belastet, bemerkenswert, bescheiden, bestimmt, betroffen, entschlossen, gesucht, imaginär, kompliziert, kontrolliert, lebendig, passend, sinkend, strahlend, verankert, verbunden, überraschend, übertrieben

의미확장 기제 Ta2를 사용하는 형용사들 전체가 속한 의미부류를 기준으로 통계적 분포를 추출하여 표로 정리한 것이 아래에 제시된다.

[표 6] 기제 Ta2를 사용하는 형용사들의 의미부류 분포

의미부류		빈도	백분율(%)	누적백분율(%)
명칭	GN-백분율(%)			
ac3	9.93	18	17.65	17.65
ac13	11.26	18	17.65	35.29
ac15	17.63	16	15.69	50.98
ac1	9.33	14	13.73	64.71
ac5	6.96	12	11.76	76.47
ac16	6.37	8	7.84	84.31

의미부류		빈도	백분율(%)	누적백분율(%)
명칭	GN-백분율(%)			
ac6	7.85	6	5.88	90.2
ac9	5.48	2	1.96	92.16
ac12	0.89	2	1.96	94.12
ac8	2.07	2	1.96	96.08
ac11	5.19	2	1.96	98.04
ac2	1.63	2	1.96	100

위 표에서 둘째 칸에 정리된 'GN-백분율'과 넷째 칸의 '백분율'을 비교해 보면, 의미부류 ac3(감정)과 ac1(속성)이 기제 Ta2를 선호하는 것을 확인할 수 있다. 이 결론은 의미부류 ac3의 경우, 게르마넷 분포와 비교하여 5% 이상의 상승률을, ac1의 경우, 4% 이상의 상승률을 보인다는 사실을 근거로 한다. 반면, 의미부류 ac9(장소)와 ac11(지각)은 둘 다 게르마넷 분포와 비교하여 4% 이상 하락한 수치를 나타내는 것으로 보아 이 기제를 기피하는 의미부류들로 간주할 수 있다. 사실 기제 Ta2는 형용사의 다의적 의미 확장에 활용되는 정도(4.78%)가 매우 낮기 때문에 기제와 의미부류 간의 상관관계를 논의하는 것이 과연 유의미한 일인지 면밀히 검토할 필요가 있다고 생각된다.

이제까지 우리는 형용사의 의미확장 기제 4가지와 의미부류 간의 상관관계에 대해 논의를 했다. 동사나 명사의 경우와 마찬가지로, 특정한 의미부류에 속하는 명사들이 특정한 확장 기제를 선호하거나 기피하는 것으로 관찰되었다.

이 절에서 이어 다루고자 하는 문제는 다의확장 유형 간의 친소관계에 관한 것이다. 이 친소관계는 개별 형용사들의 다의적 의미확장에 관여한 기제들의 공기관계를 분석함으로써 파악할 수 있다. 형용사의 확장기제들의 공기관계를 아래에 [표 7]로 정리했다.

[표 7] 형용사 다의 확장기제들의 공기관계

확장기제	확장기제	공기 빈도
Ta3	Ta4	67
Ta1	Ta3	12
Ta1	Ta4	3
Ta2	Ta4	2
Ta2	Ta3	1

위의 표를 살펴보면, 기제 Ta3과 Ta4이 압도적으로 자주, 곧 67번 공기하는 것을 확인할 수 있다. 이 빈도가 의미하는 바는 형용사 67개가 다의적으로 의미를 확장할 때에 확장기제 Ta3과 Ta4 사용한다는 뜻이다. 확장기제 Ta3과 Ta4를 사용하는 형용사 67개를 모두 아래 (17)에 나열한다.

(17)

sicher, offen, absolut, locker, greifbar, schlecht, leicht, gesund, öffentlich, spitz, wild, frisch, hartnäckig, roh, heiß, frei, grob, unschuldig, bunt, groß, dünn, edel, nüchtern, stark, mild, hart, fest, hell, cool, ruhig, knapp, kräftig, böse, natürlich, alt, ganz, bitter, süß, fleißig, direkt, rauh, glatt, hoch, schlicht, nah, satt, dunkel, unsicher, massiv, rund, recht, eigen, orthodox, rein, niedrig, heiter, fett, ernst, neu, grau, beachtlich, männlich, prominent, fein, starr, dick, flach

위 [표 7]에 정리된 기제 간의 공기빈도를 토대로 하여 공기관계를 네트워크 형태로 시각화할 수 있는데 그 결과는 아래의 [그림 7]과 같다.

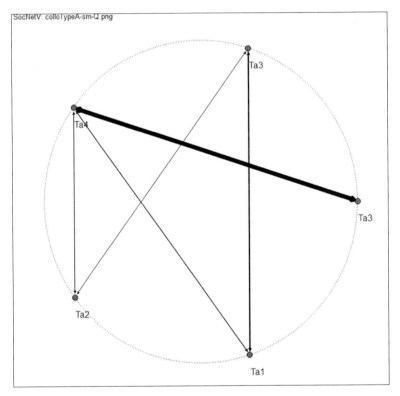

[그림 7] 형용사 의미확장 기제 간의 공기관계

네트워크상에서도 우리는 기제 Ta3과 Ta4가 가장 강하게 연결되어 있음을 확인할 수 있다. 교점 간의 연결강도는 연결선의 굵기로 표시되는데, Ta3과 Ta4간의 연결선의 굵기와 2위인 Ta1과 Tn3 간의 연결선 굵기와 확연히 구분이 된다. 다시 말하여 [그림 7]은 [표 7]을 시각적으로 표상한 것으로서 전달하는 정보의 내용에 있어서는 양자가 동일하다.

이 절을 마무리 하면서 다의성 형용사 300개가 속한 의미부류의 통계적 분포에 대해 기술하고자 한다. 형용사 300개의 의미부류 분포는 다음 [표 8]과 같다.

[표 8] 다의성 형용사 300개의 의미부류 분포

의미부류		빈도	백분율(%)	누적백분율(%)
명칭	GN-백분율(%)			
ac15	13.97	238	17.63	17.63
ac13	12.98	152	11.26	28.89
ac3	7.47	134	9.93	38.81
ac1	8.12	126	9.33	48.15
ac6	6.19	106	7.85	56
ac5	11.22	94	6.96	62.96
ac16	7.35	86	6.37	69.33
ac14	4.4	82	6.07	75.41
ac10	7.39	74	5.48	80.89
ac9	3.96	74	5.48	86.37
ac11	4.13	70	5.19	91.56
ac7	3.31	30	2.22	93.78
ac8	0.98	28	2.07	95.85
ac4	2.44	22	1.63	97.48
ac2	0.94	22	1.63	99.11
ac12	5.15	12	0.89	100

위 표에서 둘째 칸에 정리된 'GN-백분율'과 넷째 칸의 '백분율'을 비교해 보면, 의미부류 ac15(태도형용사)와 ac3(감정형용사)가 다의성을 많이 보이는 것을 것을 확인할 수 있다. 이 결론은 두 의미부류의 경우, 게르마넷 형용사 전체의 분포와 비교하여 2.5% 내외의 상승률이 관찰된 데 기인한다. 반면, ac5(사회형용사)와 ac12(결여형용사)는 게르마넷 전체 분포와 비교하여 4% 이상의 하락률을 나타내는 것으로 보아 다의성을 기피하는 의미부류로 간주될 수 있다.

　이 장에서는 형용사의 4가지 의미확장 유형을 토대로 하여 먼저 의미확장 유형 체계를 구축했다. 이어 전체 300개 형용사를 대상으로 어떠한 의미확장 유형이 다의성의 생성에 관여하는지를 분석했다. 구체적인 분석과정을 보이기 위해 7가지 의의를 가진 형용사 'fest'의 의미확장 과정에 대해 기술했다. 다의형용사 300개를 분석한 결과를 바탕으로 의미확장 유형들의 통계적 분포를 최종적으로 산출했다. 그 결과, 환유관계를 토대로 하는 의미확장 유형(Ta3)과 은유관계를 기반으로 하는 의미확장 기제(Ta4)가 가장 많이 적용되는 유형들로 밝혀졌다. 형용사의 다의성 관련하여 확장기제와 의미부류 간의 상관관계는 아래 표로 정리된다,

[표 9] 확장기제와 의미부류 간의 상관관계

확장기제	선호 의미부류	기피 의미부류
Ta1	ac10	ac15
Ta2	ac3 ac1	ac9 ac11
Ta3	ac15	ac6
Ta4	ac14 ac6	ac10

제13장 범주에 따른 다의성의 특성 비교

앞서 제 10장, 11장 및 12장에서 동사, 명사 및 형용사의 다의성에 대해 논의했다. 범주에 따른 다의성의 특성은 세 가지 차원에서 비교가 가능한데, 하나는 의미확장 체계의 비교이고 다른 하나는 의미확장 기제의 통계적 분포에 대한 비교이다. 마지막으로 비교가 가능한 것은 다의기제와 의미유형 간의 상관관계이다.

관련된 장에서 논의한 바와 같이, 동사의 의미확장에 관여하는 기제는 모두 14가지 유형인데, 이 유형들은 기본적으로 동사가 가지는 원형의미의 통사적 구성과 깊이 관련되어 있다. 한편, 명사의 의미확장에 관여하는 기제는 모두 7가지 유형으로 정의되는데, 이들은 기본적으로 은유관계에 기반한 의미확장 기제이거나 환유관계에 기반한 의미확장 기제이다. 다른 한편, 형용사의 의미확장에 기여하는 기제는 모두 4가지 유형으로 설정되는데, 이들도 명사의 경우와 마찬가지로 은유관계에 기반한 의미확장 기제이거나 환유관계에 기반한 의미확장 기제이다.

의미확장 기제의 통계적 분포와 관련하여서 정리하자면, 동사의 의미확장 기제 가운데서는 4격 보충어를 대체하는 의미확장 유형(Tv12)과 1격 보충어를 대체하는 의미확장 유형(Tv11)이 가장 많이 적용되는 유형으로 밝혀졌는데, 전자는 타동사의 의미확장에 관여적인 기제이고, 후자는 자동사의 의미확장에 관여하는 기제이다. 은유적 확장기제에 속하는 두 기제는 통사구조를 보존하면서 의미를 확장하는 방법이기 때문에 구조를 변경하면서 의미를 확장하는 여타의 기제들보다 선호되는 것으로 이해된다.

한편, 명사의 의미확장 기제 가운데서는 은유관계를 토대로 하는 의미확장 유형(Tn3)과 사건유형의 프레임과 슬롯관계를 기반으로 하는 의미확장 기제(Tn1)이 가장 많이 적용되는 유형들로 밝혀졌다. 다른 한편, 형용사의 의미확장 기제 가운데서는 환유관계를 토대로 하는 의미확장 유형(Ta3)과 은유관계를 기반으로 하는 의미확장 기제(Ta4)가 가장 많이 적용되는 유형들로 밝혀졌다.

세 가지 품사의 다의적 의미확장에 관여하는 여러 기제들을 은유 기제와 환유 기제를 중심으로 재분류하여 통계적인 분포를 산출하여 얻은 결과는 다음 [표 1]과 같다.

[표 1] 세 품사 간의 비교

	동사	명사	형용사
은유적 확장기제	54.65% (Tv11-Tv14)	53.05% (Tn3)	40.64% (Ta4)
환유적 확장기제	28.59% (Tv1-Tv8)	39.54% (Tn1-Tn2,Tn4-Tn6)	40.84% (Ta3)
기타 기제	16.76%	7.41%	18.52%

이 표를 통해 우리는 몇 가지 사실을 확인할 수 있다.

첫째, 다의적 의미확장에 있어 은유적 기제와 환유적 기제의 활용정도가 세 품사 모두에 있어 절대적이다.

둘째, 세 품사 가운데 명사가 다의적 의미확장시에 은유적 기제와 환유적 기제를 가장 많이 활용한다.

셋째, 동사와 명사의 경우, 은유적 확장기제가 환유적 확장기제보다 더 많이 활용된다.

이제, 마지막으로 품사별로 다의기제와 의미유형 간의 상관관계에 대해 논의를 하자. 앞서 품사별로 다의적 확장기제를 논의하는 과정에서는 기제를 기준으로 상관성이 높은 의미유형을 찾아냈는데, 이 장에서는 관점을 달리 하여 의미부류를 기준으로 선호하거나 기피하는 확장기제를 정리하고자 한다. 그 결과는 아래의 [표 2]이다.[1]

[표 2] 의미부류와 다의적 확장기제 간의 상관관계

동사			명사			형용사		
의미부류	선호기제	기피기제	의미부류	선호기제	기피기제	의미부류	선호기제	기피기제
vc1	Tv4 Tv11	Tv9 Tv12 Tv14	nc1	Tn3 Tn5	Tn2 Tn6	ac1	Ta2	
vc2			nc2	Tn2 Tn7		ac2		
vc3			nc3			ac3	Ta2	
vc4			nc4			ac4		
vc5			nc5			ac5		
vc6	Tv12 Tv14	Tv4 Tv11	nc6	Tn1	Tn2 Tn4 Tn5	ac6	Ta4	Ta3
vc7		Tv4 Tv11	nc7	Tn6	Tn7	ac7		
vc8			nc8			ac8		
vc9			nc9	Tn2	Tn5	ac9		Ta2
vc10	Tv4 Tv11	Tv12	nc10		Tn4	ac10	Ta1	Ta4

---

1) 표에서 빈 칸으로 남겨진 셀은 의미부류와 기제 간의 상관성을 확인할 수 없는 경우를 나타낸다.

동사			명사			형용사		
의미부류	선호기제	기피기제	의미부류	선호기제	기피기제	의미부류	선호기제	기피기제
vc11			nc11	Tn3		ac11		Ta2
vc12	Tv12 Tv14		nc12	Tn7	Tn1	ac12		
vc13			nc13			ac13		
vc14	Tv9	Tv14	nc14			ac14	Ta4	
vc15			nc15	Tn4		ac15	Ta3	Ta1
			nc16			ac16		
			nc17	Tn4				
			nc18					
			nc19					
			nc20					
			nc21					
			nc22					
			nc23	Tn5	Tn3			

위 표를 통해 우리는 몇 가지를 확인할 수 있는데, 예로 들어 동사를 살펴보면 인지동사 부류(vc6)와 지각동사 부류(vc12)은 다의 확장기제로서 Tv12와 Tv14를 선호하는 점에서 공통점을 지니는 것을 알 수 있다. 사실 두 의미부류가 공통점을 갖는다는 점이 직관적으로 매우 설득력이 있다. 일반 언어사용자의 경우 인지심리학적으로 구분되는 개념들인 지각과 인지를 거의 구별하지 않고 사용하기 때문이다. 이 두 의미부류가 공통적으로 선호하는 기제 Tv12는 4격 보충어를 유동적으로 대체함으로써 의미를 확장하는 방식을 일컫고, 기제 Tv14는 전치사격 보충어나 부가어를 유동적으로 대체함으로써 의미를 확장하는 방식을 가리킨다. 동사의 경우, 일반동사 부류(vc1)과 장소동사 부류(vc10)가 동일한 기제들을 선호한다는 점도 흥미로우며, 왜 이런 결과가 나타나는지에 대해서는 후속연구가 필요

하다. 이 두 부류는 기제 Tv14를 기피하는 점에서도 공통점을 갖는 것으로 분석된다. 한편, 명사의 경우, 인공물 의미부류(nc1)과 집합 의미부류(nc11)가 공통적으로 기제 Tn3을 선호하며, 속성 의미부류(nc2)는 기제 Tn2를 선호한다는 점에서 인지 의미부류(nc9)와 공통점을 가진다. 또한 속성 의미부류(nc2)는 기제 Tn7을 선호한다는 점에서 사람 의미부류(nc12)와도 공통점을 가진다. 기제 Tn4를 선호한다는 점에서 자연물 의미부류(nc15)와 장소 의미부류(nc17)도 공통점을 지닌다. 한편, 사건 의미부류(nc6)는 기제 Tn4를 기피한다는 점에서 소통 의미부류(nc10)와 공통점을 가진다. 형용사의 경우, 일반 의미부류(ac1)과 감정 의미부류(ac3)가 공통적으로 기제 Ta2를 선호하며, 신체 의미부류(ac6)는 기제 Ta4를 선호한다는 점에서 물질 의미부류(ac14)와 공통점을 가진다. 한편 장소 의미부류(ac9)는 기제 Ta2를 기피한다는 점에서 지각 의미부류(ac11)와 공통점을 가진다.

이 장에서 논의를 정리하자면, 모든 품사의 경우, 은유 기제와 환유 기제가 폭넓게 활용되고 있음을 확인할 수 있었다. 은유 기제와 환유 기제를 뒷받침하는 의미확장 장치들에는 구체적으로 어떤 것들이 있는지를 규명하는 것이 연구의 초점이며 성과라고 할 수 있다. 다시 말하여, 어휘의 의미확장에 있어 은유와 환유가 구현되는 방식을 포착할 수 있었다는 점에서 연구의 의의를 찾을 수 있다.

제13장의 내용요약

이 장에서는 어휘 범주에 따른 다의성의 특성을 세 가지 차원에서 비교했다. 먼저, 의미확장 체계에 있어서 동사, 명사와 형용사가 어떻게 다른지를 살펴보았다. 이어, 의미확장 기제의 통계적 분포에 있어 세 품사가 어떤 공통점과 차이점을 보이는지에 대해 정리했다. 마지막으로, 다의기제와 의미부류 간의 상관관계가 품사에 따라 어떻게 상이하게 나타나는지를 비교 분석했다.

제14장 종합

본서에서는 코퍼스를 활용하여 독일어의 통사·의미론적 문제들을 다루는 연구방법론을 다루었다. 통사적인 문제로서 연어관계(Kollokation)를, 그리고 의미론적 문제로서 다의성(Polysemie)을 논의의 대상으로 삼았다.

본 저술은 크게 4가지 연구주제로 구성되어 있다.

제 1주제는 Stuttgart 대학에서 개발한 코퍼스 구축을 위한 도구 CWB를 이용하여 연구자가 연구목적에 적합하게 디자인하여 자신만의 '자작코퍼스'의 구축하는 방법론에 대한 논의이다. 이 연구주제와 연관된 장은 본문의 제 1장이다. 이 장에서는 단일어 코퍼스 GLOW(German Language Of Websites)와 GLOS(German Language Of Slogans) 및 독일어-영어 병렬코퍼스 EU-DE/EU-EN을 구축했다. 코퍼스 GLOS의 경우 독일어 슬로건들을 모은 코퍼스이고, GLOW는 독일어권 웹사이트의 언어자원을 토대로, 12개 주제영역을 기준으로 선별하여 구축했다.

제 2주제는 사용자가 자신이 직접 구축한 자작코퍼스로부터 연구나 교육에 필요한 데이터를 효율적으로 추출해 낼 수 있는 검색시스템 CQP (corpus query processor) 및 검색언어에 대해 상세하게 풀이하고 정리하는 작업이다. 이 연구주제를 다룬 장은 본문의 제 2장이다. 이 장에서는 연구자 자신이 구축한 코퍼스로부터 연구주제에 적합한 용례 및 통계 데이터를 추출하고 효율적으로 처리하는 방법에 대해 자세하게 논의했다. 이 장에서는 코퍼스 GLOW와 GLOS로부터 다양한 언어자료를 추출하기 위해서 어떻게 적절한 검색식을 세우고 이를 이용하는지에 대해 구체적으로 설명하였다.

제 3주제는 자작코퍼스를 기반으로 하여 독일어의 연어관계 유형을 정립한 다음, 여기에서 출발하여 동사와 명사 간의 연어관계, 명사와 형용사 간의 연어관계 및 부사와 동사 간의 연어관계를 분석하는 과제이다. 먼저, 동사를 연어핵으로 하는 구문들의 연어관계를 살피기 위해 게르마넷(GermaNet)의 의미분류 체계에 따라 "변동동사 부류"로 분류되는 동사들 가운데서 코퍼스 GLOW 내에서 출현빈도가 높은 동사 20개를 먼저 선별하였다. 이 동사들이 직접목적어 기능을 하는 명사들과 어떻게 연어관계를 이루는지에 대해 살펴보고자 연관성 측도로서 "로그가능도 비율"을 기준으로 삼아 공연강도를 산출했다. 이와 관련한 연구성과의 하나로, 전체 변동동사 구문((P)-NN-VVvc14)에 가장 잘 어울리는 명사군이 nc6(사건) 의미부류, nc9(인지) 의미부류와 nc2(속성) 부류라는 사실을 확인할 수 있었다. 다음으로, 명사를 연어핵으로 하는 구문들의 연어관계를 살피기 위해 게르마넷(GermaNet)의 의미분류 체계에 따라 "수량명사 부류"로 분류되는 명사들 가운데서 코퍼스 GLOW 내에서 출현빈도가 높은 명사 20개를 우선 선정했다. 이 명사들이 부가어 기능을 하는 형용사들과 어떻게 연어관계를 이루는지에 대해 분석하기 위해 연관성 측도로서 "로그가능도 비율"을 기준으로 삼아 공연강도를 산출했다. 이와 관련한 연구성과의 하나로 들 수 있는 것은 포괄적으로 수량명사 구문(ADJ-NNnc11)에 가장 잘 어울리는 형용사군이 ac13(관계) 의미부류, ac1(일반형용사) 의미부류와 ac7(수량) 의미부류라는 사실의 확인이었다. 마지막으로, 부사를 연어핵으로 하는 구문들의 연어관계를 살피기 위해 양태부사들 가운데서 코퍼스 GLOW 내에서 출현빈도가 높은 부사 20개를 먼저 선별하였다. 이 부사들이 완전동사들과 어떻게 연어관계를 이루는지에 대해 알아보고자 연관성 측도로서 "로그가능도 비율"을 기준으로 삼아 공연강도를 산출했다. 이와 관련한 연구성과의 하나로, 양태부사 구문(ADJDart-VV)에 가장 잘 어울리는 동사군은 vc1(일반동사) 부류, vc6(인지동사) 부류 및 vc4(사회관계동사) 부류라는 사실을 확인할 수 있었다.

제 4주제는 어휘규모가 1억 단어 이상 되는 코퍼스 GLOW로부터 추출한 용례들을 토대로 독일어의 동사, 명사 및 형용사의 다의성에 대해 연구하는 작업이다. 이를 위해 동사, 명사 및 형용사 각 300개씩 다의적 어휘들을 분석대상으로 삼아 개별 어휘의 용례와 사전적인 기술을 토대로 하여 의미확장 유형을 정의했다. 분석결과, 동사는 14가지 의미확장 기제를 사용하는 것으로 관찰되었고, 명사와 형용사는 의미확장을 위해 각각 7가지 기제와 4가지 기제를 사용하는 것으로 확인되었다. 이러한 관찰결과를 토대로 품사별로 의미확장 유형 체계를 수립했다. 이어서 품사별 의미확장 유형 체계를 분석틀로 삼아 다의적 동사 300개, 다의적 명사 300개 및 다의적 형용사 300개의 의미확장 패턴을 분석하였다. 분석한 결과를 바탕으로 개별 의미확장의 유형들의 분포를 최종적으로 산출했다. 그 결과, 동사의 경우 4격 보충어를 대체하는 의미확장 유형(Tv12), 1격 보충어를 대체하는 의미확장 유형(Tv11) 및 전치사격 부가어를 추가하는 의미확장 유형(Tv4)이 가장 많이 적용되는 유형들로 밝혀졌다. 또한, 명사의 경우 은유관계를 토대로 하는 의미확장 유형(Tn3)과 사건유형의 프레임과 슬롯관계를 기반으로 하는 의미확장 기제(Tn1)가 가장 많이 적용되는 유형들로 밝혀졌다. 마지막으로 형용사의 경우, 환유관계를 토대로 하는 의미확장 유형(Ta3)과 은유관계를 기반으로 하는 의미확장 기제(Ta4)가 가장 많이 적용되는 유형들로 분석되었다.

제 4주제인 다의성 연구와 관련하여 본 연구에서 제안한 의미확장 유형

체계의 한계가 무엇인지는 더 세밀한 연구가 필요한 과제에 속한다. 더 나아가 의미확장 패턴에 있어서 동사의 의미부류별로 어떤 공통점을 발견할수 있는지에 대해 살펴볼 필요가 있다. 또한 게르마넷에서 다의적인 동사들에 부여한 의미부류 집합에서 어떤 패턴을 발견할 수 있는지도 함께 탐구할 가치가 있다. 우리가 "체계적 다의성(systematische Polysemie)"을 인정한다면, 이러한 다의관계는 개별 어휘 간의 문제를 넘어서서 의미부류 간의 관계일 것으로 추측되기 때문이다. 실제로 데이터 분석을 통해 다의적인 동사, 명사 및 형용사들에서 발견되는 의미부류 간의 군집현상은 이러한 가설을 뒷받침하는 것으로 보인다.

본 연구의 가장 큰 성과는 독일어 연구자가 연구와 교육에 폭넓게 활용할 수 있는 단일 코퍼스 둘과 병렬코퍼스 하나를 구축하고, 이를 언어현상, 곧 연어관계와 다의성 문제에 적용하는 방법론을 구체적으로 제시했다는 점이다. 특히 다의성을 분석하는 과정에서 다의적 의미확장 기제들을 정의하고, 이 기제들이 구체적으로 활용된 사례들을 밝혀낸 점이 중요한 연구성과로 평가될 수 있을 것이다. 인지언어학자들이 오랫동안 주목해 온 은유적 다의확장과 환유적 다의확장이 동사, 명사와 형용사에 있어 구체적으로 어떤 방식으로 실현되는지를 규명한 점에 다의성 연구의 의의가 있다고 할 수 있다.

마지막으로 연구방법론상의 한계에 대해 논의하자면, 품사마다 설정한 다의적 의미확장 기제는 상호 간에 배타적이어야 하는데, 경계구분이 모호한 경우가 더러 있었다. 또한 개별 다의어의 분석과정에서 몇 가지 의의를 설정하는 것이 좋은지, 각 의의를 상호구분하는 속성이 무엇인지를 일반적인 기준에 의거하여 찾아내기가 쉽지 않았다. 그런 만큼 경우에 따라 분석자의 언어직관에 의존하는 정도가 높기도 했다. 본 연구에서는 DWDS에서의 의의 구분을 출발점으로 삼아, Universal Duden에서의 의의 구분과 GermaNet에서의 의의 구분을 참고로 하여 최종적으로 다의성

을 분별했는데, 개별 다의어에 따라서는 그 경계가 모호한 경우가 있었다
는 사실을 언급하지 않을 수 없다.

언어학적으로 의미있는 일반화에 이르기 위해서 반드시 연구주제와 관
련된 코퍼스 용례에 대한 심층적인 분석이 통계적 데이터 처리에 선행되
어야 하는데, 일부 현상의 경우에 시간적인 제약으로 통계적인 분석 수준
에만 머물기도 했다는 점이다. 또한 지면상의 제약으로 분석한 자료들을
모두 저술 속에 담아 넣을 수 없었다는 점이다. 이 한계는 저술을 수반하
는 웹사이트(http://www.smart21.kr/glow/)의 활용을 통해 부분적으로 극복될
수 있을 것이다.

부록

▌부록에 수록된 데이터에 관한 정보

제 목	연관 장절	본문의 쪽
1. GLOW에 포함된 웹사이트 주소[12개 주제영역]	제2.3절	28쪽
2. GLOS 출현빈도 1-100위 명사 목록	제4.1절	83쪽
3. GLOW 9개 주제영역 명사의 출현빈도	제4.2절	105쪽
4. GLOW 코퍼스 전체 품사의 분포	제4.2절	112쪽
5. 동사 15개의 연어관계 데이터	제6장	171쪽
6. 명사 15개의 연어관계 데이터	제7장	194쪽
7. 부사 15개의 연어관계 데이터	제8장	216쪽
8. 동사의 의미확장 유형 예시 — 동사 30개	제10장	274쪽
9. 명사의 의미확장 유형 예시 — 명사 30개	제11장	309쪽
10. 형용사의 의미확장 유형 예시 — 형용사 30개	제12장	339쪽

* [부록]에 수록된 모든 데이터는 다음 웹사이트에서 다운받을 수 있다.
http://www.smart21.kr/glow/

1 GLOW에 포함된 웹사이트 주소[12개 주제영역]

주제영역(총 어휘빈도)	주 소
1 (7697645)	http://gutenberg.spiegel.de
	http://iasl.uni-muenchen.de
	http://startrek-index.de
	http://www.bs-krimi.de
	http://www.comlink.de
	http://www.dbilink.de
	http://www.drachental.de
	http://www.home-of-rock.de
	http://www.kaliber38.de
	http://www.literaturcafe.de
	http://www.literaturkritik.de
	http://www.lyrikwelt.de
	http://www.nachtwelten.de
	http://www.online-roman.de
	http://www.scifi-forum.de
	http://www.tolkienforum.de
	http://www.tv-scripte.de
	http://www.zeichentrickserien.de
2 (9216924)	http://hotelbewertung.sunsearch.de
	http://www.1000fragen.de
	http://www.agpf.de
	http://www.bonvoyage-online.de
	http://www.clearharmony.de
	http://www.drosi.de
	http://www.epguides.de
	http://www.fernsehserien.de
	http://www.fotocommunity.de
	http://www.freitag.de
	http://www.g-netz.de
	http://www.hobby-barfuss.de

주제영역(총 어휘빈도)	주 소
	http://www.interconnections.de
	http://www.jaduland.de
	http://www.kommunikationssystem.de
	http://www.lehrer-online.de
	http://www.minghui.de
	http://www.payer.de
	http://www.running-pur.de
	http://www.schnullerfamilie.de
	http://www.schwarzaufweiss.de
	http://www.storyal.de
	http://www.talk-about-wine.de
	http://www.thw-provinzial.de
	http://www.weltverschwoerung.de
	http://idw-online.de
	http://www2.netdoktor.de
	http://www.buergerwelle.de
	http://www.bundesaerztekammer.de
	http://www.gesundheit.de
	http://www.gesundheitpro.de
	http://www.hilferuf.de
	http://www.hoppsala.de
3 (6787595)	http://www.kvberlin.de
	http://www.lifeline.de
	http://www.med1.de
	http://www.medizinauskunft.de
	http://www.medizinfo.de
	http://www.netdoktor.de
	http://www.pflegeboard.de
	http://www.pharmazeutische-zeitung.de
	http://www.physiologus.de
	http://www.praxinfo.de

주제영역(총 어휘빈도)	주 소
	http://www.rehakids.de
	http://www.taubenschlag.de
4 (7091707)	http://www.aviva-berlin.de
	http://www.dieterwunderlich.de
	http://www.djfl.de
	http://www.gew-berlin.de
	http://www.glaube.de
	http://www.ila-bonn.de
	http://www.nmz.de
	http://www.omm.de
	http://www.soundwords.de
	http://www.thieme.de
	http://www.vnr.de
5 (3342773)	http://www.astronomie.de
	http://www.drta-archiv.de
	http://www.fen-net.de
	http://www.nabu.de
	http://www.stmugv.bayern.de
	http://www.umweltbundesamt.de
	http://www.umweltjournal.de
	http://www.vistaverde.de
6 (11266370)	http://sicherheitspolitik.bundeswehr.de
	http://sozialisten.de
	http://www.bayern.de
	http://www.berlin.de
	http://www.bmfsfj.de
	http://www.bpb.de
	http://www.bueso.de
	http://www.bundesregierung.de
	http://www.das-parlament.de
	http://www.duesseldorf.de

주제영역(총 어휘빈도)	주 소
	http://www.fes.de
	http://www.gruene-berlin.de
	http://www.gruene-fraktion.de
	http://www.hamburg.de
	http://www.heidelberg.de
	http://www.linksnet.de
	http://www.nahost-politik.de
	http://www.proasyl.de
	http://www.sh-landtag.de
	http://www.zmag.de
7 (3440639)	http://forum.judentum.de
	http://www.bistummainz.de
	http://www.dike.de
	http://www.ekd.de
	http://www.heiliggeist-seminar.de
	http://www.joerg-sieger.de
	http://www.kanzelgruss.de
	http://www.religio.de
8 (10033182)	http://text.bayern.de
	http://userpage.fu-berlin.de
	http://www2.amnesty.de
	http://www.attac.de
	http://www.aufrecht.de
	http://www.freilassung.de
	http://www.greenpeace-magazin.de
	http://www.hrr-strafrecht.de
	http://www.jurathek.de
	http://www.kindergartenpaedagogik.de
	http://www.learnline.de
	http://www.lebenshaus-alb.de
	http://www.luise-berlin.de
	http://www.mbi-mh.de

주제영역(총 어휘빈도)	주 소
	http://www.mdje.brandenburg.de
	http://www.projektwerkstatt.de
	http://www.ra-kotz.de
	http://www.recht-in.de
	http://www.rostock.de
	http://www.rws-verlag.de
	http://www.sadaba.de
	http://www.seniorentreff.de
	http://www.single-generation.de
	http://www.teachsam.de
	http://www.verfassungen.de
	http://www.vitawo.de
	http://www.wahlrecht.de
9 (3004505)	http://www.bics.be.schule.de
	http://www.datenschutz-berlin.de
	http://www.labournet.de
	http://www.linux-magazin.de
	http://www.lrz-muenchen.de
	http://www.oyla.de
10 (3633069)	http://www.bfh.simons-moll.de
	http://www.blutgraetsche.de
	http://www.bmz.de
	http://www.frankfurt-main.ihk.de
	http://www.general-anzeiger-bonn.de
	http://www.giessener-anzeiger.de
	http://www.manager-magazin.de
11 (11581130)	http://dc2.uni-bielefeld.de
	http://hsozkult.geschichte.hu-berlin.de
	http://pom.bbaw.de
	http://www1.ndr.de
	http://www2.hu-berlin.de
	http://www.diplomarbeiten24.de

주제영역(총 어휘빈도)	주 소
	http://www.diplom.de
	http://www.diw.de
	http://www.erzwiss.uni-hamburg.de
	http://www.free.de
	http://www.hausarbeiten.de
	http://www.jura.uni-sb.de
	http://www.studentshelp.de
	http://www.tk-online.de
	http://www.tu-berlin.de
	http://www.tu-chemnitz.de
	http://www.tu-cottbus.de
	http://www.tu-harburg.de
	http://www.uni-bamberg.de
	http://www.uni-bayreuth.de
	http://www.uni-erfurt.de
	http://www.uni-heidelberg.de
	http://www.uni-muenster.de
	http://www.uni-oldenburg.de
	http://www.uni-stuttgart.de
	http://www.wissenschaft.de
	http://www.wissenschaft-online.de
12 (24010173)	http://archiv.hamburger-illustrierte.de
	http://home.snafu.de
	http://lexikon.freenet.de
	http://morgenpost.berlin1.de
	http://people.freenet.de
	http://www3.ndr.de
	http://www.3sat.de
	http://www.berlinews.de
	http://www.blogigo.de
	http://www.br-online.de
	http://www.daserste.de

주제영역(총 어휘빈도)	주 소
	http://www.die-tagespost.de
	http://www.dradio.de
	http://www.echo-online.de
	http://www.europa-digital.de
	http://www.freiburg-schwarzwald.de
	http://www.gaeubote.de
	http://www.hr-online.de
	http://www.humanist.de
	http://www.info3.de
	http://www.jungewelt.de
	http://www.mdr.de
	http://www.monde-diplomatique.de
	http://www.ndrinfo.de
	http://www.netzeitung.de
	http://www.neue-oz.de
	http://www.pirmasenser-zeitung.de
	http://www.presseservice.nrw.de
	http://www.quarks.de
	http://www.rbb-online.de
	http://www.spiegel.de
	http://www.tagesspiegel.de
	http://www.taz.de
	http://www.wams.de
	http://www.wasistwas.de
	http://www.wdr.de
	http://www.welt.de
	http://www.wildcat-www.de
	http://www.wz-newsline.de
	http://www.zeit.de
	http://www.zvw.de

GLOS 출현 빈도 1-100위 명사 목록

빈도	명사	빈도	명사
295	Leben	46	Preis
263	Welt	46	Wäsche
163	Geschmack	45	Jahr
163	Haut	45	business
145	Idee	44	Bank
134	Mensch	44	System
133	Natur	42	Sinn
133	Qualität	42	Urlaub
131	Zeit	42	Vertrauen
114	Zukunft	41	Fortschritt
113	Tag	41	power
106	Haus	41	way
101	Haar	40	future
100	Genuss	39	Kopf
100	Mann	39	Leistung
97	Sicherheit	39	Name
97	life	38	Musik
94	Kraft	38	company
94	world	38	Gefühl
81	Spaß	36	Land
78	Hand	36	Lust
76	Beste	36	Macht
75	Gesundheit	35	Freund
73	Liebe	35	Partner
72	Freude	35	Stadt
72	Herz	34	Kompetenz
71	Erfolg	34	Zeichen
71	Frische	34	music
69	Energie	34	Glück
69	Geld	33	Fuß

빈도	명사	빈도	명사
68	Technik	32	Seite
68	Schönheit	32	Sonne
67	Frau	32	Unterschied
66	Bier	32	Werbung
66	Mode	32	Lösung
60	Auto	31	Bauen
59	Kind	31	Form
59	Weg	31	Stil
56	Gute	31	Wert
55	Duft	31	Wissen
54	Wasser	30	Essen
53	Farbe	30	Laune
53	Marke	29	Sekt
53	Pflege	29	Service
50	Küche	29	Wort
49	Zahn	28	Ding
49	Stück	28	Glas
47	Freiheit	28	Wein
46	Internet	28	time
46	Kaffee	28	Käse

GLOW 9개 주제영역 명사 출현빈도

[표 1] 주제영역 Natur–Religion

Natur		Politik		Religion	
빈도	레마	빈도	레마	빈도	레마
9820	Jahr	29527	Jahr	13407	Gott
2816	Prozent	16952	Land	12275	Mensch
2724	Mensch	12591	Mensch	8449	Kirche
2611	Zeit	9750	Frage	8147	Leben
2506	Tier	8875	Staat	5097	Jahr
2382	Land	8751	Frau	4626	Zeit
2254	Wasser	8250	Zeit	4383	Welt
2174	Tag	7851	Politik	3668	Kind
2149	Stern	7850	Entwicklung	3621	Glaube
2046	Art	7472	Kind	3369	Frage
2022	Million	7409	Partei	3299	Wort
1807	Euro	7385	Bereich	2952	Gemeinde
1772	Bild	7211	Stadt	2886	Tag
1758	Problem	6933	Prozent	2679	Weg
1627	Teil	6881	Regierung	2387	Liebe
1521	Entwicklung	6552	Arbeit	2365	Frau
1518	Fisch	6228	Euro	2317	Geschichte
1482	Becken	6212	Problem	2132	Land
1481	Frage	5892	Gesellschaft	2104	Tod
1416	Sonne	5858	Million	1953	Christ

[표 2] 주제영역 Staat-Wirtschaft

Staat		Technik		Wirtschaft	
빈도	레마	빈도	레마	빈도	레마
16402	Beklagte	5529	Jahr	9189	Jahr
16061	Jahr	2978	Beklagte	4124	Unternehmen
11949	Kind	2473	Datum	3860	Euro
10340	Kläger	2283	Zeit	3666	Prozent
9920	Klägerin	2177	Gewerkschaft	3151	Land
8765	Zeit	2039	Fall	2957	Urteil
8054	Mensch	2016	Frage	2841	Satz
6953	Land	1838	Tag	2345	Zeit
6830	Fall	1835	Kläger	2063	Mensch
6192	Folge	1757	Arbeit	2009	Spiel
6099	Frage	1729	Mensch	1991	Million
5744	Partei	1594	Unternehmen	1788	Fall
5647	Entscheidung	1593	Land	1788	Senat
5393	Anspruch	1584	Recht	1758	Kläger
4599	Grund	1521	Anspruch	1747	Tag
4576	Satz	1518	Klägerin	1721	Kind
4467	Teil	1495	Teil	1657	Entwicklung
4445	Tag	1369	Problem	1562	Frau
4349	Berufungsge-richt	1297	Möglichkeit	1554	Bank
4325	Recht	1293	Beschäftigte	1554	Frage

[표 3] 주제영역 Wssenschaft-Slogan

Wissenschaft		Universum		Slogan	
빈도	레마	빈도	레마	빈도	레마
25620	Jahr	75954	Jahr	294	Leben
12414	Arbeit	27028	Mensch	263	Welt
11909	Universität	25223	Land	163	Geschmack
11159	Zeit	23002	Prozent	162	Haut
10755	Mensch	22257	Zeit	145	Idee
10408	Frage	20354	Euro	134	Mensch
9919	Entwicklung	18374	Kind	133	Qualität
8034	Teil	16119	Tag	131	Natur
7548	Unternehmen	15232	Million	130	Zeit
7362	Kind	14143	Stadt	114	Zukunft
7151	Land	13816	Frau	113	Tag
7055	Bereich	13091	Leben	106	Haus
6328	Problem	12694	Welt	100	Haar
6272	Thema	12577	Unternehmen	100	Mann
6199	Bedeutung	12277	Ende	99	Genuß
5936	Beispiel	12105	Frage	97	Sicherheit
5875	Geschichte	11391	Mann	94	Kraft
5868	Form	10614	Woche	81	Spaß
5832	Möglichkeit	10038	Regierung	78	Hand
5432	Ergebnis	9746	Staat	74	Gesundheit

품사	빈도	누적빈도	누적백분율(%)
NN	21383312	21383312	21.13
ART	10968663	32351975	31.97
APPR	7901204	40253179	39.78
$.	6550601	46803780	46.25
ADJA	6204518	53008298	52.38
ADV	5601110	58609408	57.92
$,	4445275	63054683	62.31
VVFIN	4046467	67101150	66.31
VAFIN	3554937	70656087	69.82
PPER	2877235	73533322	72.67
ADJD	2746568	76279890	75.38
KON	2692640	78972530	78.04
NE	2513531	81486061	80.53
VVPP	2113096	83599157	82.61
VVINF	1737649	85336806	84.33
APPRART	1570020	86906826	85.88
CARD	1308487	88215313	87.18
KOUS	1227920	89443233	88.39
VMFIN	1156718	90599951	89.53
PPOSAT	966954	91566905	90.49
PIAT	878713	92445618	91.36
$(	868325	93313943	92.21
PRF	822633	94136576	93.03
PRELS	792893	94929469	93.81
PTKNEG	730428	95659897	94.53
PIS	661834	96321731	95.19
PTKZU	632316	96954047	95.81
PDAT	611433	97565480	96.42
PTKVZ	564837	98130317	96.97
KOKOM	551686	98682003	97.52

품사	빈도	누적빈도	누적백분율(%)
PAV	550957	99232960	98.06
VAINF	417789	99650749	98.48
PDS	380858	1E+08	98.85
VVIZU	189048	1E+08	99.04
TRUNC	162779	1E+08	99.2
PWS	140585	1.01E+08	99.34
PWAV	131932	1.01E+08	99.47
KOUI	126055	1.01E+08	99.6
VAPP	98883	1.01E+08	99.69
VMINF	65113	1.01E+08	99.76
PTKA	46055	1.01E+08	99.8
XY	44821	1.01E+08	99.85
VVIMP	31326	1.01E+08	99.88
PRELAT	26976	1.01E+08	99.9
FM	22493	1.01E+08	99.93
APPO	20136	1.01E+08	99.95
PWAT	18017	1.01E+08	99.96
APZR	17674	1.01E+08	99.98
VAIMP	9431	1.01E+08	99.99
PTKANT	4461	1.01E+08	100
ITJ	3877	1.01E+08	100
VMPP	314	1.01E+08	100
PPOSS	197	1.01E+08	100
ADJ	29	1.01E+08	100

5.1 NN-VVaufnehmen 구문의 공연강도

word.freq: frequency of the word in the corpus
obs.freq: observed frequency of the word with/in ColloAufnehmen
exp.freq: expected frequency of the word with/in ColloAufnehmen
faith: percentage of how many instances of the word occur with/in
ColloAufnehmen
relation: relation of the word to ColloAufnehmen
coll.strength: index of collocational/collostructional strength: log-
likelihood , the higher, the stronger

	words	word.freq	obs.freq	exp.freq	faith	relation	coll.strength
1	Kontakt	10998	443	22.11	0.0403	attraction	1.844292e+03
2	Nahrung	2744	129	5.52	0.0470	attraction	5.731278e+02
3	arbeit	45649	393	91.76	0.0086	attraction	5.499402e+02
4	Kredit	2945	106	5.92	0.0360	attraction	4.157062e+02
5	Studium	8175	68	16.43	0.0083	attraction	9.054748e+01
6	Betrieb	13854	86	27.85	0.0062	attraction	7.814451e+01
7	Ermittlung	3547	41	7.13	0.0116	attraction	7.611296e+01
8	Flüchtling	5231	49	10.52	0.0094	attraction	7.425170e+01
9	Tätigkeit	9657	64	19.41	0.0066	attraction	6.388696e+01
10	Verhandlung	8083	57	16.25	0.0071	attraction	6.190949e+01
11	Grundgesetz	2957	32	5.94	0.0108	attraction	5.590561e+01
12	Körper	15105	73	30.36	0.0048	attraction	4.306257e+01
13	Fahrt	3707	31	7.45	0.0084	attraction	4.148064e+01
14	Verfassung	6239	39	12.54	0.0063	attraction	3.574279e+01
15	Liste	5046	34	10.14	0.0067	attraction	3.469330e+01
16	Programm	17088	74	34.35	0.0043	attraction	3.449961e+01
17	Blut	6397	30	12.86	0.0047	attraction	1.661613e+01
18	Kampf	12709	38	25.55	0.0030	attraction	5.295253e+00
19	Dienst	9997	29	20.10	0.0029	attraction	3.479499e+00

20	Verbindung	11460	32	23.04	0.0028	attraction 3.120361e+00

5.2 NN-VVbehandeln 구문의 공연강도

	words	word.freq	obs.freq	exp.freq	faith	relation	coll.strength
1	antibiotikum	1723	126	3.26	0.0731	attraction	685.5652524
2	Krankenhaus	8254	102	15.62	0.0124	attraction	211.5036349
3	Medikament	8712	971	16.49	0.0111	attraction	184.0071603
4	Kapitel	9965	102	18.86	0.0102	attraction	179.2946458
5	Thema	34524	169	65.35	0.0049	attraction	115.0402503
6	Respekt	2359	39	4.47	0.0165	attraction	100.5788780
7	Patient	23088	112	43.70	0.0049	attraction	74.7912393
8	Krankheit	11439	61	21.65	0.0053	attraction	47.9268331
9	Erkrankung	8973	50	16.99	0.0056	attraction	42.1493371
10	abschnitt	4556	31	8.62	0.0068	attraction	34.7234218
11	Symptom	4631	31	8.77	0.0067	attraction	33.9913585
12	Beschwerde	6704	25	12.69	0.0037	attraction	9.3177317
13	arzt	22943	64	43.43	0.0028	attraction	8.5434469
14	aspekt	9849	31	18.64	0.0031	attraction	6.8414278
15	Methode	10279	32	19.46	0.0031	attraction	6.7835132
16	Klasse	7756	25	14.68	0.0032	attraction	5.9997525
17	Jahr	232628	56	440.35	0.0002	repulsion	550.7570048
18	Zeit	94729	25	179.32	0.0003	repulsion	212.3362027
19	Mensch	114700	74	217.12	0.0006	repulsion	128.8105974
20	Frau	64307	27	121.73	0.0004	repulsion	109.0143924

5.3 NN-VVbieten 구문의 공연강도

	words	word.freq	obs.freq	exp.freq	faith	relation	coll.strength
1	Stirn	1192	75	5.16	0.0629	attraction	2.662807e+02
2	Gelegenheit	7066	157	30.56	0.0222	attraction	2.638277e+02
3	Möglichkeit	33376	358	144.37	0.0107	attraction	2.260133e+02
4	Schutz	11227	129	48.56	0.0115	attraction	9.199543e+01

5	Perspektive	7666	99	33.16	0.0129	attraction	8.561683e+01
6	Vorteil	8686	94	37.57	0.0108	attraction	6.003317e+01
7	alternative	7036	78	30.43	0.0111	attraction	5.209222e+01
8	Chance	17627	121	76.24	0.0069	attraction	2.244130e+01
9	Internet	12928	90	55.92	0.0070	attraction	1.763231e+01
10	Sicherheit	13469	81	58.26	0.0060	attraction	7.961831e+00
11	Programm	17088	94	73.91	0.0055	attraction	5.060281e+00
12	Veranstaltung	11385	51	49.25	0.0045	attraction	6.216777e-02
13	Jahr	232628	161	1006.22	0.0007	repulsion	1.129747e+03
14	Mensch	114700	51	496.13	0.0004	repulsion	6.671376e+02
15	Zeit	94729	56	409.75	0.0006	repulsion	4.904525e+02
16	Kind	84072	52	363.65	0.0006	repulsion	4.257005e+02
17	Land	79111	73	342.19	0.0009	repulsion	3.163676e+02
18	Leben	59261	63	256.33	0.0011	repulsion	2.118247e+02
19	arbeit	45649	59	197.45	0.0013	repulsion	1.354790e+02
20	Seite	35172	66	152.14	0.0019	repulsion	6.251419e+01

5.4 NN-VVbilden 구문의 공연강도

	words	word.freq	obs.freq	exp.freq	faith	relation	coll.strength
1	ausnahme	5936	245	18.86	0.0413	attraction	815.42259255
2	Schwerpunkt	8206	246	26.07	0.0300	attraction	672.73268547
3	abschluß	8175	183	25.98	0.0224	attraction	404.76176794
4	Metastase	334	49	1.06	0.1467	attraction	287.06756585
5	Rücklage	419	40	1.33	0.0955	attraction	198.64804426
6	Einheit	6497	100	20.64	0.0154	attraction	158.12547778
7	Meinung	15174	154	48.21	0.0101	attraction	147.40064370
8	arbeitsgruppe	2983	62	9.48	0.0208	attraction	128.91443702
9	auftakt	1237	39	3.93	0.0315	attraction	109.92343620
10	Urteil	12781	91	40.61	0.0071	attraction	46.38925395
11	Grundlage	16493	106	52.40	0.0064	attraction	42.46702420
12	Höhepunkt	3370	35	10.71	0.0104	attraction	34.52689315
13	Koalition	4664	36	14.82	0.0077	attraction	21.66349376

14	Kapitel	9965	58	31.66	0.0058	attraction	17.64456341
15	Gruppe	22583	105	71.75	0.0046	attraction	13.56099937
16	Basis	8313	43	26.41	0.0052	attraction	8.78350416
17	Stern	6847	35	21.76	0.0051	attraction	6.82894577
18	arbeit	45649	173	145.04	0.0038	attraction	5.12750075
19	Körper	15105	61	47.99	0.0040	attraction	3.26265578
20	Struktur	11120	36	35.33	0.0032	attraction	0.01259431

5.5 NN-VVenthalten 구문의 공연강도

	words	word.freq	obs.freq	exp.freq	faith	relation	coll.strength
1	Band	10177	110	23.62	0.0108	attraction	166.91315573
2	Stimme	7008	74	16.27	0.0106	attraction	109.45270211
3	Wirkstoff	2003	38	4.65	0.0190	attraction	93.60264384
4	Regelung	13169	92	30.57	0.0070	attraction	80.42337421
5	anhang	1586	30	3.68	0.0189	attraction	73.72702989
6	Lebensmittel	3729	39	8.66	0.0105	attraction	57.04193583
7	angabe	12633	76	29.32	0.0060	attraction	51.72828869
8	Element	6687	51	15.52	0.0076	attraction	50.65880327
9	absatz	3794	37	8.81	0.0098	attraction	50.10154806
10	Substanz	4032	35	9.36	0.0087	attraction	41.25970182
11	Vorschrift	7600	50	17.64	0.0066	attraction	39.67430762
12	Stoff	6198	43	14.39	0.0069	attraction	37.12556771
13	Entwurf	5999	34	13.92	0.0057	attraction	20.64951121
14	Bestimmung	6248	33	14.50	0.0053	attraction	17.34891137
15	Bericht	11073	42	25.70	0.0038	attraction	8.69985106
16	Preis	13234	48	30.72	0.0036	attraction	8.33009559
17	Text	14712	51	34.15	0.0035	attraction	7.24975129
18	Produkt	10950	40	25.42	0.0037	attraction	7.14656981
19	Hinweis	10444	38	24.24	0.0036	attraction	6.67811042
20	Kapitel	9965	31	23.13	0.0031	attraction	2.42812725

5.6 NN-VVentwickeln 구문의 공연강도

	words	word.freq	obs.freq	exp.freq	faith	relation	coll.strength
1	Strategie	6174	160	26.53	0.0259	attraction	311.64084835
2	Konzept	12620	211	54.23	0.0167	attraction	262.67249757
3	Modell	9345	117	40.15	0.0125	attraction	97.40799795
4	Methode	10279	122	44.17	0.0119	attraction	93.05842976
5	Verfahren	16545	134	71.09	0.0081	attraction	44.44348517
6	Fähigkeit	8090	78	34.76	0.0096	attraction	39.90113853
7	Idee	16055	109	68.99	0.0068	attraction	19.85233379
8	Instrument	6876	56	29.55	0.0081	attraction	18.83382352
9	Medikament	8712	61	37.43	0.0070	attraction	12.52340608
10	Theorie	7898	56	33.94	0.0071	attraction	12.04846280
11	Produkt	10950	71	47.05	0.0065	attraction	10.60098626
12	Technik	8772	55	37.69	0.0063	attraction	6.99621207
13	System	18377	102	78.96	0.0056	attraction	6.19629573
14	Jahrhundert	22426	119	96.36	0.0053	attraction	4.98621426
15	Richtung	13136	66	56.44	0.0050	attraction	1.54384742
16	Jahr	232628	404	999.58	0.0017	repulsion	473.88804231
17	Mensch	114700	153	492.85	0.0013	repulsion	326.99367245
18	Zeit	94729	128	407.04	0.0014	repulsion	265.58644466
19	Kind	84072	115	361.25	0.0014	repulsion	232.16582470
20	Leben	59261	62	254.64	0.0010	repulsion	212.07745073

5.7 NN-VVergeben 구문의 공연강도

	words	word.freq	obs.freq	exp.freq	faith	relation	coll.strength
1	Untersuchung	17422	282	47.31	0.0162	attraction	5.438520e+02
2	Umfrage	3680	81	9.99	0.0220	attraction	1.986619e+02
3	Studium	8175	77	22.20	0.0094	attraction	8.248439e+01
4	Studie	8773	78	23.82	0.0089	attraction	7.718228e+01
5	Ermittlung	3547	45	9.63	0.0127	attraction	6.843762e+01
6	Befragung	1969	33	5.35	0.0168	attraction	6.525287e+01

7	Konsequenz	6425	59	17.45	0.0092	attraction	6.103585e+01
8	Berechnung	3407	34	9.25	0.0100	attraction	3.922817e+01
9	Sinn	24431	118	66.34	0.0048	attraction	3.285662e+01
10	Prüfung	7583	46	20.59	0.0061	attraction	2.325483e+01
11	Schwierigkeit	7106	43	19.29	0.0061	attraction	2.161801e+01
12	analyse	7884	44	21.41	0.0056	attraction	1.830863e+01
13	Änderung	8694	47	23.61	0.0054	attraction	1.803749e+01
14	Umstand	10497	51	28.50	0.0049	attraction	1.442924e+01
15	Veränderung	13623	45	36.99	0.0033	attraction	1.629458e+00
16	Unterschied	11977	36	32.52	0.0030	attraction	3.612247e-01
17	Jahr	232628	156	631.66	0.0007	repulsion	5.292196e+02
18	Land	79111	42	214.81	0.0005	repulsion	2.106227e+02
19	Frage	61596	50	167.25	0.0008	repulsion	1.147697e+02
20	Fall	42894	33	116.47	0.0008	repulsion	8.426834e+01

5.8 NN-VVfördern 구문의 공연강도

	words	word.freq	obs.freq	exp.freq	faith	relation	coll.strength
1	Projekt	21956	127	45.89	0.0058	attraction	97.12261592
2	Euro	44329	196	92.65	0.0044	attraction	88.05072895
3	Stiftung	4372	42	9.14	0.0096	attraction	62.72250268
4	Beschäftigung	4976	33	10.40	0.0066	attraction	31.14871182
5	Forschung	14972	66	31.29	0.0044	attraction	29.26100745
6	Mark	7850	40	16.41	0.0051	attraction	24.21824267
7	Fähigkeit	8090	37	16.91	0.0046	attraction	17.84461242
8	Energie	9691	36	20.26	0.0037	attraction	9.96152431
9	Entwicklung	41259	112	86.24	0.0027	attraction	7.09289152
10	Bundesregierung	14477	43	30.26	0.0030	attraction	4.76219758
11	Schüler	15383	45	32.15	0.0029	attraction	4.58333078
12	Jugendliche	14610	43	30.54	0.0029	attraction	4.53059992
13	Mittel	13438	38	28.09	0.0028	attraction	3.16157211
14	Kultur	14640	38	30.60	0.0026	attraction	1.66848209
15	Union	12945	34	27.06	0.0026	attraction	1.65353888

16	Region	17634	41	36.86	0.0023	attraction	0.45127667
17	Programm	17088	38	35.72	0.0022	attraction	0.14367977
18	Wirtschaft	16424	35	34.33	0.0021	attraction	0.01310853
19	Jahr	232628	112	486.23	0.0005	repulsion	430.83950007
20	Mensch	114700	63	239.74	0.0005	repulsion	187.70782410

5.9 NN-VVschließen 구문의 공연강도

	words	word.freq	obs.freq	exp.freq	faith	relation	coll.strength
1	Lücke	2294	192	6.20	0.0837	attraction	9.643320e+02
2	auge	22588	259	61.02	0.0115	attraction	3.568868e+02
3	Freundschaft	2629	73	7.10	0.0278	attraction	2.103158e+02
4	Tür	7542	104	20.37	0.0138	attraction	1.731504e+02
5	Vertrag	12504	135	33.78	0.0108	attraction	1.730426e+02
6	Frieden	7847	90	21.20	0.0115	attraction	1.235376e+02
7	arm	2725	49	7.36	0.0180	attraction	1.032302e+02
8	Kreis	6630	68	17.91	0.0103	attraction	8.178686e+01
9	Kompromiß	2639	36	7.13	0.0136	attraction	5.921664e+01
10	Laden	2569	34	6.94	0.0132	attraction	5.426548e+01
11	Herz	12036	78	32.51	0.0065	attraction	4.582505e+01
12	Ehe	3963	37	10.71	0.0093	attraction	3.939699e+01
13	Fenster	4555	37	12.30	0.0081	attraction	3.224735e+01
14	Uhr	22357	80	60.40	0.0036	attraction	5.808371e+00
15	Dezember	12758	43	34.46	0.0034	attraction	1.968130e+00
16	Senat	11145	36	30.11	0.0032	attraction	1.089855e+00
17	Jahr	232628	213	628.42	0.0009	repulsion	3.808693e+02
18	Zeit	94729	43	255.90	0.0005	repulsion	2.755198e+02
19	Land	79111	33	213.71	0.0004	repulsion	2.404285e+02
20	Leben	59261	33	160.09	0.0006	repulsion	1.511531e+02

5.10 NN-VVtragen 구문의 공연강도

	words	word.freq	obs.freq	exp.freq	faith	relation	coll.strength
1	Rechnung	5642	1832	22.49	0.3247	attraction	1.329111e+04
2	Sorge	3500	456	13.95	0.1303	attraction	2.362156e+03
3	Verantwortung	10607	335	42.28	0.0316	attraction	8.128339e+02
4	Frucht	2513	196	10.02	0.0780	attraction	8.092766e+02
5	Kopftuch	831	114	3.31	0.1372	attraction	6.013805e+02
6	Grab	1958	86	7.81	0.0439	attraction	2.597501e+02
7	Kleidung	2444	85	9.74	0.0348	attraction	2.203016e+02
8	Kosten	16908	186	67.40	0.0110	attraction	1.418019e+02
9	Name	19711	205	78.57	0.0104	attraction	1.417646e+02
10	Schuh	3591	78	14.31	0.0217	attraction	1.384123e+02
11	Last	3825	65	15.25	0.0170	attraction	8.973913e+01
12	Risiko	11047	86	44.04	0.0078	attraction	3.142564e+01
13	Schuld	6394	48	25.49	0.0075	attraction	1.584181e+01
14	Öffentlichkeit	10216	59	40.72	0.0058	attraction	7.238570e+00
15	Zug	9838	51	39.22	0.0052	attraction	3.250287e+00
16	Jahr	232628	125	927.33	0.0005	repulsion	1.132135e+03
17	Mensch	114700	90	457.23	0.0008	repulsion	4.483877e+02
18	Kind	84072	67	335.14	0.0008	repulsion	3.242374e+02
19	Tag	64318	54	256.39	0.0008	repulsion	2.387940e+02
20	Leben	59261	57	236.23	0.0010	repulsion	1.981870e+02

5.11 NN-VVunterscheiden 구문의 공연강도

	words	word.freq	obs.freq	exp.freq	faith	relation	coll.strength
1	Böse	3106	29	4.84	0.0093	attraction	55.76426189
2	Merkmal	3337	18	5.20	0.0054	attraction	19.16496018
3	Mediziner	2101	13	3.27	0.0062	attraction	16.45347189
4	Tier	14929	41	23.27	0.0027	attraction	11.04439555
5	Phase	6099	19	9.50	0.0031	attraction	7.35374922
6	Realität	6081	15	9.48	0.0025	attraction	2.73780962

7	Wirklichkeit	6634	16	10.34	0.0024	attraction	2.65979886
8	Methode	10279	18	16.02	0.0018	attraction	0.23623439
9	Gruppe	22583	38	35.19	0.0017	attraction	0.21916298
10	Erkrankung	8973	15	13.98	0.0017	attraction	0.07235109
11	Ebene	10534	17	16.42	0.0016	attraction	0.02057093
12	Jahr	232628	20	362.53	0.0001	repulsion	581.61448303
13	Kind	84072	20	131.02	0.0002	repulsion	148.23620429
14	Land	79111	24	123.29	0.0003	repulsion	121.13793079
15	Mensch	114700	65	178.75	0.0006	repulsion	97.40844165
16	Frau	64307	23	100.22	0.0004	repulsion	87.41882562
17	Teil	44231	14	68.93	0.0003	repulsion	65.59717330
18	Welt	47879	21	74.62	0.0004	repulsion	54.32956941
19	Mann	45230	19	70.49	0.0004	repulsion	53.48016884
20	Unternehmen	37718	15	58.78	0.0004	repulsion	46.83020176

5.12 NN-VVverbessern 구문의 공연강도

	words	word.freq	obs.freq	exp.freq	faith	relation	coll.strength
1	Lebensqualität	1567	46	2.37	0.0294	attraction	1.869523e+02
2	Situation	22008	123	33.31	0.0056	attraction	1.431776e+02
3	Rahmenbedingung	4684	57	7.09	0.0122	attraction	1.385996e+02
4	Lebensbedingung	1176	27	1.78	0.0230	attraction	9.701292e+01
5	arbeitsmarkt	4800	45	7.26	0.0094	attraction	8.910025e+01
6	Entwicklungsland	3486	30	5.28	0.0086	attraction	5.507242e+01
7	Versorgung	5888	32	8.91	0.0054	attraction	3.578621e+01
8	Lehre	5485	27	8.30	0.0049	attraction	2.639061e+01
9	Lage	17805	55	26.95	0.0031	attraction	2.249867e+01
10	Patient	23088	64	34.94	0.0028	attraction	1.947005e+01
11	Fähigkeit	8090	29	12.24	0.0036	attraction	1.656245e+01
12	Hochschule	11539	32	17.46	0.0028	attraction	9.725946e+00
13	Betroffene	9639	27	14.59	0.0028	attraction	8.451476e+00
14	Bevölkerung	15608	31	23.62	0.0020	attraction	2.104963e+00
15	Schule	25386	43	38.42	0.0017	attraction	5.281795e-01

16	Leistung	17874	29	27.05	0.0016	attraction	1.376334e-01
17	Jahr	232628	149	352.08	0.0006	repulsion	1.544219e+02
18	Leben	59261	25	89.69	0.0004	repulsion	6.600769e+01
19	Kind	84072	54	127.24	0.0006	repulsion	5.453357e+01
20	Prozent	53908	27	81.59	0.0005	repulsion	4.982313e+01

5.13 NN-VVverbinden 구문의 공연강도

	words	word.freq	obs.freq	exp.freq	faith	relation	coll.strength
1	aufwand	3164	67	6.40	0.0212	attraction	1.949986e+02
2	Risiko	11047	113	22.33	0.0102	attraction	1.864556e+02
3	auflage	2948	41	5.96	0.0139	attraction	8.856948e+01
4	Freundschaft	2629	38	5.32	0.0145	attraction	8.461517e+01
5	Kosten	16908	96	34.18	0.0057	attraction	7.514788e+01
6	Schwierigkeit	7106	45	14.37	0.0063	attraction	4.169651e+01
7	Belastung	6140	29	12.41	0.0047	attraction	1.610686e+01
8	Hoffnung	9740	38	19.69	0.0039	attraction	1.340524e+01
9	Name	19711	61	39.85	0.0031	attraction	9.698418e+00
10	Weise	23499	58	47.51	0.0025	attraction	2.176065e+00
11	Jahr	232628	44	470.31	0.0002	repulsion	6.591850e+02
12	Zeit	94729	30	191.52	0.0003	repulsion	2.141004e+02
13	Mensch	114700	72	231.89	0.0006	repulsion	1.535688e+02
14	Land	79111	44	159.94	0.0006	repulsion	1.195169e+02
15	Euro	44329	28	89.62	0.0006	repulsion	5.847087e+01
16	Leben	59261	47	119.81	0.0008	repulsion	5.815675e+01
17	Problem	44061	30	89.08	0.0007	repulsion	5.320703e+01
18	Entwicklung	41259	28	83.41	0.0007	repulsion	5.000933e+01
19	Stadt	44078	32	89.11	0.0007	repulsion	4.900544e+01
20	arbeit	45649	37	92.29	0.0008	repulsion	4.324509e+01

5.14 NN-VVverlieren 구문의 공연강도

	words	word.freq	obs.freq	exp.freq	faith	relation	coll.strength
1	auge	22588	456	66.60	0.0202	attraction	990.463718
2	Job	5129	139	15.12	0.0271	attraction	372.744069
3	Verstand	1638	82	4.83	0.0501	attraction	314.108708
4	Bedeutung	24440	240	72.07	0.0098	attraction	244.254021
5	Glaubwürdigkeit	1367	55	4.03	0.0402	attraction	187.598486
6	arbeitsplatz	10566	129	31.16	0.0122	attraction	172.298823
7	Überblick	3728	68	10.99	0.0182	attraction	134.865741
8	Gewicht	4025	68	11.87	0.0169	attraction	126.097206
9	Gedächtnis	2173	48	6.41	0.0221	attraction	111.028628
10	Bewußtsein	5104	64	15.05	0.0125	attraction	87.979319
11	anschluß	4755	57	14.02	0.0120	attraction	74.415147
12	Gesicht	9652	74	28.46	0.0077	attraction	50.667206
13	Wert	15312	97	45.15	0.0063	attraction	44.974043
14	Kontrolle	8259	55	24.35	0.0067	attraction	28.484252
15	Wort	25294	124	74.58	0.0049	attraction	27.466727
16	Spiel	15070	75	44.44	0.0050	attraction	17.498711
17	Krieg	23858	93	70.35	0.0039	attraction	6.664893
18	Einfluß	11755	48	34.66	0.0041	attraction	4.602405
19	Blick	18233	67	53.76	0.0037	attraction	3.039261
20	Wahl	15578	57	45.93	0.0037	attraction	2.488629

5.15 NN-VVziehen 구문의 공연강도

	words	word.freq	obs.freq	exp.freq	faith	relation	coll.strength
1	Mitleidenschaft	342	298	0.93	0.8713	attraction	3266.6330296
2	Betracht	2961	470	8.01	0.1587	attraction	2992.3553368
3	Erwägung	1546	323	4.18	0.2089	attraction	2247.2099703
4	Konsequenz	6425	398	17.38	0.0619	attraction	1762.4699705
5	Rechenschaft	507	201	1.37	0.3964	attraction	1699.8242029
6	Rate	768	190	2.08	0.2474	attraction	1392.5849653

7	Bann	685	154	1.85	0.2248	attraction	1095.1299915
8	Schluß	7000	281	18.94	0.0401	attraction	1005.6125888
9	Bilanz	2278	193	6.16	0.0847	attraction	973.5726248
10	Strang	448	116	1.21	0.2589	attraction	861.8018553
11	Schlußfolgerung	1351	126	3.66	0.0933	attraction	659.7558989
12	Zweifel	6073	188	16.43	0.0310	attraction	579.8953073
13	Verantwortung	10607	215	28.70	0.0203	attraction	498.6527046
14	Notbremse	122	53	0.33	0.4344	attraction	460.2339968
15	Verkehr	4235	128	11.46	0.0302	attraction	388.7679215
16	Nutzen	3578	110	9.68	0.0307	attraction	337.4766899
17	Fazit	823	66	2.23	0.0802	attraction	325.1487624
18	Tasche	2131	83	5.77	0.0389	attraction	291.4345579
19	Länge	2531	78	6.85	0.0308	attraction	239.5323879
20	Grenze	14993	119	40.56	0.0079	attraction	100.0455827

6 명사 15개의 연어관계 데이터

6.1 ADJ-NN_Ergebnis 구문의 공연강도

	words	word.freq	obs.freq	exp.freq	faith	relation	coll.strength
1	erzielt	810	96	3.29	0.1185	attraction	473.90155497
2	positiv	15637	299	63.44	0.0191	attraction	461.66482420
3	gewonnen	1638	72	6.65	0.0440	attraction	215.21179538
4	gewünscht	2181	63	8.85	0.0289	attraction	140.48681079
5	vorläufig	2874	70	11.66	0.0244	attraction	135.56519233
6	überraschend	3377	65	13.70	0.0192	attraction	100.68318658
7	operativ	1809	47	7.34	0.0260	attraction	96.16221608
8	empirisch	2772	54	11.25	0.0195	attraction	84.66870421
9	konkret	13730	125	55.71	0.0091	attraction	64.00031159
10	bisherig	11067	96	44.90	0.0087	attraction	44.03363080
11	negativ	7548	67	30.62	0.0089	attraction	32.38239676
12	ähnlich	16982	121	68.90	0.0071	attraction	32.34002229
13	wissenschaftlich	17784	111	72.16	0.0062	attraction	18.07031254
14	vorliegend	8298	57	33.67	0.0069	attraction	13.44417599
15	vergleichbar	4800	36	19.48	0.0075	attraction	11.25294711
16	schlecht	20372	114	82.66	0.0056	attraction	10.70219885
17	eindeutig	8245	44	33.45	0.0053	attraction	3.04007961
18	gut	151104	652	613.08	0.0043	attraction	2.48895931
19	wesentlich	20556	93	83.40	0.0045	attraction	1.07222930
20	interessant	12537	53	50.87	0.0042	attraction	0.08874426

6.2 ADJ-NN_Faktor 구문의 공연강도

	words	word.freq	obs.freq	exp.freq	faith	relation	coll.strength
1	entscheidend	13679	224	14.11	0.0164	attraction	828.8995721
2	wichtig	61959	386	63.89	0.0062	attraction	761.9972424
3	auslösend	404	67	0.42	0.1658	attraction	559.9094362
4	genetisch	3469	90	3.58	0.0259	attraction	410.9970542

5	wesentlich	20556	136	21.20	0.0066	attraction	278.6250448
6	bestimmend	713	43	0.74	0.0603	attraction	268.2126474
7	psychisch	4515	63	4.66	0.0140	attraction	212.8156546
8	äußer	4800	59	4.95	0.0123	attraction	185.3807029
9	weich	2130	39	2.20	0.0183	attraction	151.6224326
10	verschieden	38017	137	39.20	0.0036	attraction	148.9482093
11	ander	116060	272	119.68	0.0023	attraction	145.7482426
12	psychosozial	649	24	0.67	0.0370	attraction	126.0945672
13	ausschlaggebend	1292	29	1.33	0.0224	attraction	124.0404592
14	extern	2562	36	2.64	0.0141	attraction	121.9539437
15	demographisch	1033	25	1.07	0.0242	attraction	110.5614246
16	ökonomisch	7283	48	7.51	0.0066	attraction	97.5685678
17	subjektiv	2285	28	2.36	0.0123	attraction	87.7082516
18	bedeutend	5594	38	5.77	0.0068	attraction	79.1538800
19	biologisch	3903	32	4.02	0.0082	attraction	77.0588271
20	psychologisch	2918	28	3.01	0.0096	attraction	75.2406421

6.3 ADJ-NN$_{Inhalt}$ 구문의 공연강도

	words	word.freq	obs.freq	exp.freq	faith	relation	coll.strength
1	jugendgefährdend	140	21	0.23	0.1500	attraction	1.518322e+02
2	wesentlich	20556	116	33.38	0.0056	attraction	1.247293e+02
3	rechtswidrig	1065	31	1.73	0.0291	attraction	1.212971e+02
4	strafbar	701	23	1.14	0.0328	attraction	9.528423e+01
5	illegal	3623	36	5.88	0.0099	attraction	7.052446e+01
6	vermittelt	413	13	0.67	0.0315	attraction	5.280328e+01
7	eigentlich	6339	39	10.29	0.0062	attraction	4.669355e+01
8	fremd	5885	34	9.56	0.0058	attraction	3.757245e+01
9	fachlich	2807	21	4.56	0.0075	attraction	3.139712e+01
10	relevant	3547	20	5.76	0.0056	attraction	2.138856e+01
11	sachlich	2932	14	4.76	0.0048	attraction	1.175902e+01
12	chemisch	3892	16	6.32	0.0041	attraction	1.039619e+01
13	konkret	13730	39	22.30	0.0028	attraction	1.025278e+01

14	religiös	7757	25	12.60	0.0032	attraction	9.500177e+00
15	sexuell	4228	14	6.87	0.0033	attraction	5.698527e+00
16	gesamt	19087	38	31.00	0.0020	attraction	1.482851e+00
17	politisch	50301	85	81.68	0.0017	attraction	1.341109e-01
18	ander	116060	36	188.47	0.0003	repulsion	1.881944e+02
19	neu	156803	74	254.63	0.0005	repulsion	1.817485e+02
20	weit	98601	38	160.12	0.0004	repulsion	1.365122e+02

6.4 ADJ-NN$_{Kultur}$ 구문의 공연강도

	words	word.freq	obs.freq	exp.freq	faith	relation	coll.strength
1	fremd	5885	186	13.31	0.0316	attraction	642.9625523
2	politisch	50301	396	113.73	0.0079	attraction	430.6815609
3	abendländisch	382	45	0.86	0.1178	attraction	272.9704485
4	westlich	7012	111	15.85	0.0158	attraction	243.6680065
5	populär	1818	53	4.11	0.0292	attraction	174.7318268
6	chinesisch	6665	77	15.07	0.0116	attraction	128.1771847
7	verschieden	38017	208	85.95	0.0055	attraction	124.9577229
8	jüdisch	8687	84	19.64	0.0097	attraction	116.1832560
9	demokratisch	9127	82	20.64	0.0090	attraction	104.2144563
10	unterschiedlich	25213	147	57.01	0.0058	attraction	99.3930729
11	japanisch	2790	35	6.31	0.0125	attraction	62.9156718
12	menschlich	14087	82	31.85	0.0058	attraction	55.1435485
13	griechisch	2710	32	6.13	0.0118	attraction	54.3406384
14	islamisch	3827	38	8.65	0.0099	attraction	54.0490969
15	ander	116060	382	262.41	0.0033	attraction	48.8382351
16	arabisch	4663	39	10.54	0.0084	attraction	45.3486227
17	russisch	6688	39	15.12	0.0058	attraction	26.2690453
18	europäisch	38474	135	86.99	0.0035	attraction	22.8613130
19	christlich	7248	32	16.39	0.0044	attraction	11.6555364
20	deutsch	85690	242	193.74	0.0028	attraction	11.3200391

6.5 ADJ-NN_{Lage} 구문의 공연강도

	words	word.freq	obs.freq	exp.freq	faith	relation	coll.strength
1	wirtschaftlich	21085	449	57.98	0.0213	attraction	1072.140173
2	mißlich	155	85	0.43	0.5484	attraction	789.729168
3	geographisch	1226	126	3.37	0.1028	attraction	680.820291
4	angespannt	694	73	1.91	0.1052	attraction	397.726148
5	schwierig	12466	199	34.28	0.0160	attraction	374.283679
6	prekär	809	63	2.22	0.0779	attraction	304.646559
7	geografisch	405	47	1.11	0.1160	attraction	265.564376
8	konjunkturell	1084	59	2.98	0.0544	attraction	243.366619
9	finanziell	12467	153	34.28	0.0123	attraction	222.224814
10	sicherheitspolitisch	735	41	2.02	0.0558	attraction	171.054128
11	sozial	32550	231	89.50	0.0071	attraction	156.799293
12	zentral	13567	127	37.31	0.0094	attraction	132.822032
13	verzweifelt	2172	44	5.97	0.0203	attraction	100.436862
14	günstig	6456	73	17.75	0.0113	attraction	96.587795
15	aktuell	17043	126	46.86	0.0074	attraction	91.687541
16	derzeitig	4127	53	11.35	0.0128	attraction	80.587859
17	gegenwärtig	8696	78	23.91	0.0090	attraction	76.771372
18	strategisch	4225	39	11.62	0.0092	attraction	39.916607
19	glücklich	5136	43	14.12	0.0084	attraction	38.209394
20	dramatisch	4209	38	11.57	0.0090	attraction	37.706251

6.6 ADJ-NN_{Leistung} 구문의 공연강도

	words	word.freq	obs.freq	exp.freq	faith	relation	coll.strength
1	erbracht	618	323	1.71	0.5227	attraction	2958.473627
2	schauspielerisch	395	146	1.09	0.3696	attraction	1202.717457
3	versicherungsfremd	80	74	0.22	0.9250	attraction	829.789531
4	vermögenswirksam	65	57	0.18	0.8769	attraction	623.465301
5	herausragend	2270	127	6.27	0.0559	attraction	530.202809
6	ärztlich	4538	158	12.53	0.0348	attraction	515.947337

7	geschuldet	379	65	1.05	0.1715	attraction	420.611623
8	psychotherapeutisch	599	65	1.65	0.1085	attraction	357.796552
9	schulisch	1663	85	4.59	0.0511	attraction	339.678554
10	sonstig	3931	106	10.85	0.0270	attraction	295.723532
11	medizinisch	8911	141	24.60	0.0158	attraction	261.889531
12	wiederkehrend	964	59	2.66	0.0612	attraction	256.529875
13	hervorragend	4376	100	12.08	0.0229	attraction	249.108813
14	freiwillig	5597	95	15.45	0.0170	attraction	187.486244
15	sportlich	2562	58	7.07	0.0226	attraction	143.408263
16	wissenschaftlich	17784	145	49.09	0.0082	attraction	123.306856
17	besonder	25027	162	69.08	0.0065	attraction	91.136336
18	staatlich	13054	99	36.03	0.0076	attraction	74.705232
19	sozial	32550	173	89.85	0.0053	attraction	60.983479
20	kulturell	10279	59	28.37	0.0057	attraction	25.275524

6.7 ADJ-NN~Mittel~ 구문의 공연강도

	words	word.freq	obs.freq	exp.freq	faith	relation	coll.strength
1	finanziell	12467	611	25.87	0.0490	attraction	2747.504102
2	probat	114	81	0.24	0.7105	attraction	864.219109
3	geeignet	9170	164	19.03	0.0179	attraction	420.396054
4	wirksam	7196	137	14.93	0.0190	attraction	366.347620
5	öffentlich	31004	260	64.34	0.0084	attraction	338.962674
6	liquid	126	40	0.26	0.3175	attraction	337.201410
7	zusätzlich	21828	214	45.30	0.0098	attraction	330.589858
8	homöopathisch	380	44	0.79	0.1158	attraction	272.744970
9	militärisch	9120	118	18.93	0.0129	attraction	235.574434
10	eingesetzt	1678	53	3.48	0.0316	attraction	191.219635
11	stehend	4201	73	8.72	0.0174	attraction	182.989470
12	legitim	1379	43	2.86	0.0312	attraction	154.062698
13	mild	1318	40	2.74	0.0303	attraction	141.251989
14	verfügbar	2924	53	6.07	0.0181	attraction	136.785613
15	staatlich	13054	107	27.09	0.0082	attraction	135.106070

16	technisch	14889	75	30.90	0.0050	attraction	45.087896
17	erforderlich	14726	64	30.56	0.0043	attraction	27.893676
18	notwendig	22634	84	46.97	0.0037	attraction	23.758678
19	knapp	10833	46	22.48	0.0042	attraction	18.921868
20	ausreichend	10100	41	20.96	0.0041	attraction	15.006867

6.8 ADJ-NN_Produkt 구문의 공연강도

	words	word.freq	obs.freq	exp.freq	faith	relation	coll.strength
1	landwirtschaftlich	2473	135	4.18	0.0546	attraction	685.1020323
2	marktfähig	155	67	0.26	0.4323	attraction	643.9242602
3	tierisch	1065	93	1.80	0.0873	attraction	560.0533588
4	innovativ	3620	122	6.12	0.0337	attraction	503.3243058
5	hergestellt	751	58	1.27	0.0772	attraction	334.5252881
6	gehandelt	184	29	0.31	0.1576	attraction	210.4470423
7	hochwertig	1549	51	2.62	0.0329	attraction	207.8055717
8	verarbeitet	172	26	0.29	0.1512	attraction	186.3348791
9	neu	156803	511	265.17	0.0033	attraction	184.8721729
10	pflanzlich	1021	37	1.73	0.0362	attraction	157.5948950
11	erzeugt	777	34	1.31	0.0438	attraction	157.3477351
12	angeboten	1333	35	2.25	0.0263	attraction	127.3974136
13	pharmazeutisch	1402	31	2.37	0.0221	attraction	102.7910474
14	fertig	4641	46	7.85	0.0099	attraction	86.8325899
15	regional	8019	51	13.56	0.0064	attraction	60.5390765
16	verändert	4357	34	7.37	0.0078	attraction	50.9506113
17	chemisch	3892	29	6.58	0.0075	attraction	41.3532457
18	billig	4246	22	7.18	0.0052	attraction	19.6992953
19	bestimmt	25979	74	43.93	0.0028	attraction	17.1515945
20	ökologisch	6236	25	10.55	0.0040	attraction	14.3023106

6.9 ADJ-NN~Punkt~ 구문의 공연강도

	words	word.freq	obs.freq	exp.freq	faith	relation	coll.strength
1	wichtig	61959	562	153.88	0.0091	attraction	652.9594848
2	neuralgisch	76	60	0.19	0.7895	attraction	641.8386143
3	zentral	13567	257	33.70	0.0189	attraction	604.5226243
4	springend	138	66	0.34	0.4783	attraction	601.3188598
5	wund	291	71	0.72	0.2440	attraction	529.7446191
6	wesentlich	20556	286	51.05	0.0139	attraction	521.8974317
7	entscheidend	13679	229	33.97	0.0167	attraction	489.0578975
8	strittig	665	60	1.65	0.0902	attraction	319.9155185
9	grün	6796	108	16.88	0.0159	attraction	220.4177109
10	folgend	11953	122	29.69	0.0102	attraction	161.4712972
11	kritisch	9782	97	24.30	0.0099	attraction	124.0445370
12	einzeln	29147	164	72.39	0.0056	attraction	85.8307608
13	schwarz	9744	60	24.20	0.0062	attraction	37.5690385
14	rot	9077	49	22.54	0.0054	attraction	23.2912725
15	dritt	14748	68	36.63	0.0046	attraction	21.5254219
16	bestimmt	25979	98	64.52	0.0038	attraction	15.0770406
17	gewiß	13219	56	32.83	0.0042	attraction	13.5413164
18	genannt	16435	59	40.82	0.0036	attraction	7.1489948
19	letzt	55871	165	138.76	0.0030	attraction	4.7299897
20	zweit	35004	104	86.94	0.0030	attraction	3.1753926

6.10 ADJ-NN~Rahmen~ 구문의 공연강도

	words	word.freq	obs.freq	exp.freq	faith	relation	coll.strength
1	institutionell	2122	72	8.09	0.0339	attraction	1.891038e+02
2	zeitlich	4471	92	17.04	0.0206	attraction	1.618140e+02
3	vorgegeben	1236	49	4.71	0.0396	attraction	1.426115e+02
4	rechtlich	8927	110	34.03	0.0123	attraction	1.070612e+02
5	festlich	516	27	1.97	0.0523	attraction	9.264325e+01
6	würdig	920	20	3.51	0.0217	attraction	3.696247e+01

7	gesetzlich	12260	81	46.73	0.0066	attraction	2.070743e+01
8	organisatorisch	2505	26	9.55	0.0104	attraction	1.930415e+01
9	musikalisch	3874	29	14.77	0.0075	attraction	1.073800e+01
10	theoretisch	6342	38	24.18	0.0060	attraction	6.759825e+00
11	begrenzt	4802	27	18.31	0.0056	attraction	3.616632e+00
12	angemessen	5812	31	22.16	0.0053	attraction	3.153893e+00
13	üblich	6134	29	23.38	0.0047	attraction	1.259275e+00
14	äußer	4800	23	18.30	0.0048	attraction	1.122138e+00
15	national	14727	63	56.14	0.0043	attraction	8.114855e-01
16	neu	156803	22	597.73	0.0001	repulsion	1.021988e+03
17	weit	98601	19	375.86	0.0002	repulsion	6.068335e+02
18	groß	140425	85	535.29	0.0006	repulsion	5.975865e+02
19	politisch	50301	27	191.75	0.0005	repulsion	2.252841e+02
20	klein	60915	67	232.21	0.0011	repulsion	1.654260e+02

6.11 ADJ-NN$_{Rolle}$ 구문의 공연강도

	words	word.freq	obs.freq	exp.freq	faith	relation	coll.strength
1	wichtig	61959	2193	239.22	0.0354	attraction	6.031766e+03
2	untergeordnet	774	402	2.99	0.5194	attraction	3.405185e+03
3	entscheidend	13679	789	52.81	0.0577	attraction	2.857074e+03
4	zentral	13567	761	52.38	0.0561	attraction	2.713989e+03
5	bedeutend	5594	356	21.60	0.0636	attraction	1.351451e+03
6	groß	140425	1546	542.17	0.0110	attraction	1.281440e+03
7	tragend	887	122	3.42	0.1375	attraction	6.519098e+02
8	besonder	25027	434	96.63	0.0173	attraction	6.383455e+02
9	herausragend	2270	156	8.76	0.0687	attraction	6.145045e+02
10	führend	4362	193	16.84	0.0442	attraction	5.975705e+02
11	wesentlich	20556	358	79.37	0.0174	attraction	5.283141e+02
12	gewichtig	803	84	3.10	0.1046	attraction	4.012209e+02
13	dominierend	591	42	2.28	0.0711	attraction	1.680361e+02
14	aktiv	11633	154	44.91	0.0132	attraction	1.628557e+02
15	gering	18038	157	69.64	0.0087	attraction	8.125759e+01

16	bedeutsam	2044	39	7.89	0.0191	attraction	6.292438e+01
17	maßgeblich	4305	55	16.62	0.0128	attraction	5.527782e+01
18	zukünftig	7394	41	28.55	0.0055	attraction	4.806405e+00
19	gewiß	13219	52	51.04	0.0039	attraction	1.814672e-02
20	gut	151104	54	583.40	0.0004	repulsion	8.150731e+02

6.12 ADJ-NN$_{Schritt}$ 구문의 공연강도

	words	word.freq	obs.freq	exp.freq	faith	relation	coll.strength
1	erst	97205	2050	234.07	0.0211	attraction	5.523534e+03
2	nah	45068	669	108.52	0.0148	attraction	1.340235e+03
3	wichtig	61959	771	149.20	0.0124	attraction	1.320733e+03
4	zweit	35004	453	84.29	0.0129	attraction	7.989107e+02
5	entscheidend	13679	220	32.94	0.0161	attraction	4.662675e+02
6	rechtlich	8927	174	21.50	0.0195	attraction	4.268541e+02
7	weit	98601	598	237.43	0.0061	attraction	3.935078e+02
8	klein	60915	392	146.68	0.0064	attraction	2.849504e+02
9	mutig	1565	56	3.77	0.0358	attraction	1.997318e+02
10	konkret	13730	132	33.06	0.0096	attraction	1.689614e+02
11	juristisch	3771	46	9.08	0.0122	attraction	7.588352e+01
12	gerichtlich	2277	36	5.48	0.0158	attraction	7.493254e+01
13	notwendig	22634	112	54.50	0.0049	attraction	4.670231e+01
14	logisch	2546	29	6.13	0.0114	attraction	4.463275e+01
15	dritt	14748	81	35.51	0.0055	attraction	4.287776e+01
16	bedeutend	5594	38	13.47	0.0068	attraction	2.990710e+01
17	gewaltig	4049	23	9.75	0.0057	attraction	1.303352e+01
18	wesentlich	20556	76	49.50	0.0037	attraction	1.225293e+01
19	einzeln	29147	87	70.19	0.0030	attraction	3.768425e+00
20	groß	140425	360	338.14	0.0026	attraction	1.418488e+00

6.13 ADJ-NN_Seite 구문의 공연강도

	words	word.freq	obs.freq	exp.freq	faith	relation	coll.strength
1	ander	116060	4140	630.42	0.0357	attraction	9.043404e+03
2	einen	1480	215	8.04	0.1453	attraction	1.030989e+03
3	link	5516	310	29.96	0.0562	attraction	9.054348e+02
4	dunkel	6283	247	34.13	0.0393	attraction	5.606463e+02
5	gegenüberliegend	424	72	2.30	0.1698	attraction	3.686642e+02
6	palästinensisch	4656	148	25.29	0.0318	attraction	2.812591e+02
7	recht	20400	322	110.81	0.0158	attraction	2.680856e+02
8	israelisch	6676	121	36.26	0.0181	attraction	1.234258e+02
9	folgend	11953	149	64.93	0.0125	attraction	8.019631e+01
10	offiziell	8717	120	47.35	0.0138	attraction	7.864544e+01
11	polnisch	3198	59	17.37	0.0184	attraction	6.162134e+01
12	russisch	6688	79	36.33	0.0118	attraction	3.772571e+01
13	negativ	7548	85	41.00	0.0113	attraction	3.625816e+01
14	staatlich	13054	120	70.91	0.0092	attraction	2.833786e+01
15	positiv	15637	122	84.94	0.0078	attraction	1.435619e+01
16	westlich	7012	55	38.09	0.0078	attraction	6.642850e+00
17	neu	156803	106	851.73	0.0007	repulsion	1.069425e+03
18	gut	151104	191	820.77	0.0013	repulsion	7.167765e+02
19	eigen	58805	81	319.42	0.0014	repulsion	2.571733e+02
20	politisch	50301	70	273.23	0.0014	repulsion	2.178137e+02

6.14 ADJ-NN_Stück 구문의 공연강도

	words	word.freq	obs.freq	exp.freq	faith	relation	coll.strength
1	klein	60915	200	94.24	0.0033	attraction	90.79725433
2	ganz	37332	142	57.75	0.0038	attraction	87.91538765
3	wertvoll	4074	36	6.30	0.0088	attraction	66.37637578
4	frei	22946	90	35.50	0.0039	attraction	58.88652224
5	gut	151104	347	233.76	0.0023	attraction	49.07674919
6	gehörig	811	11	1.25	0.0136	attraction	28.40001277

7	kostbar	1028	12	1.59	0.0117	attraction	27.80087418
8	hart	8897	36	13.76	0.0040	attraction	24.85985486
9	winzig	2080	11	3.22	0.0053	attraction	11.51346520
10	ausgewählt	2712	12	4.20	0.0044	attraction	9.64127563
11	schön	25593	48	39.59	0.0019	attraction	1.68088243
12	klassisch	6789	14	10.50	0.0021	attraction	1.05643850
13	groß	140425	221	217.24	0.0016	attraction	0.06637698
14	ander	116060	36	179.54	0.0003	repulsion	173.65649090
15	erst	97205	40	150.38	0.0004	repulsion	116.16798362
16	neu	156803	100	242.57	0.0006	repulsion	110.12224119
17	weit	98601	46	152.54	0.0005	repulsion	104.04828655
18	wichtig	61959	24	95.85	0.0004	repulsion	77.83644408
19	nah	45068	12	69.72	0.0003	repulsion	73.61866165
20	verschieden	38017	11	58.81	0.0003	repulsion	59.03187740

6.15 ADJ-NN$_{Teil}$ 구문의 공연강도

	words	word.freq	obs.freq	exp.freq	faith	relation	coll.strength
1	groß	140425	5156	959.23	0.0367	attraction	9500.289436
2	zweit	35004	1671	239.11	0.0477	attraction	3741.178467
3	überwiegend	5880	480	40.17	0.0816	attraction	1540.287997
4	erst	97205	1613	664.00	0.0166	attraction	995.631618
5	dritt	14748	514	100.74	0.0349	attraction	864.454660
6	hinter	1002	162	6.84	0.1617	attraction	740.976037
7	beträchtlich	1974	151	13.48	0.0765	attraction	464.839261
8	wesentlich	20556	418	140.42	0.0203	attraction	362.356492
9	erheblich	14571	316	99.53	0.0217	attraction	301.511264
10	nördlich	2257	116	15.42	0.0514	attraction	271.846384
11	unter	3364	133	22.98	0.0395	attraction	250.930624
12	viert	4960	150	33.88	0.0302	attraction	217.161115
13	östlich	1990	96	13.59	0.0482	attraction	214.140007
14	südlich	2616	104	17.87	0.0398	attraction	197.143828
15	unerheblich	1243	74	8.49	0.0595	attraction	193.050919

16	theoretisch	6342	153	43.32	0.0241	attraction	168.945660
17	gering	18038	285	123.22	0.0158	attraction	156.470322
18	empirisch	2772	93	18.94	0.0335	attraction	150.039100
19	klein	60915	646	416.10	0.0106	attraction	110.604296
20	ober	6049	120	41.32	0.0198	attraction	99.690684

부사 15개의 연어관계 데이터

7.1 ADJDgemeinsam-VV 구문의 공연강도

	words	word.freq	obs.freq	exp.freq	faith	relation	coll.strength
1	erarbeiten	4517	42	1.91	0.0093	attraction	180.5820142
2	angehen	2715	31	1.15	0.0114	attraction	145.4545592
3	anpacken	468	18	0.20	0.0385	attraction	127.6640061
4	nutzen	19928	57	8.40	0.0029	attraction	122.0235488
5	auftreten	6801	35	2.87	0.0051	attraction	111.3797649
6	beten	1956	21	0.82	0.0107	attraction	95.9591668
7	diskutieren	10008	37	4.22	0.0037	attraction	95.5872641
8	feiern	6739	30	2.84	0.0045	attraction	87.4608905
9	tragen	25812	51	10.89	0.0020	attraction	77.9478884
10	lösen	11094	33	4.68	0.0030	attraction	72.6506909
11	unterrichten	2665	19	1.12	0.0071	attraction	71.9320412
12	überlegen	2580	18	1.09	0.0070	attraction	67.4043610
13	kämpfen	7414	24	3.13	0.0032	attraction	56.2963495
14	versuchen	29419	46	12.41	0.0016	attraction	53.8191963
15	durchführen	12502	29	5.27	0.0023	attraction	51.6713467
16	betreiben	7183	20	3.03	0.0028	attraction	41.6977995
17	schaffen	30567	42	12.89	0.0014	attraction	41.3333132
18	finanzieren	5731	18	2.42	0.0031	attraction	41.2461626
19	gestalten	7910	20	3.34	0.0025	attraction	38.4458419
20	entwickeln	27823	35	11.73	0.0013	attraction	30.1839564

7.2 ADJDgenau-VV 구문의 공연강도

	words	word.freq	obs.freq	exp.freq	faith	relation	coll.strength
1	hinschauen	311	182	0.34	0.5852	attraction	2068.76891
2	wissen	51879	642	56.12	0.0124	attraction	2014.93165
3	hinsehen	231	147	0.25	0.6364	attraction	1708.20465
4	sagen	53316	511	57.68	0.0096	attraction	1356.97638

5	anschauen	2573	150	2.78	0.0583	attraction	913.35828
6	ansehen	8935	207	9.67	0.0232	attraction	883.88644
7	umkehren	728	105	0.79	0.1442	attraction	836.31833
8	untersuchen	10968	210	11.87	0.0191	attraction	819.86777
9	nehmen	63224	379	68.40	0.0060	attraction	692.30724
10	betrachten	11725	176	12.68	0.0150	attraction	605.30320
11	beobachten	10343	154	11.19	0.0149	attraction	526.87387
12	beschreiben	11446	145	12.38	0.0127	attraction	452.37093
13	analysieren	3287	74	3.56	0.0225	attraction	310.59069
14	bestimmen	12813	119	13.86	0.0093	attraction	303.88217
15	prüfen	7433	96	8.04	0.0129	attraction	302.35511
16	definieren	4411	65	4.77	0.0147	attraction	220.40337
17	kennen	24651	126	26.67	0.0051	attraction	194.46816
18	festlegen	5823	65	6.30	0.0112	attraction	187.09700
19	überlegen	2580	46	2.79	0.0178	attraction	172.38049
20	erklären	21941	108	23.74	0.0049	attraction	160.08556

7.3 ADJDgut-VV 구문의 공연강도

	words	word.freq	obs.freq	exp.freq	faith	relation	coll.strength
1	gefallen	1650	842	6.30	0.5103	attraction	7125.0289058
2	eignen	5035	468	19.22	0.0929	attraction	2140.2585938
3	beraten	4335	377	16.55	0.0870	attraction	1672.3380705
4	abschneiden	1255	200	4.79	0.1594	attraction	1135.9852624
5	verstehen	25503	582	97.35	0.0228	attraction	1131.0169502
6	aufheben	4204	280	16.05	0.0666	attraction	1093.0822648
7	vorbereiten	5995	248	22.89	0.0414	attraction	742.3698837
8	gehen	126280	1174	482.06	0.0093	attraction	729.9255427
9	vorstellen	14755	350	56.33	0.0237	attraction	700.8350778
10	funktionieren	7786	263	29.72	0.0338	attraction	689.5709711
11	kennen	24651	429	94.10	0.0174	attraction	641.0382930
12	ausstatten	3001	172	11.46	0.0573	attraction	620.6332849
13	aussehen	6153	202	23.49	0.0328	attraction	518.8389143

14	tun	47589	552	181.66	0.0116	attraction 494.8387395
15	gelingen	18743	321	71.55	0.0171	attraction 470.6687792
16	ankommen	5014	171	19.14	0.0341	attraction 450.8193326
17	laufen	19905	309	75.98	0.0155	attraction 405.8733618
18	organisieren	6889	160	26.30	0.0232	attraction 313.7654697
19	besuchen	8706	161	33.23	0.0185	attraction 255.0860741
20	schützen	9125	149	34.83	0.0163	attraction 206.7412223

7.4 ADJDhoch-VV 구문의 공연강도

	words	word.freq	obs.freq	exp.freq	faith	relation	coll.strength
1	ausfallen	2515	146	1.04	0.0581	attraction	1168.985877
2	liegen	72906	318	30.29	0.0044	attraction	953.469063
3	einschätzen	1860	113	0.77	0.0608	attraction	913.876699
4	ansetzen	2550	111	1.06	0.0435	attraction	822.204152
5	schätzen	5627	105	2.34	0.0187	attraction	599.545432
6	schlagen	11633	127	4.83	0.0109	attraction	592.868119
7	verschulden	431	55	0.18	0.1276	attraction	528.790743
8	bewerten	4343	88	1.80	0.0203	attraction	516.273720
9	anrechnen	1173	60	0.49	0.0512	attraction	462.960100
10	schrauben	285	27	0.12	0.0947	attraction	242.321546
11	dosieren	219	22	0.09	0.1005	attraction	200.109572
12	motivieren	1557	31	0.65	0.0199	attraction	180.152198
13	einstufen	1262	29	0.52	0.0230	attraction	176.754532
14	ansehen	8935	45	3.71	0.0050	attraction	142.813546
15	steigen	14861	50	6.17	0.0034	attraction	122.368096
16	loben	1262	22	0.52	0.0174	attraction	122.006338
17	greifen	7776	34	3.23	0.0044	attraction	98.991551
18	belasten	3170	22	1.32	0.0069	attraction	82.821316
19	hängen	10916	34	4.53	0.0031	attraction	78.464137
20	entwickeln	27823	48	11.56	0.0017	attraction	64.345007

7.5 ADJDkurz-VV 구문의 공연강도

	words	word.freq	obs.freq	exp.freq	faith	relation	coll.strength
1	kommen	150735	366	58.55	0.0024	attraction	767.547057
2	sagen	53316	227	20.71	0.0043	attraction	692.837997
3	vorstellen	14755	129	5.73	0.0087	attraction	564.048225
4	erläutern	4100	81	1.59	0.0198	attraction	481.794040
5	zusammenfassen	2503	71	0.97	0.0284	attraction	473.198686
6	greifen	7776	76	3.02	0.0098	attraction	347.128951
7	skizzieren	938	42	0.36	0.0448	attraction	318.078273
8	anreißen	112	23	0.04	0.2054	attraction	247.804525
9	darstellen	16027	72	6.23	0.0045	attraction	222.985733
10	erwähnen	5942	50	2.31	0.0084	attraction	213.478676
11	umreißen	394	22	0.15	0.0558	attraction	176.329765
12	beschreiben	11446	53	4.45	0.0046	attraction	166.748351
13	eingehen	7060	43	2.74	0.0061	attraction	157.074207
14	fassen	5826	39	2.26	0.0067	attraction	149.358376
15	ansprechen	4734	36	1.84	0.0076	attraction	146.551441
16	bevorstehen	400	18	0.16	0.0450	attraction	136.331177
17	schneiden	2044	20	0.79	0.0098	attraction	90.976926
18	bemessen	747	13	0.29	0.0174	attraction	73.722999
19	andeuten	978	13	0.38	0.0133	attraction	66.842028
20	raten	2037	15	0.79	0.0074	attraction	60.030339

7.6 ADJDlang-VV 구문의 공연강도

	words	word.freq	obs.freq	exp.freq	faith	relation	coll.strength
1	dauern	7917	248	5.09	0.0313	attraction	1.464213e+03
2	arbeiten	27246	152	17.50	0.0056	attraction	3.932324e+02
3	leben	29241	122	18.78	0.0042	attraction	2.530842e+02
4	warten	11248	82	7.22	0.0073	attraction	2.506964e+02
5	hinnehmen	2117	48	1.36	0.0227	attraction	2.504150e+02
6	andauern	594	31	0.38	0.0522	attraction	2.132450e+02

7	anhalten	1584	39	1.02	0.0246	attraction	2.097136e+02
8	begleiten	7132	49	4.58	0.0069	attraction	1.441688e+02
9	ertragen	1672	29	1.07	0.0173	attraction	1.359716e+02
10	aushalten	1173	24	0.75	0.0205	attraction	1.202381e+02
11	durchhalten	612	20	0.39	0.0327	attraction	1.186923e+02
12	aufbewahren	977	19	0.63	0.0194	attraction	9.327965e+01
13	gebrauchen	1041	19	0.67	0.0183	attraction	9.092740e+01
14	halten	50475	91	32.42	0.0018	attraction	7.158265e+01
15	beschäftigen	13348	40	8.57	0.0030	attraction	6.067643e+01
16	überleben	3640	21	2.34	0.0058	attraction	5.505569e+01
17	bleiben	66677	98	42.83	0.0015	attraction	5.269211e+01
18	festhalten	4394	22	2.82	0.0050	attraction	5.217105e+01
19	beobachten	10343	27	6.64	0.0026	attraction	3.514685e+01
20	öffnen	8882	22	5.70	0.0025	attraction	2.689117e+01

7.7 ADJDlangsam-VV 구문의 공연강도

	words	word.freq	obs.freq	exp.freq	faith	relation	coll.strength
1	wachsen	10539	60	4.23	0.0057	attraction	208.3471051
2	beginnen	34532	91	13.84	0.0026	attraction	190.8921360
3	abbauen	3216	34	1.29	0.0106	attraction	157.8379926
4	steigen	14861	54	5.96	0.0036	attraction	143.0268537
5	dämmern	229	16	0.09	0.0699	attraction	134.5533099
6	nähern	2122	26	0.85	0.0123	attraction	128.0717602
7	erholen	1375	23	0.55	0.0167	attraction	127.2938063
8	gehen	126280	143	50.63	0.0011	attraction	115.6840316
9	steigern	4198	28	1.68	0.0067	attraction	105.2488027
10	ansteigen	1731	20	0.69	0.0116	attraction	96.1894958
11	angehen	2715	20	1.09	0.0074	attraction	78.8848584
12	begreifen	4672	24	1.87	0.0051	attraction	78.4628700
13	drehen	6565	25	2.63	0.0038	attraction	68.0900493
14	ablaufen	1864	15	0.75	0.0080	attraction	61.6621043
15	fahren	15393	33	6.17	0.0021	attraction	57.3236392

16	bewegen	10148	25	4.07	0.0025	attraction	49.1297117
17	laufen	19905	34	7.98	0.0017	attraction	46.8155801
18	füllen	3485	15	1.40	0.0043	attraction	44.1264835
19	aufbauen	7875	20	3.16	0.0025	attraction	40.3017274
20	27823	38		11.15	0.0014	attraction	39.7701538

7.8 ADJDleicht-VV 구문의 공연강도

	words	word.freq	obs.freq	exp.freq	faith	relation	coll.strength
1	fallen	14397	239	9.60	0.0166	attraction	1093.8037852
2	machen	145797	383	97.25	0.0026	attraction	498.8706863
3	verletzen	5403	103	3.60	0.0191	attraction	496.0181333
4	gefallen	1650	75	1.10	0.0455	attraction	490.0855705
5	übersehen	2246	49	1.50	0.0218	attraction	248.3199930
6	nachvollziehen	2035	45	1.36	0.0221	attraction	229.2012369
7	zurückgehen	2359	40	1.57	0.0170	attraction	182.9670874
8	ausrechnen	378	22	0.25	0.0582	attraction	154.5202719
9	ansteigen	1731	31	1.15	0.0179	attraction	145.0285753
10	einsehen	1386	26	0.92	0.0188	attraction	123.9560027
11	sinken	6037	42	4.03	0.0070	attraction	121.5839834
12	steigen	14861	58	9.91	0.0039	attraction	109.4511550
13	kürzen	1919	26	1.28	0.0135	attraction	107.6063473
14	erhöhen	10993	49	7.33	0.0045	attraction	103.3792387
15	vorstellen	14755	54	9.84	0.0037	attraction	96.1239514
16	zunehmen	3230	24	2.15	0.0074	attraction	72.2727799
17	ausmachen	3629	21	2.42	0.0058	attraction	53.7581692
18	verändern	11880	33	7.92	0.0028	attraction	44.2029231
19	feststellen	12615	34	8.41	0.0027	attraction	43.9895602
20	erkennen	22023	45	14.69	0.0020	attraction	40.3920474

7.9 ADJDneu-VV 구문의 공연강도

	words	word.freq	obs.freq	exp.freq	faith	relation	coll.strength
1	erfinden	2320	164	2.26	0.0707	attraction	1097.775804
2	definieren	4411	184	4.29	0.0417	attraction	1036.004070
3	gestalten	7910	207	7.70	0.0262	attraction	975.483556
4	ordnen	1865	135	1.82	0.0724	attraction	909.600408
5	regeln	5700	135	5.55	0.0237	attraction	608.476233
6	besetzen	3839	118	3.74	0.0307	attraction	591.733639
7	auflegen	757	73	0.74	0.0964	attraction	534.405554
8	beleben	717	65	0.70	0.0907	attraction	467.409107
9	entfachen	472	59	0.46	0.1250	attraction	463.955320
10	strukturieren	832	64	0.81	0.0769	attraction	438.494571
11	ausrichten	3548	91	3.45	0.0256	attraction	423.681689
12	überdenken	571	57	0.56	0.0998	attraction	421.241381
13	aufbauen	7875	116	7.67	0.0147	attraction	416.979446
14	entdecken	10600	114	10.32	0.0108	attraction	343.063033
15	anfangen	5874	92	5.72	0.0157	attraction	341.060107
16	verhandeln	2486	61	2.42	0.0245	attraction	278.472268
17	wählen	13528	105	13.17	0.0078	attraction	254.271477
18	bauen	10502	94	10.22	0.0090	attraction	251.321663
19	bewerten	4343	61	4.23	0.0140	attraction	213.345755
20	fassen	5826	65	5.67	0.0112	attraction	199.561578

7.10 ADJDrichtig-VV 구문의 공연강도

	words	word.freq	obs.freq	exp.freq	faith	relation	coll.strength
1	verstehen	25503	396	22.73	0.0155	attraction	1547.2243470
2	einschätzen	1860	144	1.66	0.0774	attraction	1015.8384945
3	einordnen	1199	62	1.07	0.0517	attraction	385.4936123
4	funktionieren	7786	95	6.94	0.0122	attraction	323.4317824
5	losgehen	545	40	0.49	0.0734	attraction	277.0740651
6	halten	50475	191	44.98	0.0038	attraction	264.5474354

7	lesen	17185	89	15.31	0.0052	attraction	167.1540745
8	anwenden	5903	54	5.26	0.0091	attraction	154.8506268
9	erkennen	22023	96	19.62	0.0044	attraction	153.3460423
10	beantworten	5351	46	4.77	0.0086	attraction	126.6836159
11	genießen	5476	46	4.88	0.0084	attraction	124.7714063
12	erweisen	6658	43	5.93	0.0065	attraction	96.6503572
13	bemerken	4846	36	4.32	0.0074	attraction	89.7066707
14	wahrnehmen	5976	38	5.33	0.0064	attraction	84.3654215
15	erinnern	13612	52	12.13	0.0038	attraction	72.0346952
16	einstellen	7081	36	6.31	0.0051	attraction	66.2788466
17	informieren	9795	38	8.73	0.0039	attraction	53.4903655
18	machen	145797	220	129.92	0.0015	attraction	53.0956540
19	einsetzen	17230	47	15.35	0.0027	attraction	42.1066770
20	darstellen	16027	44	14.28	0.0027	attraction	39.7911375

7.11 ADJDschlecht-VV 구문의 공연강도

	words	word.freq	obs.freq	exp.freq	faith	relation	coll.strength
1	abschneiden	1255	85	0.52	0.0677	attraction	705.9009738
2	gehen	126280	261	52.34	0.0021	attraction	438.7268741
3	behandeln	12257	85	5.08	0.0069	attraction	322.0197840
4	bestellen	3590	58	1.49	0.0162	attraction	313.9728763
5	beraten	4335	50	1.80	0.0115	attraction	237.6002661
6	dastehen	582	30	0.24	0.0515	attraction	231.7514040
7	bezahlen	7442	57	3.08	0.0077	attraction	226.1427675
8	schlafen	4037	40	1.67	0.0099	attraction	178.1856091
9	vertragen	1233	24	0.51	0.0195	attraction	138.4437637
10	aussehen	6153	37	2.55	0.0060	attraction	129.6623383
11	stellen	70087	107	29.05	0.0015	attraction	125.5056041
12	reden	10068	42	4.17	0.0042	attraction	118.9790655
13	schneiden	2044	23	0.85	0.0113	attraction	107.9764604
14	beurteilen	4483	28	1.86	0.0062	attraction	100.0291858
15	ausfallen	2515	23	1.04	0.0091	attraction	98.7762467

16	fühlen	11788	40	4.89	0.0034	attraction	98.5364113
17	einschätzen	1860	20	0.77	0.0108	attraction	92.1124553
18	vorbereiten	5995	29	2.48	0.0048	attraction	89.8584933
19	laufen	19905	43	8.25	0.0022	attraction	72.9924086
20	organisieren	6889	24	2.86	0.0035	attraction	60.1252860

7.12 ADJDschnell-VV 구문의 공연강도

	words	word.freq	obs.freq	exp.freq	faith	relation	coll.strength
1	vergessen	9003	139	8.91	0.0154	attraction	508.218099
2	wachsen	10539	146	10.43	0.0139	attraction	504.167275
3	reagieren	9116	99	9.02	0.0109	attraction	296.575471
4	vergehen	2604	50	2.58	0.0192	attraction	202.945654
5	fahren	15393	96	15.23	0.0062	attraction	193.413270
6	gehen	126280	298	124.93	0.0024	attraction	177.037673
7	merken	5877	51	5.81	0.0087	attraction	131.791740
8	ändern	14654	74	14.50	0.0050	attraction	123.046376
9	erledigen	2984	36	2.95	0.0121	attraction	114.514307
10	umsetzen	7925	52	7.84	0.0066	attraction	108.996843
11	drehen	6565	46	6.49	0.0070	attraction	101.574305
12	laufen	19905	77	19.69	0.0039	attraction	96.056314
13	erkennen	22023	81	21.79	0.0037	attraction	95.008383
14	feststellen	12615	55	12.48	0.0044	attraction	78.537938
15	verschwinden	7855	42	7.77	0.0053	attraction	73.604809
16	beenden	6088	32	6.02	0.0053	attraction	55.152501
17	bewegen	10148	39	10.04	0.0038	attraction	48.141151
18	erreichen	30829	70	30.50	0.0023	attraction	37.604273
19	schlagen	11633	34	11.51	0.0029	attraction	28.801414
20	handeln	25899	57	25.62	0.0022	attraction	28.590084

7.13 ADJDschwer-VV 구문의 공연강도

	words	word.freq	obs.freq	exp.freq	faith	relation	coll.strength
1	verletzen	5403	465	3.40	0.0861	attraction	3745.809798
2	beschädigen	1210	139	0.76	0.1149	attraction	1192.245816
3	wiegen	1077	130	0.68	0.1207	attraction	1128.386336
4	fallen	14397	223	9.06	0.0155	attraction	1015.435136
5	fallen	14397	216	9.06	0.0150	attraction	969.860922
6	tun	47589	230	29.95	0.0048	attraction	548.553857
7	verwunden	251	53	0.16	0.2112	attraction	523.475920
8	gefallen	1650	75	1.04	0.0455	attraction	498.768677
9	abschätzen	779	61	0.49	0.0783	attraction	473.207709
10	einschätzen	1860	70	1.17	0.0376	attraction	438.834667
11	nachvollziehen	2035	68	1.28	0.0334	attraction	410.081179
12	machen	145797	300	91.75	0.0021	attraction	305.695717
13	schädigen	1548	47	0.97	0.0304	attraction	274.224453
14	belasten	3170	57	1.99	0.0180	attraction	273.873063
15	mißhandeln	492	35	0.31	0.0711	attraction	264.363549
16	erkranken	2336	44	1.47	0.0188	attraction	215.264401
17	anschlagen	355	22	0.22	0.0620	attraction	159.878692
18	vorstellen	14755	67	9.29	0.0045	attraction	150.433616
19	beeindrucken	1671	30	1.05	0.0180	attraction	143.866785
20	treffen	22379	71	14.08	0.0032	attraction	116.821746

7.14 ADJDspät-VV 구문의 공연강도

	words	word.freq	obs.freq	exp.freq	faith	relation	coll.strength
1	kommen	150735	799	210.42	0.0053	attraction	997.4861927
2	erfahren	14331	169	20.01	0.0118	attraction	427.3027534
3	herausstellen	2086	67	2.91	0.0321	attraction	294.4785353
4	folgen	19895	154	27.77	0.0077	attraction	277.7027930
5	sterben	13833	122	19.31	0.0088	attraction	246.3471876
6	tauchen	3630	57	5.07	0.0157	attraction	173.0891973

7	entdecken	10600	82	14.80	0.0077	attraction	147.3393154
8	treffen	22379	120	31.24	0.0054	attraction	146.7016313
9	erkennen	22023	112	30.74	0.0051	attraction	128.1177120
10	beginnen	34532	130	48.21	0.0038	attraction	95.2900075
11	erscheinen	19581	87	27.33	0.0044	attraction	82.6991370
12	sitzen	13171	62	18.39	0.0047	attraction	63.8553478
13	treten	21799	74	30.43	0.0034	attraction	44.6756355
14	erzählen	13823	52	19.30	0.0038	attraction	37.8874935
15	hören	16590	58	23.16	0.0035	attraction	37.0216182
16	erhalten	38427	99	53.64	0.0026	attraction	30.8986999
17	erfolgen	18626	57	26.00	0.0031	attraction	27.6409534
18	stellen	70087	150	97.84	0.0021	attraction	24.2166609
19	bekommen	34228	85	47.78	0.0025	attraction	23.6814440
20	finden	99091	198	138.33	0.0020	attraction	23.1160452

7.15 ADJDstark-VV 구문의 공연강도

	words	word.freq	obs.freq	exp.freq	faith	relation	coll.strength
1	einschränken	3571	263	4.68	0.0736	attraction	1629.18476
2	ausprägen	542	168	0.71	0.3100	attraction	1563.04891
3	zunehmen	3230	200	4.24	0.0619	attraction	1166.93579
4	belasten	3170	194	4.16	0.0612	attraction	1127.20000
5	ansteigen	1731	147	2.27	0.0849	attraction	951.57640
6	beeinträchtigen	2778	134	3.64	0.0482	attraction	713.59053
7	beeinflussen	6456	160	8.47	0.0248	attraction	643.66096
8	verändern	11880	187	15.58	0.0157	attraction	592.48922
9	zurückgehen	2359	106	3.09	0.0449	attraction	549.17281
10	betreffen	13712	173	17.99	0.0126	attraction	477.80817
11	beschädigen	1210	78	1.59	0.0645	attraction	460.37518
12	steigen	14861	168	19.49	0.0113	attraction	430.78930
13	gefährden	4656	107	6.11	0.0230	attraction	414.36863
14	vertreten	9618	136	12.62	0.0141	attraction	403.34642
15	machen	145797	520	191.25	0.0036	attraction	396.69383

16	berücksichtigen	10537	121	13.82	0.0115	attraction	313.12301
17	variieren	947	53	1.24	0.0560	attraction	297.54267
18	reduzieren	6325	94	8.30	0.0149	attraction	286.98215
19	schädigen	1548	54	2.03	0.0349	attraction	252.45546
20	wachsen	10539	97	13.82	0.0092	attraction	213.08676

fahren	Tv6, Tv12, Tv4
fallen	Tv11, Tv4, Tv5, Tv4, Tv4, Tv4_Tv11, Tv4_Tv11, Tv11
fassen	Tv4, Tv12, Tv11, Tv11, Tv4, Tv12, Tv12, Tv9
fehlen	Tv10, Tv7
feiern	Tv12, Tv1
festlegen	Tv4, Tv9
feststellen	Tv12, Tv5
finden	Tv1_Tv4, Tv12, Tv5, Tv9, Tv9_Tv14
fliegen	Tv6, Tv11, Tv11, Tv14, Tv4, Tv14
folgen	Tv2_Tv4, Tv13
fordern	Tv4
fördern	Tv4
fragen	Tv9, Tv1
freuen	Tv9_Tv4
fühlen	Tv12, Tv12, Tv9
führen	Tv1, Tv4, Tv4, Tv12, Tv12, Tv12, Tv9
funktionieren	Tv11
geben	Tv12, Tv12, Tv4, Tv2, Tv12, Tv4, Tv12, Tv12, v12, Tv5_Tv9, Tv10
gehen	Tv4, Tv14, Tv14, Tv11, Tv4, Tv14, Tv11, Tv11, Tv11, Tv14, Tv10, Tv7_Tv14, Tv14
gehören	Tv2_Tv4, Tv14, Tv14
gelten	Tv6, Tv4, Tv7
genießen	Tv12, Tv12
geschehen	Tv7
gestalten	Tv9
gewinnen	Tv12, Tv12, Tv12, Tv4, Tv14, Tv1
glauben	Tv1_Tv4, Tv14
greifen	Tv12, Tv1_Tv4
gründen	Tv4, Tv9
halten	Tv4, Tv9, Tv11, Tv4, Tv1, Tv12, Tv12, Tv12, Tv11
handeln	Tv4

Ebene	Tn3, Tn3
Einfluß	Tn3, Tn1
Einführung	Tn3, Tn3, Tn3, Tn1
Einheit	Tn3, Tn3
Einrichtung	Tn1, Tn3, Tn1, Tn1, Tn3
Einsatz	Tn3, Tn1, Tn3, Tn7
Element	Tn3, Tn4, Tn3, Tn3, Tn5, Tn7
Ende	Tn1, Tn3, Tn3
Energie	Tn3
Engagement	Tn3
Entwicklung	Tn3, Tn1, Tn3
Erde	Tn4, Tn3, Tn3, Tn4, Tn4
Ergebnis	Tn1
Erklärung	Tn3
Essen	Tn1
Fähigkeit	Tn7
Faktor	Tn3
Fall	Tn3
Falle	Tn3
Fehler	Tn3
Feld	Tn7, Tn3, Tn7, Tn7, Tn3, Tn3
Figur	Tn3, Tn3, Tn3, Tn3, Tn3, Tn3
Film	Tn5, Tn7, Tn3
Folge	Tn1
Förderung	Tn3
Form	Tn3, Tn7, Tn2
Forschung	Tn1
Frage	Tn1, Tn1
Frau	Tn3, Tn1, Tn7
Freiheit	Tn3, Tn1, Tn3, Tn3, Tn3

abhängig	Ta4
absolut	Ta3, Ta3, Ta3, Ta3, Ta3, Ta3, Ta4, Ta4
aktiv	Ta4, Ta4, Ta4
alltäglich	Ta1
alt	Ta4, Ta3, Ta3, Ta3, Ta3
analog	Ta4
anerkannt	Ta2
angenehm	Ta3
ansprechend	Ta2
anstehend	Ta2
arbeitslos	Ta1
arm	Ta3
ästhetisch	Ta1
astronomisch	Ta1
attraktiv	Ta4
auffallend	Ta2
aufmerksam	Ta3
außergewöhnlich	Ta4, Ta4
barock	Ta1
beachtlich	Ta3, Ta3, Ta4
bekannt	Ta2
belastet	Ta2
bemerkenswert	Ta2, Ta4
beruflich	Ta1
berühmt	Ta3
bescheiden	Ta2
beschränkt	Ta3
bestimmt	Ta2, Ta4
betroffen	Ta2
beweglich	Ta4

참고문헌

사전류

Deutsches Universalwörterbuch (1989). Duden Verlag.

일반문헌

강범모 외 (1999). 형식 의미론과 한국어 기술. 한신문화사.

강병창/최병진 (2005). "병렬 코퍼스를 이용한 독일어 교육의 가능성". 독일언어문학
제27집, 57-72.

구명철 (2010). "장소전치사 vor와 hinter의 공간은유". 독어학 제22집, 1-24.

구명철 (2015). 독일어 인지문법론. 도서출판 역락.

권민재 (2011). "DaF 수업의 코퍼스 언어학적 접근방안에 대한 고찰". 독일언어문학
제52집, 67-92.

오예옥 (2012). 언어사용에서의 은유와 환유. 도서출판 역락.

오예옥 (2015). 인지의미론적 언어사용의 보편성. 도서출판 역락.

윤영은 (2013). 언어의 의미 및 화용 이론과 실제-형식 의미론적 관점과 인지 의미론
적 관점을 중심으로. 한국문화사.

이강호 (2013). "은유 및 환유의 언어보편성과 다양성". 독어교육 제58집, 75-105.

이강호 (2014). "은유 및 환유의 언어보편성과 다양성 (2)". 독어교육 제59집, 103-144.

이민행 (2009). "독일어의 어휘와 통사적 구성의 상호작용에 대한 연구-공연구조 분석
방법론의 적용". 독일언어문학 제46집, 41-66.

이민행 (2011). "부사-동사의 연어관계에 대한 연구-양태부사를 중심으로". 독일언어
문학 제54집, 1-25.

이민행 (2012). 전산 구문문법 연구. 도서출판 역락.

이민행 (2014). "독일어 광고슬로건의 언어적 특성들에 대한 연구-코퍼스언어학적인
접근". 독어학 제29집, 111-138.

이민행 (2015). 빅데이터 시대의 언어연구-내 손 안의 검색엔진. 21세기북스.

정문용 (2012). "독일어 동사 kommen의 은유적 의미-은유적 의미확장을 통한 다의
어 설명". 외국어로서의 독일어 제30집, 129-156.

최병진 (2009). "독일어·한국어 병렬 코퍼스의 구축 및 검색 시스템에 대한 연구". 외

국어로서의 독일어 제24집, 1-22.

홍종선/강범모/최호철 (2001). 한국어 언어관계 연구. 한국문화사.

Apresjan, J. (1974). Regular Polysemy. *Linguistics* 142:5-32.

Balbachan, F. (2006). Killing Time : Metaphors and their implications in lexicon and grammar. *metaphorik.de* 10, 6-30.
   (http://www.metaphorik. de/10/index.htm).

Baroni, M. and Kilgarriff, A. (2006). Large linguistically-processed Web corpora for multiple languages. *Conference Companion of EACL 2006 (11th Conference of the European Chapter of the Association for Computational Linguistics)*, 87-90.

Baumgart, M. (1992). *Die Sprache der Anzeigenwerbung: Eine linguistische Analyse aktueller Werbeslogans.* Physica-Verlag.

Benson, M., Benson, E., & Ilson, R. (1986). *The BBI combinatory dictionary of English: A guide to word combinations.* John Benjamins.

Boleda, G./Schulte im Walde, S./Badia, T. (2012). Modelling Regular Polysemy: A Study on the Semantic Classification of Catalan Adjectives. *Computational Linguistics* 38(3):575-616.

Bons, I. (2009). *Polysemie und Distribution. Zur Theorie und Methode einer korpusbasierten Semantik deutscher Adjektive.* Dissertation. Universität Gießen.

Bons, I. (2010). Zur Polysemie von Adjektiven. In: Bons, I./Gloning, T./ Kaltwasser, D. (Hrsg.), *Fest-Platte für Gerd Fritz.* 2. bibliographisch aktualisierte Auflage.

Crystal, D. (1971). *Lingusitics.* Penguin.

Dunning, Ted (1993). Accurate methods for the statistics of surprise and coincidence. *Computational Linguistics* 19(1): 61-74.

Durrell, M. (2002). *Hammer's German Grammar and Usage.* McGraw-Hill.

Eisert, T. (2009). *Norm und Normerfullung in der Adjektivserialisierung (Schularten im Vergleich).* Dissertation. Universität München.

Evert, S. (2004). *The Statistics of Word Cooccurrences: Word Pairs and Collocations.* Dissertation. IMS, University of Stuttgart.

Evert, S. (2010). *cqp manual. The IMS Open Corpus Workbench (CWB) CQP Query Language Tutorial.– CWB Version 3.0.* University of Stuttgart.

Evert, S./Hardie, A. (2011). Twenty-first century Corpus Workbench: Updating a query architecture for the new millennium. *Proceedings. of the Corpus Linguistics 2011.* Birmingham, UK.

Fritz, G. (1995). Metonymische Muster und Metaphernfamilien. Bemerkungen zur Struktur und Geschichte der Verwendungsweisen von scharf. In: Hindelang, G./Rolf, E./Zillig, W. (Hrsg.), *Der Gebrauch der Sprache. Festschrift für Franz Hundsnurscher zum 60. Geburtstag,* 77–107. Münster.

Gries, S. Th. (2008). *Statistik für Sprachwissenschaftler.* Vandenhoeck & Ruprecht.

Hardie, A (2012). CQPweb—combining power, flexibility and usability in a corpus analysis tool. *International Journal of Corpus Linguistics* 17(3): 380–409.

Hilpert, Martin. (2007) Chained metonymies in lexicon and grammar. A cross-linguistic perspective on body part terms. In: Radden G. et al. (eds.), *Aspects of Meaning Construction,* 77–98. Benjamins.

Koehn, P. (2005). Europarl: A Parallel Corpus for Statistical Machine Translation. MT summit Vol. 5:79–86.

Lee, Y.-S. (2008). *Website-klassifikation und Informationsextraktion aus Informationsseiten einer Firmenwebsite.* Dissertation. Universität München.

Lakoff, G./Johnson, M. (1980). *Metaphors We Live by.* University of Chicago Press.

Levickij, V.V./Drebet, V.V./Kijko, S.V. (1999). Some Quantitative Characteristics of Polysemy of Verbs, Nouns and Adjectives in the German Language. *Journal of Quantitative Linguistics* 6(2):172–187.

Löbner, S. (2003). *Semantik: Eine Einführung.* De Gruyter.

Manning, Ch./Schütze, H. (1999). *Foundations of Statistical Natural Language Processing.* MIT Press.

Markert, K./Nissim, M. 2009. Data and Models for Metonymy Resolution. In *Language Resources and Evaluation* Vol. 43(2): 123–138.

Martin, W. (1991). On the Dynamic Organization of (Computer) Lexicons. In: Granger, S. (ed.) *Perspectives on the English Lexicon,* 43–50. Louvain-la-Neuve: Universite Catholique de Louvain.

Martin, W. (1994). Knowledge Representation Schemata and Dictionary Definitions. In: Carlon, K./Davidse, K./Rudzka-Ostyn, B. (eds.),

Perspectives on English: Studies in honour of Professor E Vorlat, 237-256. Peeters.

Martin, W. (2001). A frame-based approach to polysemy. In: Cuyckens, H./Zawada, B. (eds.) *Polysemy in Cognitive Linguistics*, 57-81. Benjamins.

Minsky, Marvin. (1975). A Framework for Representing Knowledge. In: Winston, P.H. (ed.) *The psychology of computer vision, 211-277. McGraw Hill.*

Pustejovsky, J. (1995). *The Generative Lexicon.* MIT Press.

Pustejovsky, J./Rumshisky, A. (2010). Mechanisms of sense extensions in verbs. In: de Schryver, G.-M. (ed.) *A Way with Words: Recent Advances in Lexical Theory and Analysis. A Festscrhift for Patrick Hanks.* Menha Publishers.

Radden, G./Dirven, R. (2007). *Cognitive English Grammar.* John Benjamins Publishing.

Ruiz de Mendoza, F.J. (2011). Metonymy and cognitive operations. In: Benczes, R./Barcelona A./Ruiz de Mendoza, F.J. (eds.), *Defining Metonymy in Cognitive Linguistics: Towards a Consensus View,* 103-124. John Benjamins.

Schulte im Walde, S. (2002). A Subcategorisation Lexicon for German Verbs induced from a Lexicalised PCFG. *Proceedings of the 3rd Conference on Language Resources and Evaluation (LREC),* 1351-1357. Las Palmas de Gran Canaria, Spain.

Schulte im Walde, S. (2003). *Experiments on the Automatic Induction of German Semantic Verb Classes.* PhD dissertation. Univeristy Stuttgart.

Sinclair, J. (1991). *Corpus, concordance, collocation: Describing English language.* Oxford University Press.

Stefanowitsch, A./Gries. S. (2003). Collostructions : Investigating the interaction of words and constructions. *International Journal of Corpus Linguistics,* Vol. 8(2):209-243.

Thielen, Ch. et al. (1999). *Guidelines für das Tagging Deutscher Textkorpora mit STTS.* Technical report, IMS and SfS.

Van Dale. (1991). *Van Dale Groot Woordenboek van Hedendaags Nederlands.* Van Dale Lexicografie.

Weiß, C. (2005). *Die thematische Erschließung von Sprachkorpora.* OPAL—
Online publizierte Arbeiten zur Linguistik, 1. Mannheim:
Institut für Deutsche Sprache.

웹사이트

CWB: http://cwb.sourceforge.net/
DeReKo: http://www.ids-mannheim.de/kl/projekte/korpora/
DWDS: http://www.dwds.de/
EuroParl: http://www.statmt.org/europarl/
GermaNet: http://www.sfs.uni-tuebingen.de/lsd/

찾아보기

저자 이민행(李民行)

leemh@yonsei.ac.kr
http://www.smart21.kr/

- 서울대학교 인문대학 독어독문학과 졸업(1982)
- 서울대학교 대학원 독어독문학과 졸업(1984)
- 독일 뮌헨대학교 대학원 졸업(1991)
- Visiting Scholar, Harvard-Yenching 연구소, 미국 Harvard University(2002~2003)
- 국립 제주대학교 독어독문학과 조교수(1992~1995)
- 연세대학교 문과대학 독어독문학과 조교수, 부교수, 교수(1995~현재)
- 『독어학』 편집위원장
- 한국언어학회 부회장 역임
- 한국연구재단 전문위원 역임

주요논저

- 저서 『Kontrastive Syntax und Maschinelle Sprachanalyse im Rahmen einer Unifikations-grammatik <대조통사론과 컴퓨터에 의한 언어분석-통합문법의 틀안에서>』(Peter Lang 출판사, 1992)

  『빅데이터 시대의 언어연구-내 손 안의 검색엔진』(21세기북스, 2015)

  『독일어 전산 구문문법 연구』(도서출판 역락, 2012)

  『독어학 연구방법론-인문학적 발견의 변증법』(도서출판 역락, 2005)

  『전산 통사·의미론-이론과 응용』(도서출판 역락, 2005)

  『심리동사의 의미론』(공저자 : 이익환, 도서출판 역락, 2005)

  『인지과학 : 마음, 언어, 기계』(공저, 학지사, 2000)

  『형식의미론과 한국어기술』(공저, 한신문화사, 1999)

- 역서 『새로운 의미론』(공역, 한국문화사, 1999)

  『전산언어학의 기초』(공역, 한국문화사, 2002)

- 논문 "Development of a Multilingual Information Retrieval and Check System Based on Database Semantics", In: LDV-FORUM-Zeitschrift für Computerlinguistik und Sprachtechnologie 16(2)(공저자 : 장석진, 이기용, 최기선 외)

  "Anaphora Resolution and Discourse Structure: A Controlled Information Packaging Approach", In: Language and Information 4(1)(공저자 : 이익환)

  「독-한 명사구 기계번역 시스템의 구축」, 언어와 정보 2.1(공저자 : 최승권·최경은)

  「기계번역 시스템 측정 장치 연구」, 언어와 정보 2.2(공저자 : 지광신·정소우)

  「독일어 등위접속구문의 기계적인 분석」, 독일언어문학 9 등 50여 편.

정보기반 독어학 연구

초판 인쇄 2016년 12월 20일
초판 발행 2016년 12월 30일

지은이 이민행
펴낸이 이대현
편 집 권분옥
펴낸곳 도서출판 역락
　　　　　서울 서초구 반포4동 577-25 문창빌딩 2층
　　　　　전화 02-3409-2058(영업부), 2060(편집부)
　　　　　팩시밀리 02-3409-2059
　　　　　이메일 youkrack@hanmail.net
　　　　　등록 1999년 4월 19일 제303-2002-000014호

ISBN 979-11-5686-716-6 93750

이 저서는 2013년 정부(교육과학기술부)의 재원으로 한국연구재단의 지원을 받아 수행된 연구임(NRF-2013S1A6A4016585)

* 이 도서의 국립중앙도서관 출판예정도서목록(CIP)은 서지정보유통지원시스템 홈페이지(http://seoji.nl.go.kr)와 국가자료공동목록시스템(http://www.nl.go.kr/kolisnet)에서 이용하실 수 있습니다.(CIP제어번호: CIP2016032412)